Administrator Praxis

Freies Deployment

Thomas Steinberger

Administrator Praxis

Freies Deployment

Verlag Nicole Laue

Bibliografische Information der Deutschen Bibliothek:
Die Deutsche Bibliothek verzeichnet diese Publikation in der Deutschen Nationalbibliografie; detaillierte bibliografische Daten sind im Internet über http://dnb.ddb.de abrufbar.

Herstellung: BOD, Books on Demand, Norderstedt

Titelfoto: dennizn - stock.adobe.com

ISBN: 978-3-947938-05-6

Inhaltsverzeichnis

Bevor Du loslegst

Hallo

Du hältst das aktuelle Buch zum Thema „Windows-Deployment" vom Nicole Laue Verlag in den Händen. Die früheren Ausgaben drehten sich ausschließlich um das „Microsoft Deployment Toolkit (MDT)", das letzte Buch dazu ist 2016 erschienen. Daher ist es Zeit für eine Überarbeitung.

Der Fokus dieses Buchs liegt nun nicht mehr ausschließlich auf dem MDT, auch wenn es einen großen Anteil des Druckwerks ausmacht.

Der inhaltliche rote Faden beginnt mit der automatisierten Erstellung und Update eines Standard-Windows-Images zur weiteren Verteilung per USB-Stick. Anschließend werde ich das Thema „Windows Deployment Services (WDS)", als Rolle einer Windows Server Installation, weiter spinnen. In den WDS können zuvor erstellte Images eingebunden und per Netzwerk verteilt werden.

Als nächste Ausbaustufe kommen die Feinheiten des MDT an die Reihe. Ab hier benötigst Du grundsätzlich nur noch ein Standard-Windows-Image. Anwendungen, Systemanpassungen und der Rest werden flexibel zur Laufzeit installiert, konfiguriert und auf den aktuellen Stand gebracht.

In Kapitel 4 gibt es dann noch ein wenig dies und das im Praxiseinsatz.

Anhang A enthält eine Mini-Einführung in PowerShell und Anhang B alle Eigenschaften für die CustomSettings.ini für das MDT.

Für wen ist dieses Buch gedacht?

Dieses Buch ist für alle die EDV-Administratoren gedacht, die sich Schritt für Schritt eine bessere Installationsumgebung aufbauen wollen. Es ist für die Administratoren, die mittlerweile täglich einen oder eben mehrere Rechner installieren und konfigurieren müssen und dabei die Zeit „hinten und vorn" nicht mehr ausreicht. Für Systembetreuer, die keine Lust mehr haben, in regelmäßigen Abständen manuell ein oder mehrere Standard-Images neu zu erstellen, wenn sich Änderungen an den enthaltenen Anwendungsversionen und monatlichen Windows-Updates ergeben.

Das Buch richtet sich an Administratoren, die ohne sehr großen Aufwand für wenig Geld ihre Arbeit vereinfachen wollen und müssen. Es kann auch als Nachschlagwerk für später dienen.

Voraussetzungen

Für die erfolgreiche Verwendung brauchst Du außer den üblichen Kenntnissen, die ein Administrator generell haben sollte, kein spezielles Wissen. Unter übliche Kenntnisse fallen Grundlagen über das Active Directory, den Umgang mit Server-Betriebssystemen sowie einer Virtualisierungsplattform. An der einen oder anderen Stelle ist dann kurzzeitig ein Benutzerkonto mit Domänen-Administrator-Berechtigungen notwendig, um gewisse Einstellungen machen zu können. Wenn Du PXE-Boot einsetzen willst, dann benötigst Du an einer Stelle Unternehmens-Administrator-Berechtigungen (engl. Enterprise-Administrator). Ansonsten genügen lokale Administrator-Rechte auf der virtuellen Windows 10-Maschine, dem WDS- und/ oder MDT-Server.

Solltest Du zu diesem Zeitpunkt noch keine oder nur wenig Erfahrung mit PowerShell haben, dann sehe Dir vorab bitte Anhang A an. Dort habe ich einige grundlegende Informationen für PowerShell-Neulinge bereitgestellt. Anhang A stand seit August 2015 auf den Verlagsseiten zum kostenlosen Download zur Verfügung und wurde über 1000 Mal heruntergeladen.

Wie benutzt Du dieses Buch?

Wenn Du Dich noch nie mit dem Thema Deployment und Automatisierung befasst hast, dann ist es am besten, wenn Du bei Kapitel 1 beginnst und Dich schrittweise nach hinten durcharbeitest. Das Buch ist extra so aufgebaut, dass Anfänger in Sachen „Deployment“ schnell vorzeigbare Erfolge erzielen und dennoch ein solides Grundgerüst errichten. Wie beim Hausbau: zuerst der Keller, am Ende das Dach.

Auf den Seiten des Verlags findest Du die Skript-Sammlung sowie wichtige Links, die im Buch Verwendung finden, als Download.

Danksagung

„Danke“ an die Leser und Ex-Kollegen, deren Rückmeldungen und Anregungen die neuerliche Motivation für dieses neue Buch mit all den Änderungen gaben. Ja, MK, ich habe Dich nicht vergessen. :-)

Final an die unermüdlichen Helfer, die mit (leider) berechtigter Kritik nicht zimperlich waren, Fehler suchten und fanden, wertvolle Anregungen gaben und dieses Buch schon vor der Veröffentlichung verbesserten:

„Hr. Rossi“ (von der gleichnamigen Glückssuche), ein außerordentlicher Fehlerfinder.

Nicole Laue, vom gleichnamigen Verlag, für die Unterstützung auch dieses Buch zu realisieren.

1 OSDBuilder

1.1 Quell-Dateien immer aktuell

Auch wenn sich der Update-Prozess von Windows 10[1] in den letzten Jahren ordentlich weiterentwickelt hat und Unternehmen ab einer gewissen Größe die Windows Server Update Services (WSUS) einsetzen, bleibt häufig das eingesetzte Image in dem Zustand, den es hatte, als man die ISO-Datei heruntergeladen hat. Somit fehlen nach einer Installation alle bisherigen Windows-Updates. Diese nach einer Rechner-Installation einzuspielen, kostet Zeit, selbst wenn es durch die kumulativen Updates viel schneller geht als früher.

OSDBuilder, basierend auf der Arbeit von David Segura, erleichtert die Aktualisierung der wim-Datei. Dieses PowerShell-Modul ermöglicht den regelmäßigen Import von Windows-Updates in eine wim-Datei. Dadurch lässt es sich auch gut automatisieren.

1.1.1 Voraussetzungen

Für die Verwendung von OSDBuilder solltest Du auf eine Virtualisierungslösung zurückgreifen. Praktischerweise kommt bei einem Rechner mit einer Windows 10 Professional Lizenz Hyper-V als Bestandteil des Betriebssystems mit. Es muss nur über die Windows-Features aktiviert werden.

Je nach Anzahl der Image-Versionen, die Du verwalten und aktualisieren möchtest, brauchst Du eine ausreichende Menge Platz. Sinnvollerweise hast Du eine zweite Festplatte im Rechner.

Innerhalb der virtuellen Maschine (VM), mit der Du die Updates in die wim-Datei überträgst, ist es erforderlich, dass der ausführende Benutzer

[1] Wenn ich Windows 10 schreibe, dann sind durchgängig die Windows-Server ab 2016 ebenso gemeint.

in der Gruppe der lokalen Administratoren ist. Im Hintergrund wird auch das Programm „dism.exe“ benutzt. Dessen Gebrauch setzt erhöhte Rechte voraus.

1.1.2 Aktivierung von Hyper-V

Zu den Windows-Features kommst Du klassisch über die Systemsteuerung oder über die Einstellungen von Windows 10 über das Zahnrad des Start-Menüs und weiter über „Apps“ – „Programme und Features“ – „Windows-Features aktivieren oder deaktivieren“.

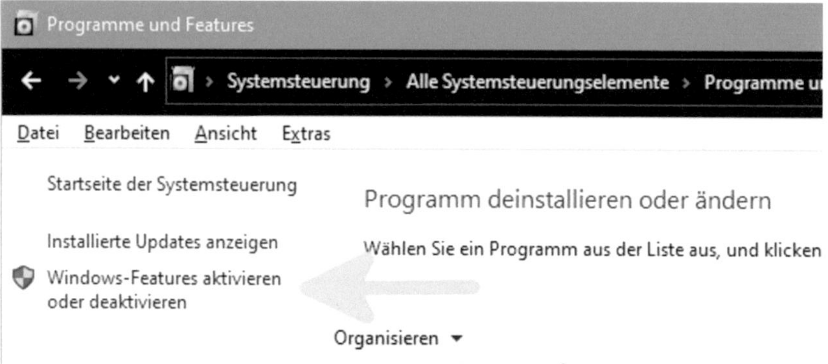

Abbildung 1.1: Windows-Features zum Aktivieren der Hyper-V-Rolle über die alte Systemsteuerung

Abbildung 1.2: Einstellungen über die Windows-Taste aufrufen

Abbildung 1.3: Untermenü Apps

Abbildung 1.4: Optionale Features auswählen

Beide Wege rufen letztlich das gleiche Menü auf, wo Du nur noch die Haken bei Hyper-V setzen und mit „OK“ bestätigen musst.

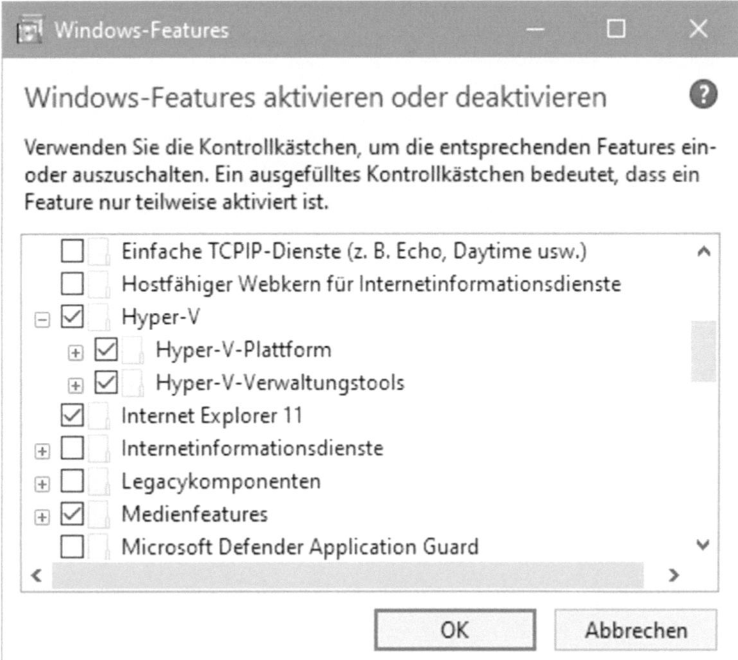

Abbildung 1.5: Hyper-V-Plattform und die Verwaltungstools

Danach ist ein Neustart des Rechners erforderlich. In der Regel sind keine weiteren Einstellungen für eine lokale Virtualisierung notwendig. Normalerweise sind im BIOS/ UEFI die relevanten Optionen bereits aktiv.

Sollte das nicht der Fall sein, dann ziehe das Handbuch des Motherboards zu Rate oder suche im BIOS/ UEFI nach Einstellungen für Intel Virtualization Technology, VT-X/ AMD-V, Virtualization Support und VT for Direct I/O.

1.1.3 Erstellung eines Hyper-V-Switches

Damit die VM auch mit dem Internet kommunizieren kann, benötigst Du einen virtuellen Hyper-V-Switch. OSDBuilder holt sich darüber die notwendigen Updates für sich selbst und die Windows Version aus dem Internet. Starte dazu den Hyper-V-Manager und navigiere zum Menüpunkt „Manager für virtuelle Switche…“ auf der rechten Seite der Konsole.

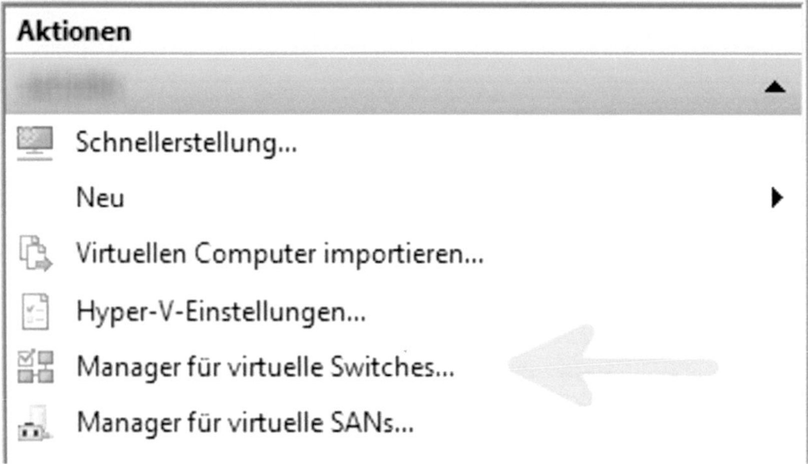

Abbildung 1.6: Erstellung eines virtuellen Switches

Da standardmäßig ein „externer“ Switch bereits ausgewählt ist, erstellst Du über die Schaltfläche „Virtuellen Switch erstellen“ die Verbindung nach außen.

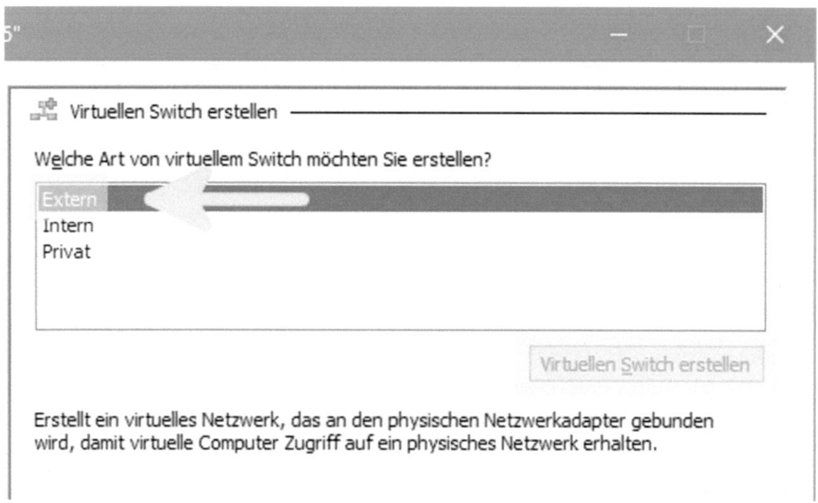

Abbildung 1.7: Die Auswahl der externen Verbindung

An dieser Stelle vergibt man zweckdienlich einen sprechenden Namen (hier: DerEigelbLaden-Internet).

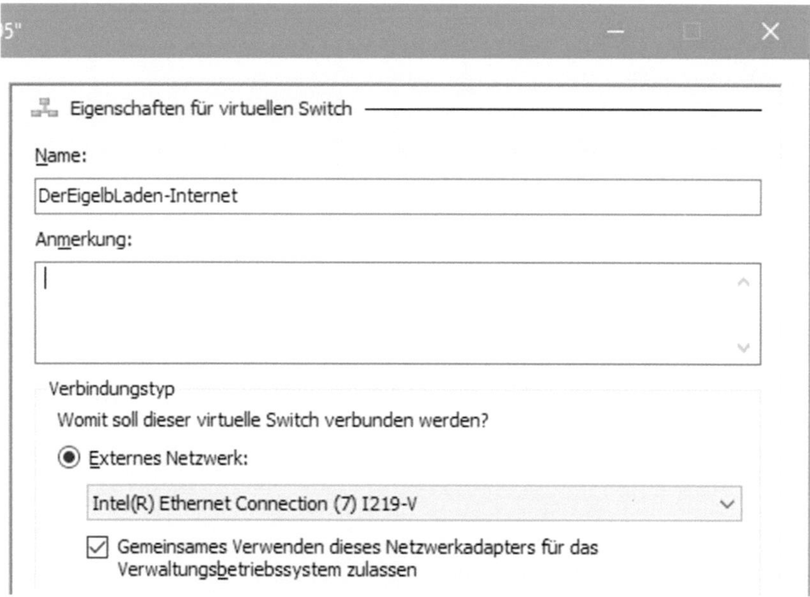

Abbildung 1.8: Auswahl der korrekten Netzwerkkarte

Als Netzwerkadapter weist Du die im Rechner verbaute Netzwerkkarte zu (hier: Intel(R) Ethernet Connection (7)I219-V). Damit ist die Erstellung und Konfiguration des virtuellen Switches abgeschlossen.

1.1.4 Erstellung einer virtuellen Maschine

Die notwendige virtuelle Maschine lässt sich auf zwei Arten erstellen. Zum einen über die graphische Oberfläche des Hyper-V-Managers oder per PowerShell-Skript. Letzteres hat den Vorteil, dass man deutlich schneller ist, wenn man weitere VMs erstellen möchte. Es sind nur einige Parameter, wie z.B. Name der VM, zu ändern.

Erstellung der VM über die graphische Oberfläche (GUI)

Um eine VM mit dem Hyper-V-Manager zu erstellen navigiere über „Neu“ zu „Virtueller Computer…“.

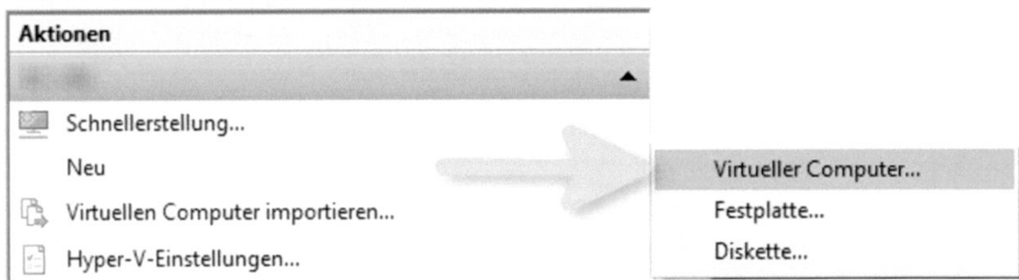

Abbildung 1.9: Start über die GUI

Der erste Schritt des Assistenten ist eine reine Erklärung für Hyper-V-Neulinge. Sie kann für weitere Durchgänge über den zu setzenden Haken „Diese Seite nicht mehr anzeigen“ deaktiviert werden.

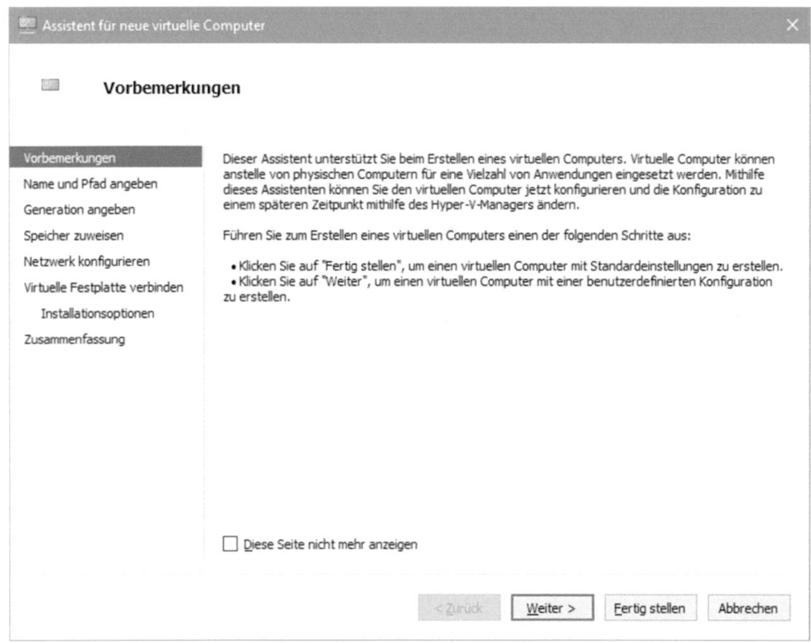

Abbildung 1.10: Start des Assistenten

Im folgenden Schritt erfolgt die Vergabe eines Namens, wie die virtuelle Maschine im Hyper-V-Manager, benannt werden soll (hier: OSDBuilder). Damit legt man nicht den Namen der Windows-Installation fest.

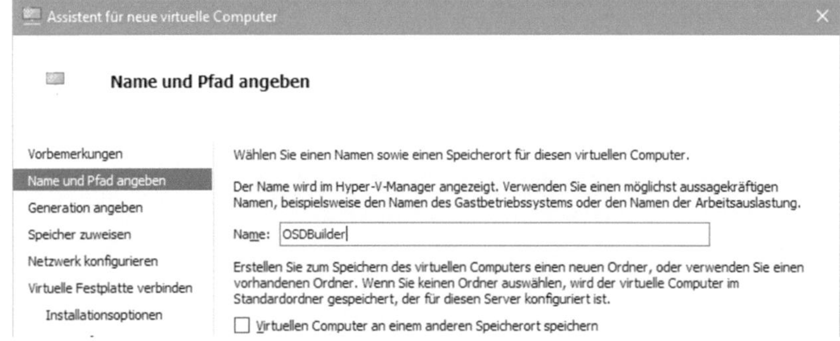

Abbildung 1.11: Benennung der virtuellen Maschine

Grundlage für die VM ist die Generation 1. Sie ist zwar etwas älter, aber die Kompatibilität ist hier am größten.

Abbildung 1.12: Festlegung von Generation 1 als Grundlage

Im nächsten Schritt weist Du der VM die Größe des Arbeitsspeichers zu (hier: 4096 MB). Das reicht aus, um mit dem OSDBuilder alle gewünschten Operationen in einem akzeptablen Zeitraum durchzuführen. Gern kannst Du der virtuellen Maschine mehr zuweisen, falls Du genug Ressourcen übrig hast. Entferne den Haken bei „Dynamischen Arbeitsspeicher für den virtuellen Computer verwenden“. Da wir den Speicher nicht mit mehreren virtuellen Rechnern teilen müssen, steht der zugewiesene Speicher gleich komplett zur Verfügung.

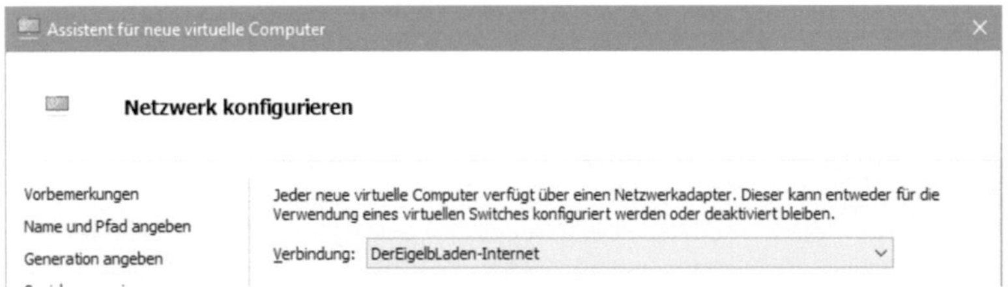

Abbildung 1.13: Auswahl der RAM-Größe und Abwahl des dynamischen Arbeitsspeichers

Als Netzwerkverbindung wird nur der im Abschnitt 1.1.3 erstellte Switch „DerEigelbLaden-Internet“ ausgewählt.

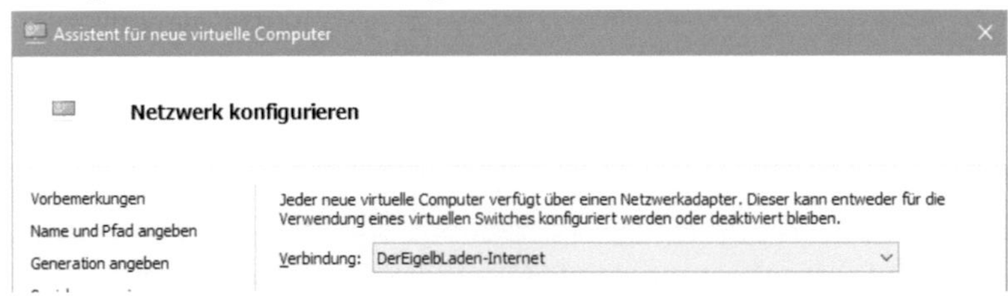

Abbildung 1.14: Auswahl der Switch-Verbindung

Der Name der vhdx-Datei wird standardmäßig in die Bezeichnung des Hyper-V-Namens übernommen. Der Pfad, wo die VM abgelegt werden soll, kann frei gewählt werden (hier D:\vhds). Die Größe der virtuellen Festplatte hängt davon ab, wie viele Windows-Versionen Du pflegen möchtest. In der Regel hat man als Firma „Windows 10 Professional" oder „Windows 10 Enterprise" und nichts weiter. Windows 10 Home (N), Windows 10 Education und diverse andere wird man kaum im beruflichen Umfeld einer Firma antreffen. Daher ist die Größe mit 100 GB großzügig gewählt. Mit kleiner dimensionierten Festplatten habe ich allerdings das eine oder andere Mal die Platte vollgeschrieben und die VM hielt dann an. Sie musste dann erweitert werden, damit die virtuelle Maschine und der OSDBuilder weiterliefen.

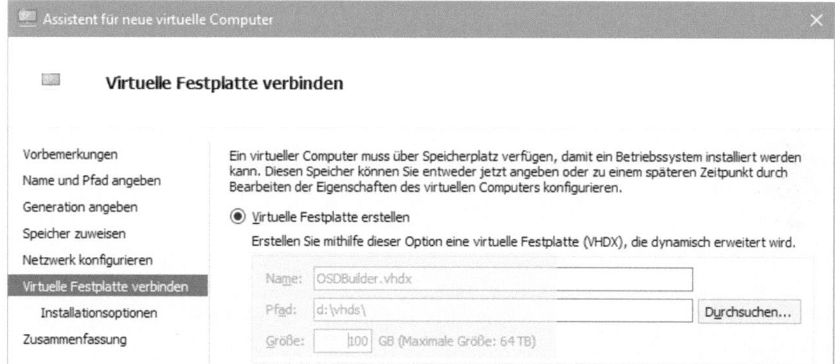

Abbildung 1.15: Hier wird die Festplattengröße bestimmt

Der letzte Schritt vor der Zusammenfassung und Erstellung des virtuellen Rechners gehört dem Einbinden eines Windows 10-ISOs als virtuelles DVD-Laufwerk (hier D:\iso\Windows10-20H2.iso).

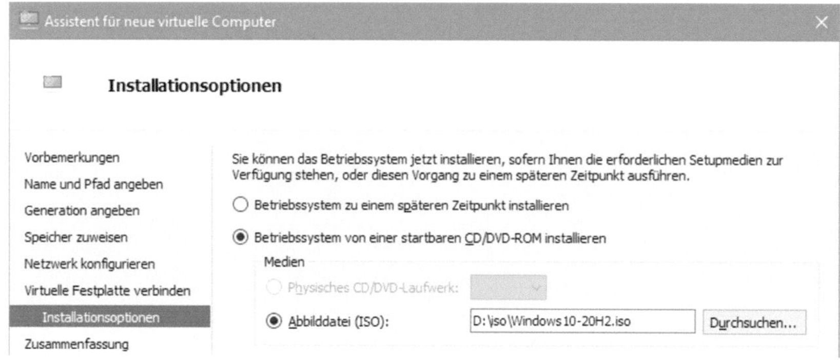

Abbildung 1.16: Die ISO-Datei wird eingebunden

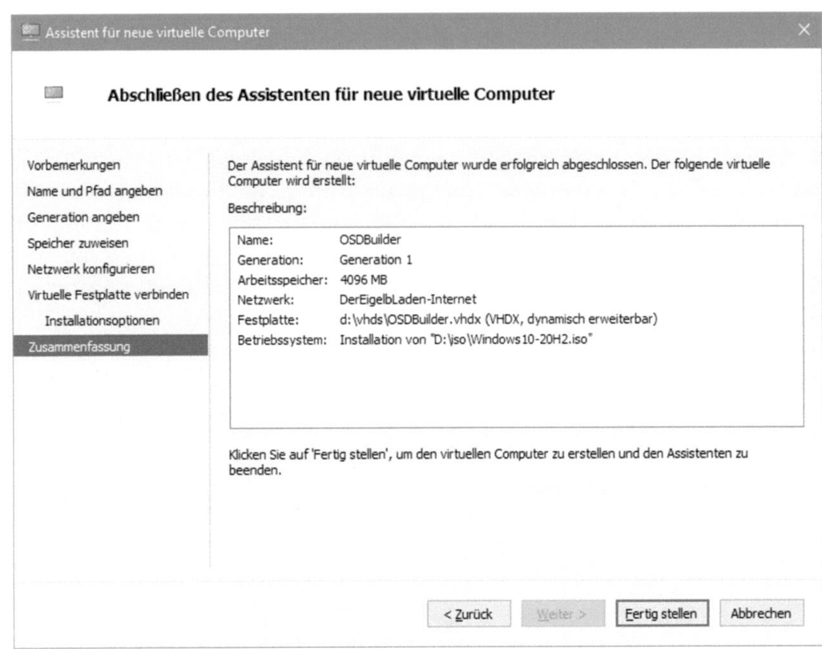

Abbildung 1.17: Zusammenfassung der Optionen

Nun ist die VM „OSDBuilder" im Hyper-V-Manager erstellt und kann verwendet werden.

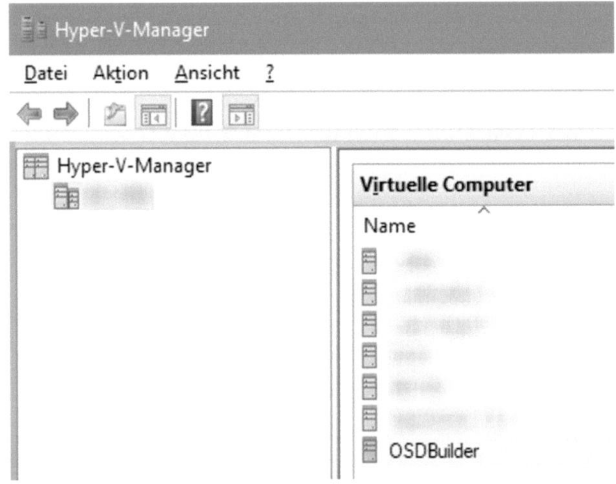

Abbildung 1.18: Der virtuelle Computer OSDBuilder im Hyper-V-Manager

Erstellung der VM per PowerShell(-Skript)[2]

Wie schon erwähnt nutze ich als virtuelle Maschine fast ausschließlich eine VM Generation 1 für die größte Kompatibilität mit allen Komponenten. Die einzelnen Pfade sind auf Deine vorliegende Umgebung noch anzupassen. Hier zeigen sie nach d:\

Der Name der VM wird auf OSDBuilder gesetzt.

```
$vmname="OSDBuilder"
```

Der genutzte RAM-Speicher wird auf 4096 MB festgelegt.

```
$ram=4096MB
```

Der Pfad, an dem die virtuelle Maschine gespeichert wird, ist D:\vhds

```
$vhd="D:\vhds\$vmname.vhdx"
```

Die virtuelle Festplatte bekommt eine Größe von 100 GB.

```
$vhdgroesse=100GB
```

Als virtueller Switch wird der externe verwendet. Dies erfolgt über eine Filterung.

```
$vswitch=Get-VMSwitch -SwitchType external | Select-
Object -ExpandProperty name
```

Der Pfad zur relevanten ISO-Datei mit dem Betriebssystem (hier: Windows10_20H2.iso) ist d:\iso.

```
$pfad_iso = "D:\iso\Windows10_20H2.iso"
```

Die neue VM wird mit den zuvor festgelegten Parametern erstellt.

```
New-VM -Name $VmName -SwitchName $VSwitch  -
MemoryStartupBytes $ram -NewVHDPath $vhd -NewVHDSizeBytes
$vhdgroesse -Generation 1
```

Sie erhält vier Prozessoren und die Option sich zu beenden, wenn der Rechner, auf dem sie läuft, heruntergefahren wird.

```
Set-VM $vmname -ProcessorCount 4 -AutomaticStopAction
Shutdown
```

Der zugewiesene Arbeitsspeicher soll nicht dynamisch sein.

```
Set-VMMemory $vmname -DynamicMemoryEnabled 0
```

[2] Die Skripte können auf den Seiten des Laue-Verlags heruntergeladen werden.

Die ISO-Datei wird als DVD-Laufwerk eingebunden. Ein Vorteil der Generation 1-VM. Hier muss das DVD-Laufwerk nicht noch zusätzlich erzeugt und eingebunden werden.

```
Set-VMDvdDrive -VMName $vmname -Path $ pfad_iso
```

Bei den Integrationstools wird die Zeitsynchronisation mit dem Host deaktiviert. Das verursacht sonst gern mal Zeit-Probleme mit der restlichen Umgebung.

```
Disable-VMIntegrationService -Name "Time Synchronization"
-VMName $vmname
```

1.1.5 Bezugsquellen von Windows Iso-Dateien

OSDBuilder unterstützt ausschließlich Windows ISO-Dateien aus folgenden Quellen: MSDN, Microsoft Volume Licensing Service Center (VLSC) und dem Media Creation Tool[3]. Die beiden ersten Quellen sind im Rahmen eines Abonnements verfügbar und kostenpflichtig. Die kostenlose Möglichkeit „Media Creation Tool“ ist in der Regel erst einige Tage nach den beiden anderen Stellen verfügbar. Über den Link in der Fußnote ist das jeweilige Werkzeug erhältlich.

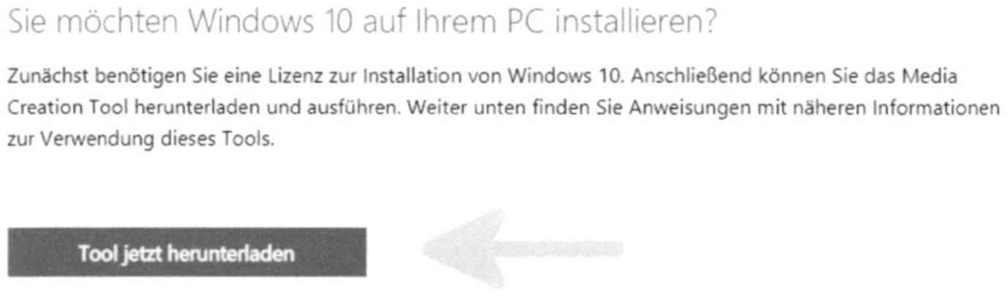

Sie möchten Windows 10 auf Ihrem PC installieren?

Zunächst benötigen Sie eine Lizenz zur Installation von Windows 10. Anschließend können Sie das Media Creation Tool herunterladen und ausführen. Weiter unten finden Sie Anweisungen mit näheren Informationen zur Verwendung dieses Tools.

Tool jetzt herunterladen

Abbildung 1.19: Das Media Creation Tool von der Microsoft Webseite

Anhand der Namensgebung erkennt man leicht, welche Version heruntergeladen wird. Das MediaCreationTool21H1.exe stellt Windows 10 Version 21H1 zur Verfügung. Das ist die aktuelle Version zum Zeitpunkt dieser Zeilen.

Das Programm erfolgreich beenden kann nur ein angemeldeter lokaler Administrator. Ein „Ausführen als Administrator“ funktioniert in diesem Fall nicht. Der Assistent würde vor dem Herunterladen der Quelldateien mit der Meldung abbrechen, dass man als Administrator angemeldet sein muss.

https://www.microsoft.com/de-de/software-download/windows10 [3]

Abbildung 1.20: Ein Konto als angemeldeter Administrator ist erforderlich

Ansonsten ist der Assistent relativ schnell durchgeführt. Je nach Internet-Verbindung dauert es ein paar Minuten, bis aus den Dateien eine ISO-Datei wird. Der erste Schritt ist die Zustimmung zu den Lizenzbestimmungen.

Abbildung 1.21: Die Lizenzbestimmungen

Anschließend kommst Du zur Auswahl, ob Du diesen Rechner aktualisieren möchtest oder ein Installationsmedium für andere Rechner benötigst. Da dies unsere Absicht ist, wählen wir diese Option.

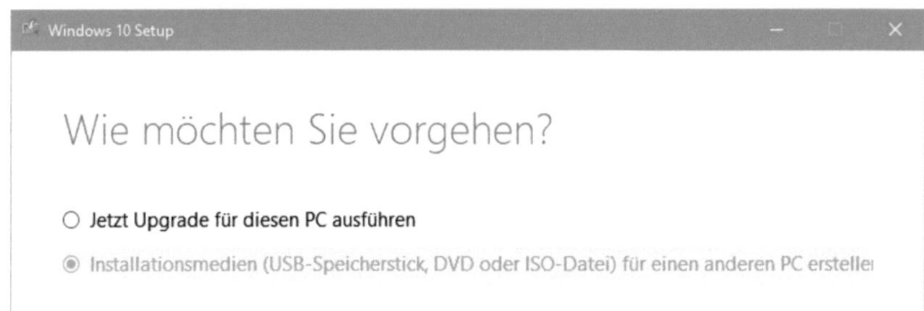

Abbildung 1.22: Auswahl des Installationsmediums

Der Assistent orientiert sich an dem Rechner, der das Media Creation Tool ausführt und bietet dementsprechend vorausgewählt die vorhandene Sprache (hier: Deutsch), Edition (hier: Windows 10) und Architektur (hier: 64-bit (x64)) an. Solltest Du eine andere Sprache oder Architektur benötigen, dann entferne den Haken bei „Empfohlene Optionen für diesen PC verwenden“ und wähle aus den nun verfügbaren Optionen aus.

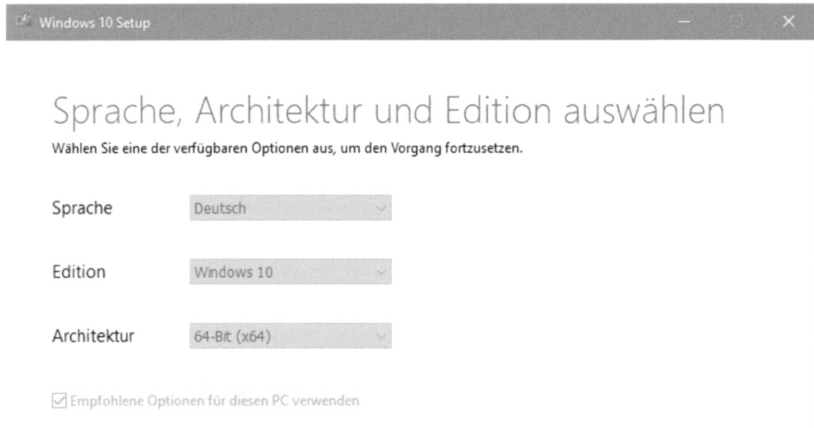

Abbildung 1.23: Weitere Optionen oder stimmt alles?

Abbildung 1.24: ISO-Datei lässt sich leichter verwerten

Danach wird der Name (hier: Windows10-21H1.iso) und Speicherort festgelegt.

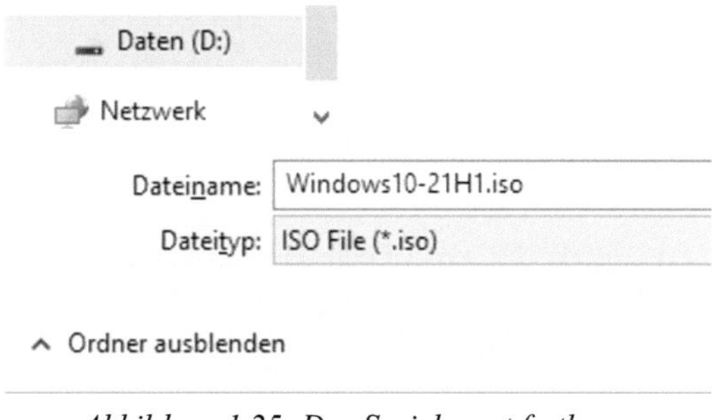

Abbildung 1.25: Den Speicherort festlegen

Nun heißt es warten, bis die Dateien vollständig heruntergeladen sind und daraus die ISO-Datei erzeugt wird.

Abbildung 1.26: Die Windows-Dateien werden heruntergeladen

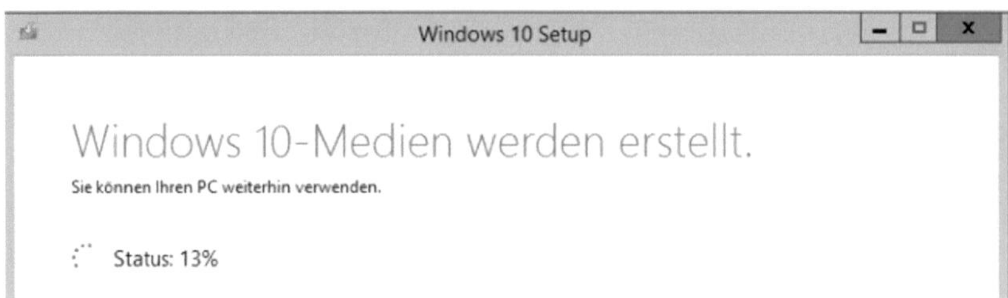

Abbildung 1.27: Erstellung der ISO-Datei

Optional könnte man hier aus der ISO-Datei noch eine DVD brennen. Für unseren Zweck ist das nicht notwendig.

Abbildung 1.28: Abschluss des Assistenten

1.1.6 Windows 10 Installation in der VM

Für die Arbeiten mit dem OSDBuilder arbeitest Du am besten mit einer eigenen virtuellen Maschine. In Abschnitt 1.1.4 hast Du diese entweder per Assistenten in der GUI oder mit PowerShell erzeugt. Diese gilt es nun mit einem Betriebssystem zu versehen. Windows 10 ist dafür völlig ausreichend, auch wenn Du ein Server-ISO aktualisieren möchtest.

Öffne den Hyper-V-Manager und klicke mit der rechten Maustaste auf die vorab erstellte VM (hier: OSDBuilder) und wähle „Verbinden…“.

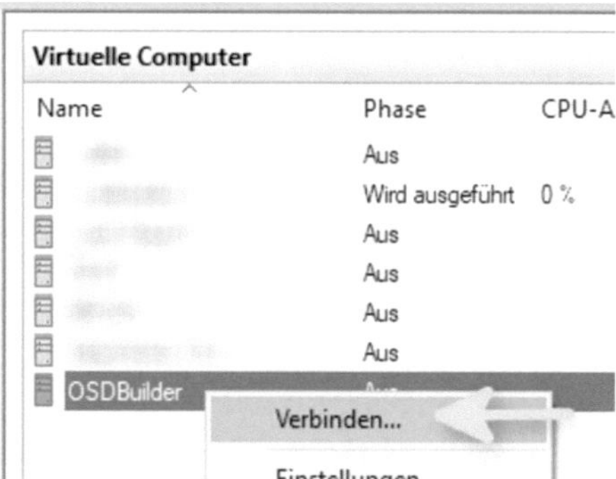

Abbildung 1.29: Mit der VM verbinden

Klicke auf „Start“ und warte, bis die Installation von der eingebundenen ISO-Datei startet.

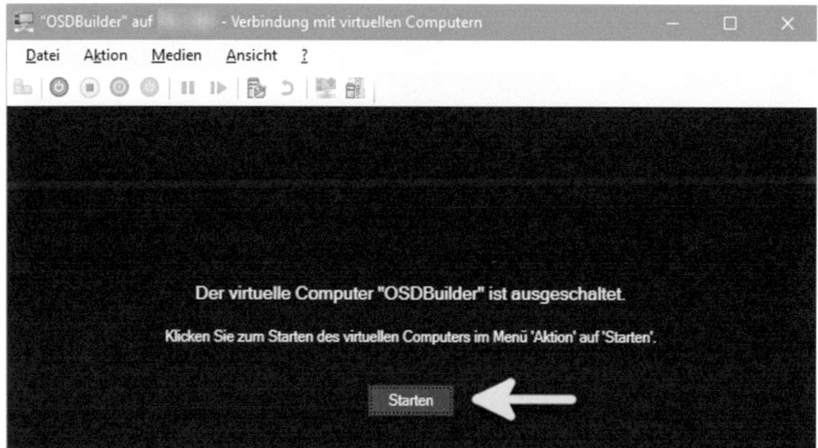

Abbildung 1.30: Starten der VM in der GUI

Der altbekannte Installationsassistent erscheint. Ein paar Mausklicks und Minuten später hast Du eine fertige virtuelle Maschine mit Windows 10 für den OSDBuilder.

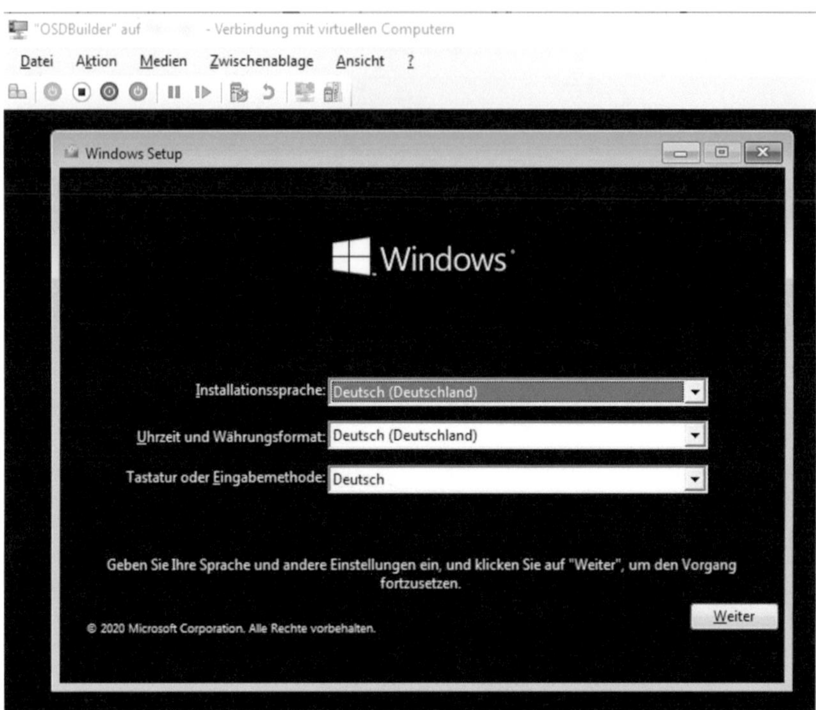

Abbildung 1.31: Installationsbildschirm von Windows 10

1.1.7 Installation des OSDBuilder-Moduls

Starte eine PowerShell-Kommandozeile als Administrator. Falls Du die Verknüpfung bereits in der Taskleiste hast, dann über die rechte Maustaste „Als Administrator ausführen“.

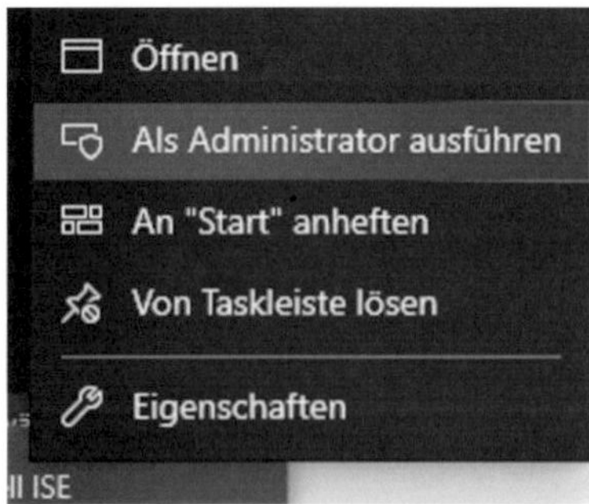

Abbildung 1.32: PowerShell als Administrator starten

Installiere das OSDBuilder-Modul mittels des Befehls:

```
Install-Module -Name OSDBuilder -force
```

Das Paket wird über NuGet zur Verfügung gestellt und heruntergeladen. Daher wirst Du vorab gefragt, ob Du dieses Paket auch wirklich installieren möchtest. Die vorausgewählte Antwort ist „ja“. Deshalb genügt die Eingabe über die Enter-Taste, um die Installation zu starten.

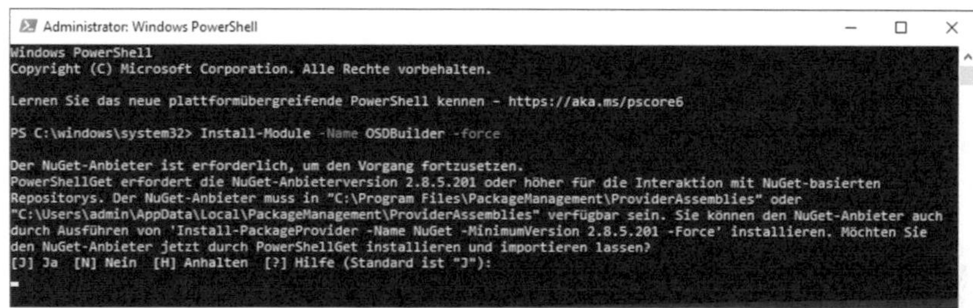

Abbildung 1.33: Installation von OSDBuilder über NuGet

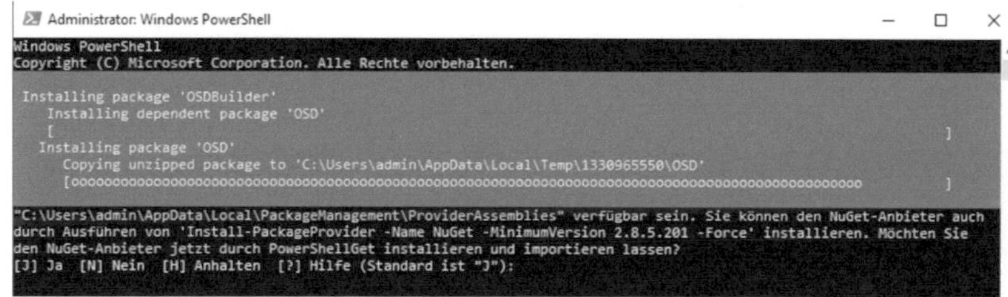

Abbildung 1.34: Installation von OSD

Nach Abschluss des Vorgangs wird das Modul durch

```
Import-Module -Name OSDBuilder -force
```

in die laufende Sitzung importiert. Dadurch steht es mit allen Commandlets (cmdlets) zur Verfügung.

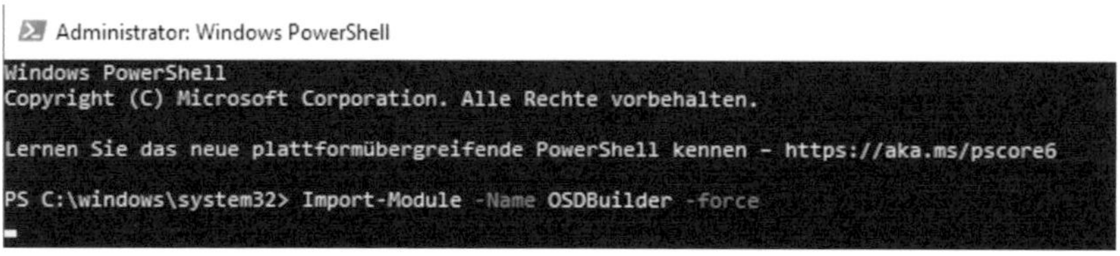

Abbildung 1.35: Import des Moduls OSDBuilder

Als nächsten Schritt erstellst Du die notwendigen Verzeichnisse im Standardpfad c:\OSDBuilder mit

```
Get-OSDBuilder -CreatePaths
```

Falls Du einen anderen Pfad für das OSDBuilder-Verzeichnis festlegen möchtest, dann kannst Du das mit

```
Get-OSDBuilder –SetPath <gewünschter Pfad>
```

anpassen.

> ACHTUNG!
>
> **An dieser Stelle bitte kein pfadabschließendes Backslash (\) anhängen. In der offiziellen Dokumentation wird ausdrücklich davor gewarnt!**

Administrator: Windows PowerShell

```
Windows PowerShell
Copyright (C) Microsoft Corporation. Alle Rechte vorbehalten.

Lernen Sie das neue plattformübergreifende PowerShell kennen - https://aka.ms/pscore6

PS C:\windows\system32> Import-Module -Name OSDBuilder -force
PS C:\windows\system32> Get-OSDBuilder -CreatePaths
AUSFÜHRLICH: Initializing OSDBuilder ...
OSDBuilder 21.3.9.2 | OSDSUS 21.5.12.2 | OSD 21.4.9.4
Home             C:\OSDBuilder
-Content         C:\OSDBuilder\Content
-ContentPacks    C:\OSDBuilder\ContentPacks
-FeatureUpdates  C:\OSDBuilder\FeatureUpdates
-OSImport        C:\OSDBuilder\OSImport
-OSMedia         C:\OSDBuilder\OSMedia
-OSBuilds        C:\OSDBuilder\OSBuilds
-PEBuilds        C:\OSDBuilder\PEBuilds
-Mount           C:\OSDBuilder\Mount
-Tasks           C:\OSDBuilder\Tasks
-Templates       C:\OSDBuilder\Templates
-Updates         C:\OSDBuilder\Updates

Latest Updates:

Helpful Links:

New Links:

Shortcuts:
OSDBuilder -SetHome D:\OSDBuilder        Change OSDBuilder Home Path
OSDBuilder -CreatePaths                  Create OSDBuilder Directory Structure
OSDBuilder -Download OSMediaUpdates      Download missing Microsoft Updates for OSMedia
OSDBuilder -Download FeatureUpdates      Download Windows 10 Feature Updates for Import
OSDBuilder -Download OneDrive            Download the latest OneDriveSetup.exe
OSDBuilder -Download OneDriveEnterprise  Download the latest OneDriveSetup.exe (Enterprise)
Import-OSMedia -Update                   Import and Update an OS (Downloads Updates)
Import-OSMedia -Update -BuildNetFX       Import, Update, and Build (NetFX) an OS (Downloads Updates)
Update-OSMedia -Download -Execute        Update an OS (Downloads Updates)
PS C:\windows\system32>
```

Abbildung 1.36: Erstellen der Standardpfade

Damit ist die Installation abgeschlossen.

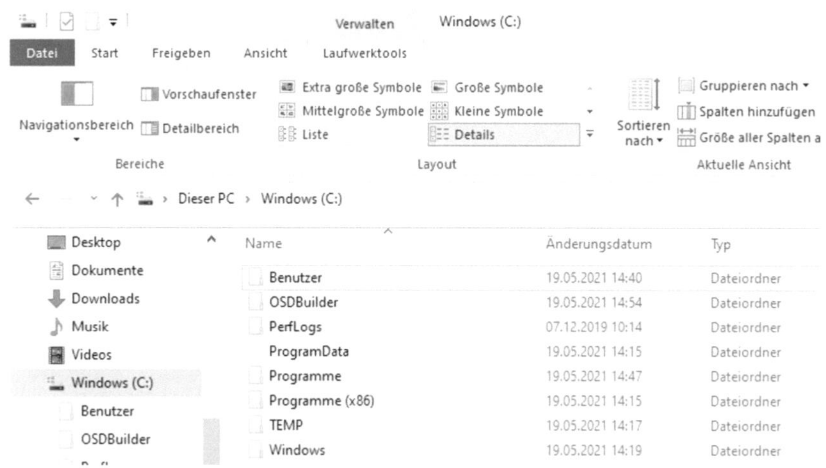

Abbildung 1.37: Abschluss der Installation mit Standardpfaden

WICHTIG!
Führe einen Neustart der PowerShell-Konsole nach jeder Installation und/ oder Update durch und lade das Modul hinterher neu. Ansonsten kommt es zu den absonderlichsten Fehlern, Fehlermeldungen und Effekten.

1.1.8 Update des OSDBuilders

Da David Segura permanent weiterentwickelt, gibt es häufige Updates der bestehenden Bestandteile, als auch neue Funktionalitäten. Deswegen ist es sinnvoll an dieser Stelle unmittelbar nach Updates zu suchen und diese zu installieren.

```
Get-OSDBuilder -UpdateModule
```

sucht nach Updates, deinstalliert die alte Version und installiert die Neue. Man sieht auch schön anhand der farblichen Kennzeichnung, für welche Teile eine aktuellere Version zur Verfügung steht (hier: OSD 21.4.9.4).

```
Administrator: Windows PowerShell
PS C:\windows\system32> Get-OSDBuilder -updateModule
OSDBuilder 21.3.9.2 | OSDSUS 21.5.12.2 | OSD 21.4.9.4
Home           C:\OSDBuilder
-Content       C:\OSDBuilder\Content
-ContentPacks  C:\OSDBuilder\ContentPacks
-FeatureUpdates C:\OSDBuilder\FeatureUpdates
-OSImport      C:\OSDBuilder\OSImport
-OSMedia       C:\OSDBuilder\OSMedia
-OSBuilds      C:\OSDBuilder\OSBuilds
-PEBuilds      C:\OSDBuilder\PEBuilds
-Mount         C:\OSDBuilder\Mount
-Tasks         C:\OSDBuilder\Tasks
-Templates     C:\OSDBuilder\Templates
-Updates       C:\OSDBuilder\Updates

WARNUNG: OSD can be updated to 21.4.23.1
Update-Module OSD -Force

Latest Updates:
21.3.9.1 Resolved issue with SetupDU

Helpful Links:
osdbuilder.osdeploy.com/release
osdbuilder.osdeploy.com/docs/basics
osdbuilder.osdeploy.com/module/functions

New Links:
osdbuilder.osdeploy.com/docs/advanced/settings
osdbuilder.osdeploy.com/docs/contentpacks

Shortcuts:
OSDBuilder -SetHome D:\OSDBuilder        Change OSDBuilder Home Path
OSDBuilder -CreatePaths                  Create OSDBuilder Directory Structure
OSDBuilder -Download OSMediaUpdates      Download missing Microsoft Updates for OSMedia
OSDBuilder -Download FeatureUpdates      Download Windows 10 Feature Updates for Import
OSDBuilder -Download OneDrive            Download the latest OneDriveSetup.exe
OSDBuilder -Download OneDriveEnterprise Download the latest OneDriveSetup.exe (Enterprise)
Import-OSMedia -Update                   Import and Update an OS (Downloads Updates)
Import-OSMedia -Update -BuildNetFX       Import, Update, and Build (NetFX) an OS (Downloads Updates)
Update-OSMedia -Download -Execute        Update an OS (Downloads Updates)
WARNUNG: Uninstall-Module -Name OSDSUS -AllVersions -Force
WARNUNG: Install-Module -Name OSDSUS -Force
WARNUNG: Import-Module -Name OSDSUS -Force
WARNUNG: Uninstall-Module -Name OSDBuilder -AllVersions -Force
WARNUNG: Remove-Module -Name OSDBuilder -Force
WARNUNG: Install-Module -Name OSDBuilder -Force
WARNUNG: Update-Module -Name -Force OSDSUS
WARNUNG: Import-Module -Name OSDSUS -Force
WARNUNG: Import-Module -Name OSDBuilder -Force
WARNUNG: Close all open PowerShell sessions before using OSDBuilder
PS C:\windows\system32>
```

Abbildung 1.38: Stets nach Updates suchen

> **HINWEIS:**
> Auch nach dem Update bitte die PowerShell-Konsole schließen und neu starten!

1.1.9 Import der Quelldateien

Jetzt kommt die ISO-Datei aus Abschnitt 1.1.5 zum Einsatz. Binde sie erneut als DVD-Laufwerk ein, falls Du sie nach der Installation entfernt hast. Normalerweise ist sie nun als Laufwerk D:\ eingebunden.

Importiere die wim-Datei mittels

```
Import-OSMedia
```

in der PowerShell-Konsole.

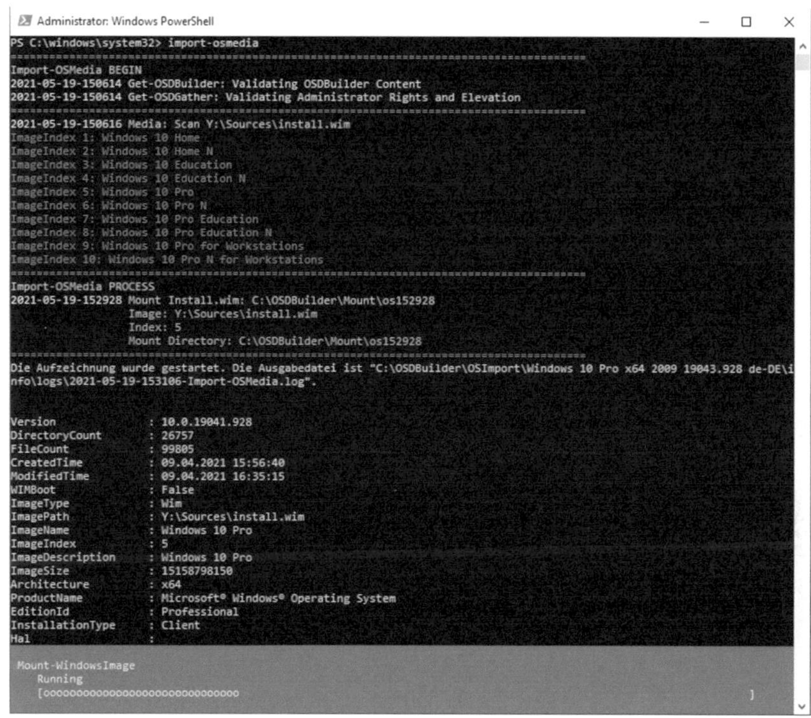

Abbildung 1.39: Beginn des Medien-Imports

Nachdem Import-OSMedia die install.wim gefunden hat, zeigt es die verfügbaren Images an. Dies können zehn Images und mehr sein. Da sich die Images eine große Anzahl an Dateien teilen, passen viele verschiedene Versionen von Windows 10 in die ISO-Datei/ DVD ohne diese übermäßig aufzublähen. Im Firmenumfeld sollte Windows 10 Pro (hier: Image Index 5) genügen.

Bitte beachte, dass jedes einzelne Image in voller Größe entpackt wird und später beim Update und Build ebenso einbezogen wird. Somit wären die 100 GB des virtuellen Datenträgers bei vielen Images deutlich zu wenig!

Import-OSMedia: Select OSMedia to Import and press OK (Cancel to Exit)

Filter

Kriterien hinzufügen

ImagePath	ImageIndex	ImageName	Architecture	EditionId
Y:\Sources\install.wim	1	Windows 10 Home	x64	Core
Y:\Sources\install.wim	2	Windows 10 Home N	x64	CoreN
Y:\Sources\install.wim	3	Windows 10 Education	x64	Education
Y:\Sources\install.wim	4	Windows 10 Education N	x64	EducationN
Y:\Sources\install.wim	5	Windows 10 Pro	x64	Professional
Y:\Sources\install.wim	6	Windows 10 Pro N	x64	ProfessionalN
Y:\Sources\install.wim	7	Windows 10 Pro Education	x64	ProfessionalEducation
Y:\Sources\install.wim	8	Windows 10 Pro Education N	x64	ProfessionalEducationN
Y:\Sources\install.wim	9	Windows 10 Pro for Workstations	x64	ProfessionalWorkstation
Y:\Sources\install.wim	10	Windows 10 Pro N for Workstations	x64	ProfessionalWorkstationN

Abbildung 1.40: Auswahl des gewünschten Images

Wähle das gewünschte Image und klicke auf „OK“. Damit startet der Import-Vorgang. Das dauert ein paar Minuten.

Administrator: Windows PowerShell

```
PS C:\> Import-OSMedia
========================================================================

 Operation
    Running
    [oooooooooo

ImageIndex 1: Windows 10 Home
ImageIndex 2: Windows 10 Home N
ImageIndex 3: Windows 10 Education
ImageIndex 4: Windows 10 Education N
ImageIndex 5: Windows 10 Pro
ImageIndex 6: Windows 10 Pro N
ImageIndex 7: Windows 10 Pro Education
ImageIndex 8: Windows 10 Pro Education N
ImageIndex 9: Windows 10 Pro for Workstations
ImageIndex 10: Windows 10 Pro N for Workstations
========================================================================
Import-OSMedia PROCESS
2021-06-14-102108 Mount Install.wim: C:\OSDBuilder\Mount\os102108
                  Image: Y:\Sources\install.wim
                  Index: 5
                  Mount Directory: C:\OSDBuilder\Mount\os102108
```

Abbildung 1.41: Der Import läuft

Die importierten Dateien findest Du anschließend unter C:\OSDBuilder\OSBuild bei Verwendung der Standardpfade.

Abbildung 1.42: Die importierten Dateien im Standardpfad

1.1.10 Update der Quelldateien

Nachdem Du das gewünschte Image importiert hast, geht es an das Update.

Der dazugehörige Commandlet ist Update-OSMedia.

Mit

```
Update-OSMedia -Download -Execute -SkipComponentCleanup
```

initiierst Du den Vorgang.

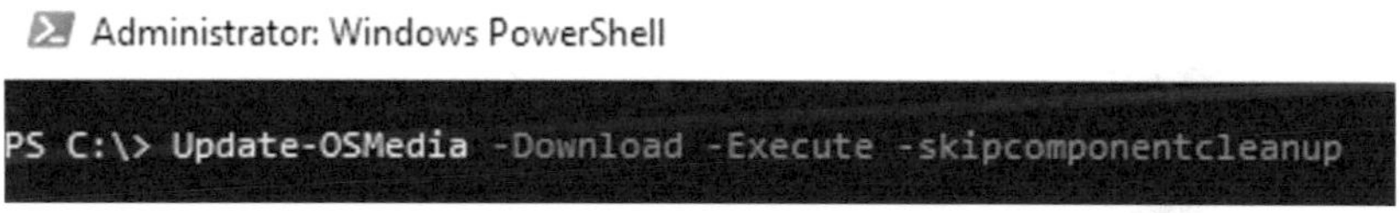

Administrator: Windows PowerShell

```
PS C:\> Update-OSMedia -Download -Execute -skipcomponentcleanup
```

Abbildung 1.43: Start des Image-Updates

Update-OSMedia sucht im OSMedia-Ordner nach den vorhandenen Images.

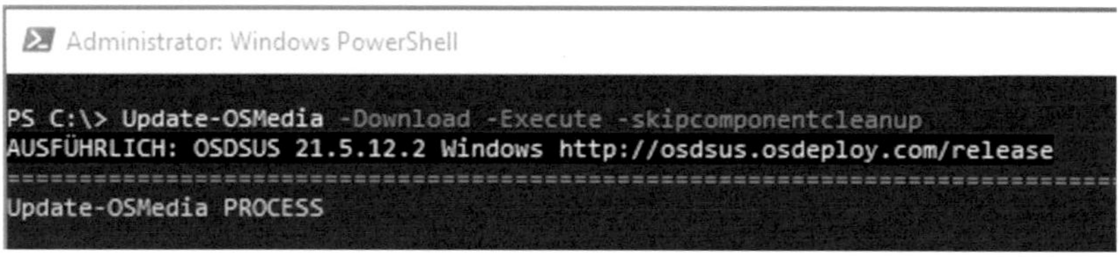

Administrator: Windows PowerShell

```
PS C:\> Update-OSMedia -Download -Execute -skipcomponentcleanup
AUSFÜHRLICH: OSDSUS 21.5.12.2 Windows http://osdsus.osdeploy.com/release
==========================================================================
Update-OSMedia PROCESS
```

Abbildung 1.44: Suche der importierten Betriebssysteme

Im Ergebnisfenster kannst Du selektieren, für welche Images Du die Updates haben möchtest. An dieser Stelle nochmal der Hinweis, dass Du viel mehr Platz brauchst, wenn Du mehr als ein Image pflegen möchtest!

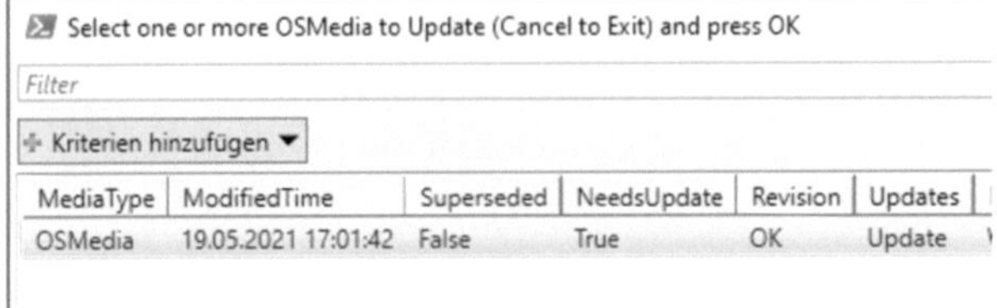

Abbildung 1.45: Auswahl des Images

Nach Deiner Auswahl werden die verfügbaren Updates heruntergeladen, entpackt, das Image eingebunden und die Updates in das Image eingepflegt.

```
OSDSUS (Microsoft Updates) Downloaded
10/20/2020 17:00:17 - AdobeSU - 2020-10 Security Update for Adobe Flash Player for Windows 10 Version 20H2 for x64-based
 Systems (KB4580325)
02/09/2021 18:00:00 - DotNetCU - 2021-02 Cumulative Update for .NET Framework 3.5 and 4.8 for Windows 10 version 20H2 fo
r x64 (KB4601050)
02/16/2021 22:00:06 - AdobeSU - Update for Removal of Adobe Flash Player for Windows 10 Version 20H2 for x64-based syste
ms (KB4577586)
03/29/2021 21:00:06 - ComponentDU SafeOS - 2021-03 Dynamic Update for Windows 10 Version 20H2 for x64-based Systems (KB5
000983)
04/28/2021 21:00:06 - SetupDU - 2021-04 Dynamic Update for Windows 10 Version 20H2 for x64-based Systems (KB5001412)
05/11/2021 17:00:00 - DotNetCU - 2021-05 Cumulative Update for .NET Framework 3.5 and 4.8 for Windows 10 Version 20H2 fo
r x64 (KB4601554)
05/11/2021 17:00:10 - LCU - 2021-05 Cumulative Update for Windows 10 Version 20H2 for x64-based Systems (KB5003173)
```

Abbildung 1.46: Download der vorhandenen Updates

```
Working Information
-WorkingName:           build2106140139
-WorkingPath:           C:\OSDBuilder\OSMedia\build2106140139
-OS:                    C:\OSDBuilder\OSMedia\build2106140139\OS
-WinPE:                 C:\OSDBuilder\OSMedia\build2106140139\WinPE
-Info:                  C:\OSDBuilder\OSMedia\build2106140139\info
-Logs:                  C:\OSDBuilder\OSMedia\build2106140139\info\logs
2021-06-14-133932 MEDIA: Copy Operating System to C:\OSDBuilder\OSMedia\build2106140139
2021-06-14-134015 WinPE: Mount WinPE.wim to C:\OSDBuilder\Mount\winpe2106140139
2021-06-14-134028 WinPE: Mount WinRE.wim to C:\OSDBuilder\Mount\winre2106140139
2021-06-14-134041 WinPE: Mount WinSE.wim to C:\OSDBuilder\Mount\setup2106140139
2021-06-14-134054 MEDIA: (SetupDU) Windows Setup Dynamic Update
INSTALLING        2021-04 Dynamic Update for Windows 10 Version 20H2 for x64-based Systems (KB5001412) - Windows10.0-KB5
001412-x64.cab
Expanding to temporary path C:\Users\admin\AppData\Local\Temp\1970260070
Microsoft (R) Dateiexpansions-Hilfsprogramm
Copyright (c) Microsoft Corporation. Alle Rechte vorbehalten.

C:\Users\admin\AppData\Local\Temp\1970260070\replacementmanifests\fveapi-replacement.man wird zur Extrahierungswarteschl
ange hinzugefügt
C:\Users\admin\AppData\Local\Temp\1970260070\replacementmanifests\microsoft-windows-iis-rm\iismig.dll wird zur Extrahier
```

Abbildung 1.47: Mounten der wim-Dateien und Extraktion der Updates

Abschließend wird das Image wieder automatisch ausgehängt und die install.wim-Datei bereitgestellt.

```
2021-06-14-134802 OS: (NetCU) DotNet Framework Cumulative Update
INSTALLED         2021-02 Cumulative Update for .NET Framework 3.5 and 4.8 for Windows 10 version 20H2 for x64 (KB460105
0) - Windows10.0-KB4601050-x64-NDP48.cab
INSTALLED         2021-05 Cumulative Update for .NET Framework 3.5 and 4.8 for Windows 10 Version 20H2 for x64 (KB460155
4) - Windows10.0-KB4601554-x64-NDP48.cab
2021-06-14-134803 OS: Update OneDriveSetup.exe
                  Existing Image Version 19.043.0304.0013
                  To update OneDriveSetup.exe use one of the following commands:
                  Get-DownOSDBuilder -ContentDownload 'OneDriveSetup Enterprise'
                  Get-DownOSDBuilder -ContentDownload 'OneDriveSetup Production'
2021-06-14-134804 OS: Backup Auto Extra Files to C:\OSDBuilder\OSMedia\build2106140139\WinPE\AutoExtraFiles
2021-06-14-134809 OS: Copy Sessions.xml to C:\OSDBuilder\OSMedia\build2106140139\info\Sessions.xml
2021-06-14-134809 OS: Export Inventory to C:\OSDBuilder\OSMedia\build2106140139
2021-06-14-134822 OS: Dismount from C:\OSDBuilder\Mount\os2106140139
2021-06-14-135102 OS: Export to C:\OSDBuilder\OSMedia\build2106140139\OS\sources\install.wim
2021-06-14-135148 OS: Export Configuration to C:\OSDBuilder\OSMedia\build2106140139\WindowsImage.txt
```

Abbildung 1.48: Injektion der Updates und Export der wim-Datei

1.1.11 Erstellung einer Aufgabe (Task)

Um ein fertiges Image durch einen Build zu erzeugen, benötigt man zunächst eine Aufgabe.

```
New-OSBuildTask -TaskName DerEigelbLaden
```

ist der dazugehörige PowerShell-Befehl.

```
Administrator: Windows PowerShell
PS C:\windows\system32> New-OSBuildTask -taskname dereigelbladen
========================================================================
New-OSBuildTask PROCESS
========================================================================
```

Abbildung 1.49: Erstellung des BuildTasks

Es folgt das bekannte Auswahlfenster, welches der vorhandenen Medien verwendet werden soll.

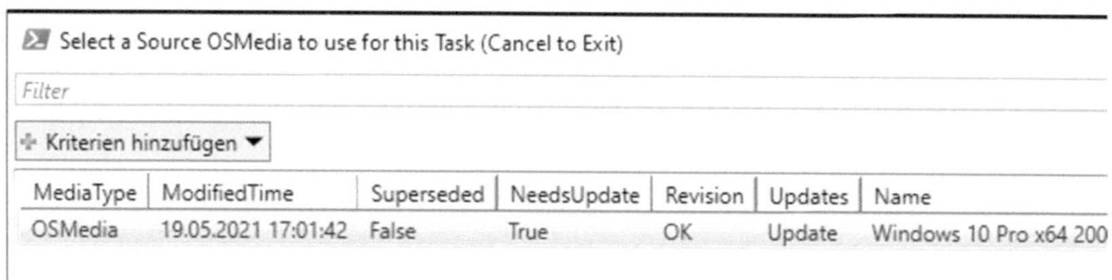

Abbildung 1.50: Auswahl des gewünschten Builds

Nun ist alles bereit für den letzten Schritt.

1.1.12 Erstellung eines Builds

Um den kompletten Update-Vorgang abzuschließen und aktuelle Windows-Installationsdateien zu erhalten, fehlt nur noch der Build.

```
New-OSBuild -ByTaskName eigelbladen -Execute
-SkipComponentCleanup
```

```
PS C:\windows\system32> New-osbuild -bytaskname dereigelbladen -execute -skipcomponentcleanup
AUSFÜHRLICH: OSDSUS 21.5.12.2 Windows http://osdsus.osdeploy.com/release
========================================================================================
New-OSBuild PROCESS
========================================================================================
OSBuild Task Information
-TaskName:                      dereigelbladen
-TaskVersion:                   21.3.9.2
-TaskType:                      OSBuild
-OSMedia Name:                  Windows 10 Pro x64 2009 19043.985 de-DE
-OSMedia Path:                  C:\OSDBuilder\OSMedia\Windows 10 Pro x64 2009 19043.985 de-DE
-ContentPacks:
  C:\OSDBuilder\ContentPacks\_Global
========================================================================================
Latest Source OSMedia
-OSMedia Name:                  Windows 10 Pro x64 2009 19043.985 de-DE
-OSMedia Path:                  C:\OSDBuilder\OSMedia\Windows 10 Pro x64 2009 19043.985 de-DE
-OSMedia Family:                Client Professional x64 19043 de-DE
-OSMedia Guid:                  ecffc231-24a6-4fd2-acdc-8d961e0a0ef7
========================================================================================
OSBuild Task Information
-TaskName:                      dereigelbladen
-TaskVersion:                   21.3.9.2
-TaskType:                      OSBuild
-OSMedia Name:                  Windows 10 Pro x64 2009 19043.985 de-DE
-OSMedia Path:                  C:\OSDBuilder\OSMedia\Windows 10 Pro x64 2009 19043.985 de-DE
-ContentPacks:
  C:\OSDBuilder\ContentPacks\_Global
```

Abbildung 1.51: Start des OSBuilds

```
Dateien werden erweitert ....

Erweitern der Dateien ist abgeschlossen ...
79 Dateien insgesamt
Logging to C:\OSDBuilder\OSBuilds\build2105200921\info\logs
Applying update to WinSE at C:\OSDBuilder\OSBuilds\build2105200921\OS\Sources
Applying update to WinSE at C:\OSDBuilder\Mount\setup2105200921\Sources
2021-05-20-092312 WinPE: ContentPack PEADK
2021-05-20-092312 WinPE: ContentPack PEADKLang
2021-05-20-092312 WinPE: ContentPack PEDaRT
2021-05-20-092312 WinPE: (LCU) Latest Cumulative Update
WARNUNG: Skipping Update for this version of Windows
2021-05-20-092312 WinPE: ContentPack PEDrivers
2021-05-20-092312 WinPE: ContentPack PEExtraFiles
2021-05-20-092312 WinPE: ContentPack PEPoshMods
2021-05-20-092312 WinPE: ContentPack PERegistry
2021-05-20-092312 WinPE: ContentPack PEScripts
2021-05-20-092312 WinPE: Export WinPE Package Inventory to C:\OSDBuilder\OSBuilds\build2105200921\WinPE\info
2021-05-20-092325 WinPE: Dismount-WimsPE
```

Abbildung 1.52: Erzeugung der Dateien

Am Ende des Vorgangs findest Du die Windows-Dateien mit allen aktuellen Updates im Build-Ordner.

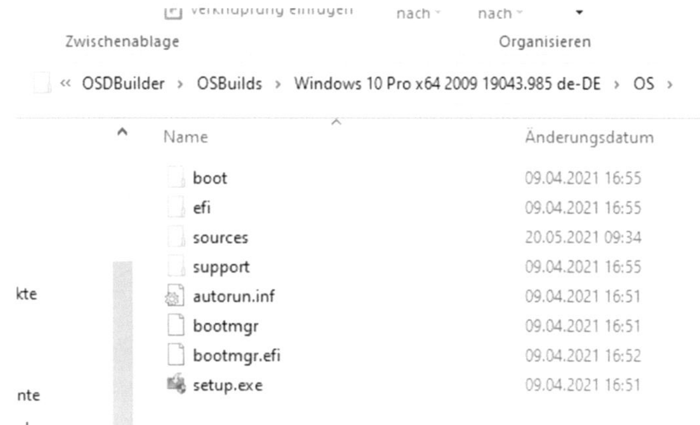

Abbildung 1.53: OSBuilds-Ordner im Dateisystem

1.1.13 Erstellung eines bootbaren USB-Sticks mit diskpart

Diskpart ist ein onboard-Kommandozeilen-Tool, mit dem man sehr schnell einen USB-Stick bootfähig vorbereiten kann, um anschließend die Windows-Dateien einfach darauf zu kopieren. Das funktioniert ab Windows 8, Windows Server 2012 und den Hyper-V Servern.

WICHTIG:
Diskpart fragt nicht nach, ob man diesen oder jenen Befehl ganz sicher ausführen möchte. Es führt das Kommando einfach mit aller Konsequenz aus, sobald man die Enter-Taste drückt. Arbeite daher mit der angebrachten Vorsicht. Besonders mit dem Befehl „clean“.

USB-Stick mit MBR

Nach der Erstellung des aktualisierten Builds und den vorliegenden Dateien ist es für eine Windows-Installation per USB-Stick notwendig, diesen bootfähig zu machen. Nimm dazu einen USB-Stick, der mindestens 8 GB groß ist. Stecke ihn an Deinen Rechner an und starte die Kommandozeile oder PowerShell als Administrator.

Starte jetzt mit dem Kommando „`diskpart`“ das gleichnamige Kommandozeilen-Tool.

```
Administrator: Windows PowerShell
PS C:\> diskpart

Microsoft DiskPart-Version 10.0.19041.964

Copyright (C) Microsoft Corporation.
Auf Computer:

DISKPART>
```

Abbildung 1.54: Aufruf von diskpart über die Kommandozeile als Administrator

Im ersten Schritt bestimmst Du mit „`list disk`“ den richtigen Datenträger (hier Datenträger 2).

```
Administrator: Windows PowerShell

DISKPART> list disk

  Datenträger ###  Status         Größe    Frei     Dyn  GPT
  ---------------  -------------  -------  -------  ---  ---
  Datenträger 0    Online          232 GB  1024 KB
  Datenträger 1    Online          476 GB     0 B        *
  Datenträger 2    Online         1911 MB     0 B

DISKPART>
```

Abbildung 1.55: Suche nach dem korrekten Datenträger

Mit den Befehlen „`Select disk`“, „`clean`“ und „`create partition primary`“, wählst Du den Datenträger für die nächsten Kommandos aus, löschst ihn und erstellst eine primäre Partition. Sollte der Datenträger größer als 16 GB sein, dann erstelle diese Partition mit fester Größe mittels „`create partition primary size=16000`“.

Der Stick braucht noch (schnell) ein Dateisystem und einen Laufwerksbuchstaben.

Dies erledigst Du mit „`format FS=FAT32 quick`“. Die Partition muss als aktive Partition deklariert werden, daher braucht es ein „`active`“, gefolgt von einem „`assign letter=e`“ für einen Laufwerksbuchstaben, falls „e:“ auf Deinem Rechner noch verfügbar ist.

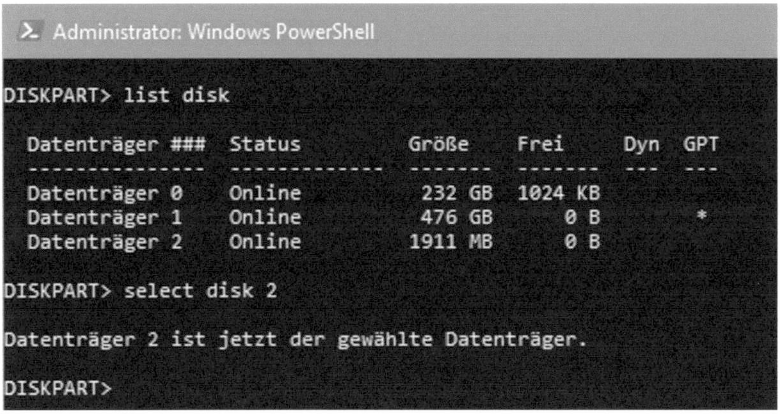

```
Administrator: Windows PowerShell

DISKPART> list disk

  Datenträger ###  Status         Größe    Frei     Dyn  GPT
  ---------------  -------------  -------  -------  ---  ---
  Datenträger 0    Online          232 GB  1024 KB
  Datenträger 1    Online          476 GB      0 B        *
  Datenträger 2    Online         1911 MB      0 B

DISKPART> select disk 2

Datenträger 2 ist jetzt der gewählte Datenträger.

DISKPART>
```

Abbildung 1.56: Auswahl des richtigen Datenträgers

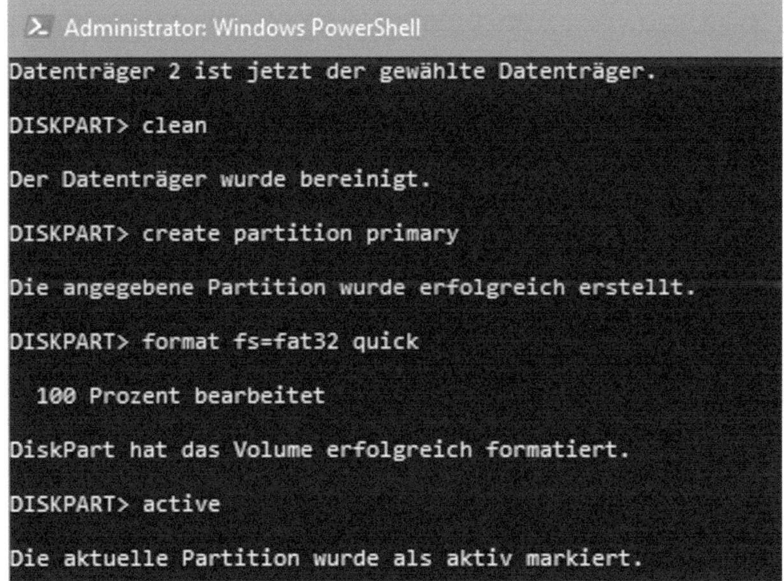

Abbildung 1.57: Löschen, Erstellen, Formatieren und Aktivierung

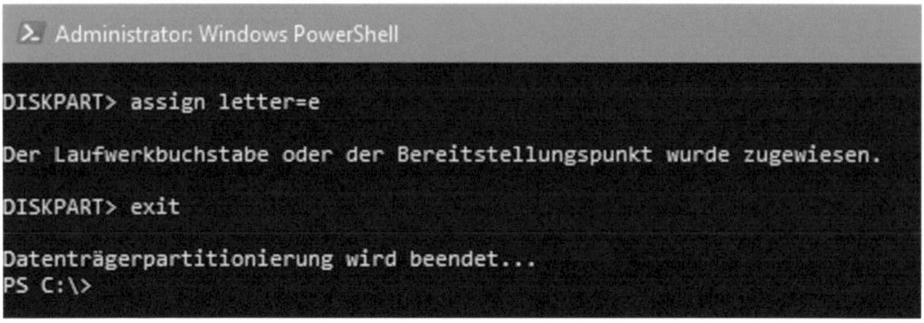

```
Administrator: Windows PowerShell

DISKPART> assign letter=e

Der Laufwerkbuchstabe oder der Bereitstellungspunkt wurde zugewiesen.

DISKPART> exit

Datenträgerpartitionierung wird beendet...
PS C:\>
```

Abbildung 1.58: Zuweisung eines Laufwerkbuchstabens

USB-Stick mit UEFI

Für das moderne Layout mit UEFI gilt fast die gleiche Syntax. Sie unterscheidet sich lediglich an zwei Stellen.

Du beginnst mit „`diskpart`“, „`list disk`“, „`select disk`“ und „`clean`“. Der erste Unterschied ist, dass Du nun den Datenträger zum Partitionstyp „GPT“ (GUID Partition Table) konvertierst. „`convert gpt`“ lautet der Befehl hierzu. Danach erstellst Du auch hier mit „`create partition primary (size=16000)`“ die Partition, formatierst sie mit „`format FS=FAT32 quick`“ und weist den Laufwerksbuchstaben mit „`assign letter=e`“ zu. Der Schritt, die Partition aktiv zu setzen, entfällt an dieser Stelle.

Fallstrick mit FAT32

Bei FAT32 ist die maximale Dateigrößen-Grenze 4 GB. Falls Deine wim-Datei diese Grenze überschreitet, wird es notwendig die wim-Datei in kleinere Stücke zu teilen. Diese Aufteilung erledigt „dism“ für uns.

> “`dism /Split-Image /ImageFile:e:\sources\install.wim /SWMFile:k:\sources\install.swm /FileSize:4096`” (die Pfade sind dementsprechend anzupassen.)

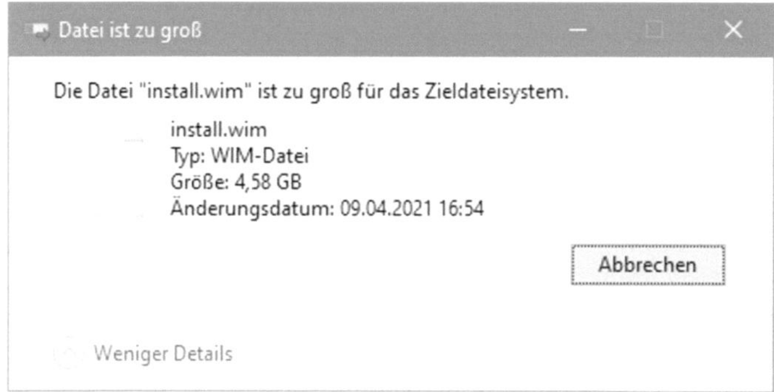

Abbildung 1.59: Die wim-Datei überschreitet die FAT32-Grenze

Finaler Schritt

Kopiere alle Dateien aus dem Build-Ordner auf den eben erstellten USB-Stick. Der nächste Rechner kann nun von diesem Stick installiert werden. Nach dem nächsten Update Deines wim-Images kopierst Du einfach die Dateien über die vorhandenen und bist wieder auf dem neuesten Stand.

1.1.14 Weitere Verwendung der Windows-Dateien

Das vorhandene Image lässt sich auch für den Import im WDS oder MDT-Server nutzen. Das schauen wir uns in den Kapiteln 2 und 3 im Einzelnen an.

1.1.15 Zusammenfassung

OSDBuilder, der Community-Beitrag von David Segura, ermöglicht es Dir, die Standard-Windows-Images mit den monatlichen Updates zu aktualisieren, um stets einen gepatchten Stand per USB-Stick, Windows Deployment Services oder Microsoft Deployment Toolkit installieren zu können. Der Update-Vorgang lässt sich per PowerShell steuern. Somit kannst Du monatlich den USB-Stick per copy-and-paste erneuern oder als Image in WDS und MDT importieren. Es lohnt sich, gelegentlich auf der Seite osdeploy.com vorbeizuschauen. Die Entwicklung schreitet stetig voran. Zum Zeitpunkt dieses Kapitels sind gerade WiFi-Unterstützung und Installationen über das Internet in der Beta-Phase.

2 Windows Deployment Services (WDS)

Mit den Windows Deployment Services, als Teil der Server-Rollen, entwickelst Du Deine Installationen eine Stufe weiter. Es ist ein logischer Schritt in Richtung Automatisierung. Die WDS benötigen etwas Vorarbeit und zwischendurch etwas Pflege an den Images, aber das Deployment läuft weitestgehend schnell und ohne zusätzliche manuelle Interaktionen.

2.1 Installation der WDS-Rolle

Zunächst benötigst Du die Server-Rolle „Windows-Bereitstellungsdienste" auf einem Server mit zwei (virtuellen) Festplatten. Dazu startest Du den Server-Manager, navigierst zum Dashboard und klickst auf „Rollen und Features hinzufügen".

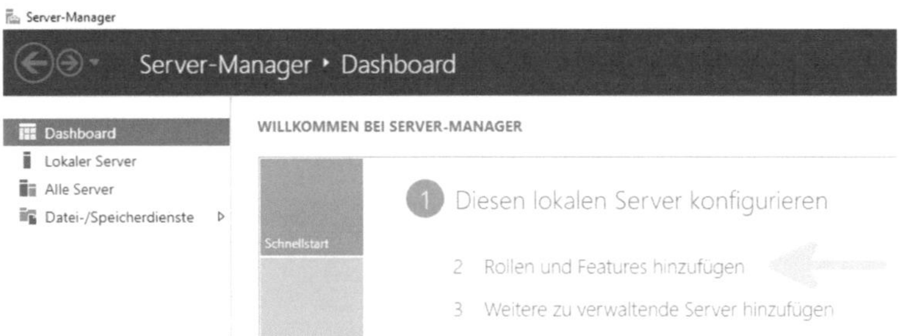

Abbildung 2.1: Start des Server-Manager-Assistenten

Da die Rolle auf diesem lokalen Server installiert werden soll, ist die voreingestellte Option „Rollenbasierte oder featurebasierte Installation" passend.

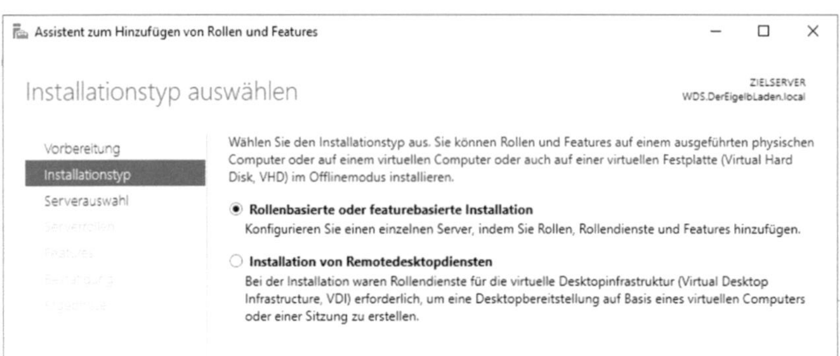

Abbildung 2.2: Auswahl der rollenbasierten Installation

Als Server ist der WDS-Server als einziger Server im Server-Pool ebenfalls vorab ausgewählt.

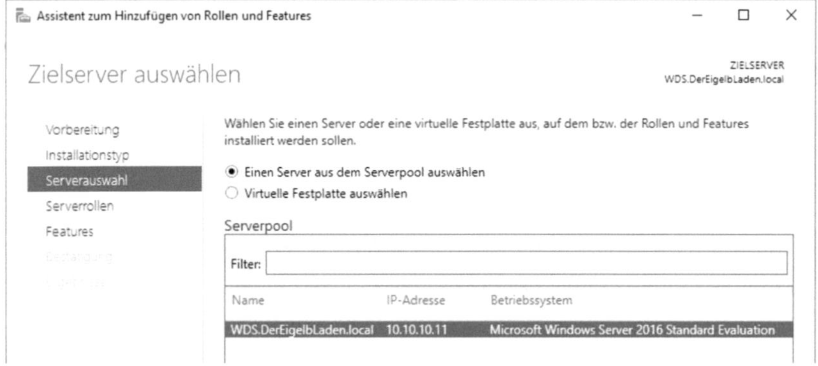

Abbildung 2.3: Wahl des lokalen Servers

Die „Windows-Bereitstellungsdienste" sind ganz am Ende der Liste auf der Seite der Serverrollen.

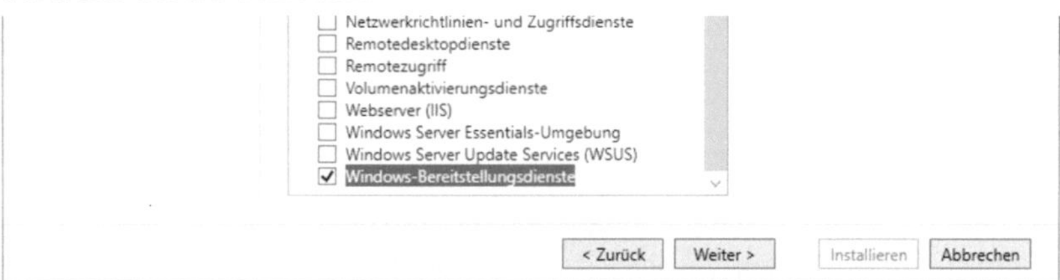

Abbildung 2.4: Gewünscht: Windows Bereitstellungsdienste

Mit dem Setzen des Hakens werden auch die notwendigen Features aktiviert und in einem eigenen Fenster angezeigt.

Abbildung 2.5: Erforderliche Features

Da keine weiteren Features notwendig sind, kann der Assistent fortgesetzt werden.

Abbildung 2.6: Keine weiteren Features notwendig

Damit die Bereitstellungsdienste funktionieren, sind einige Voraussetzungen unabdingbar. Zum einen sind ein DHCP- und ein DNS-Server notwendig. Beide Dienste müssen fehlerfrei laufen. In der Regel sind beide Funktionalitäten in einem Active Directory vorhanden. Die Partition, auf der die Daten später einmal liegen werden, benötigt eine NTFS-Formatierung. Dies sollte jedoch mittlerweile sowieso Standard sein.

Der Client, als VM oder mit realer Hardware, braucht die Fähigkeit per PXE zu booten.

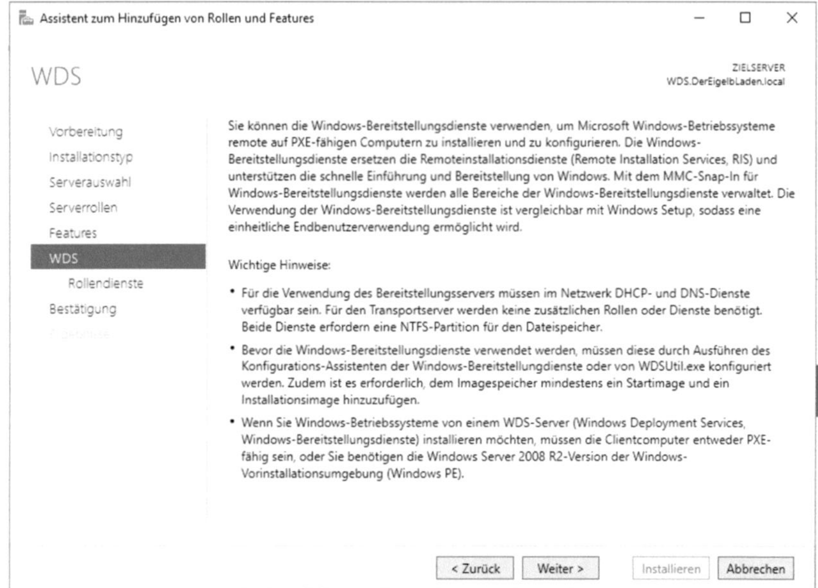

Abbildung 2.7: Hinweis auf notwendige Anforderungen

Die beiden Rollendienste „Bereitstellungsserver“ und „Transportserver“ sind bereits voraus angewählt.

Abbildung 2.8: Erforderliche Rollendienste

Nach der Zusammenfassung kannst Du auf „Installieren“ klicken.

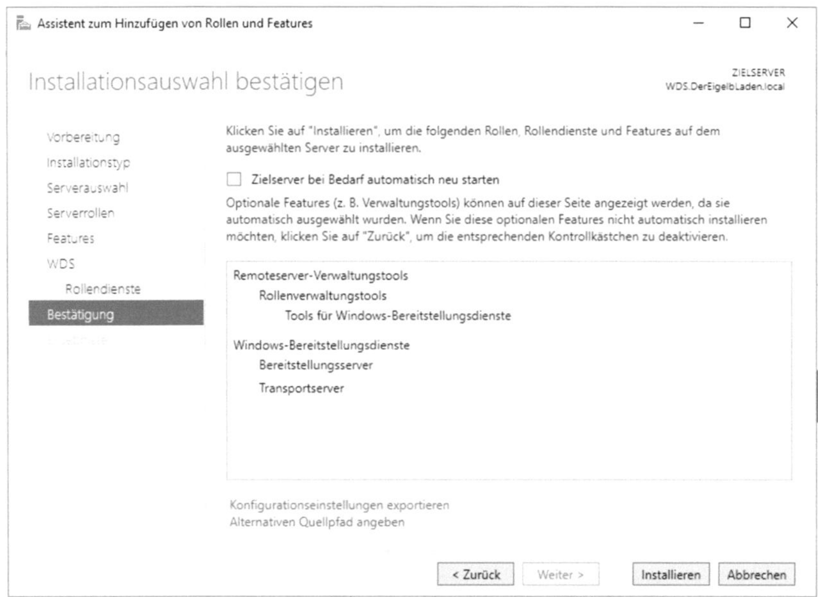

Abbildung 2.9: Zusammenfassung des Assistenten

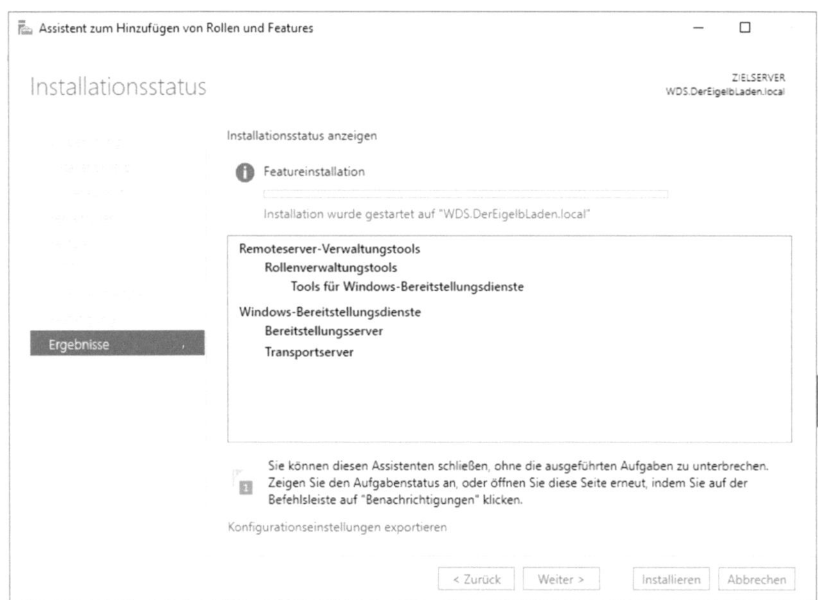

Abbildung 2.10: Die Installation beginnt.

2.2 Einrichtung und Konfiguration

Um die WDS einzurichten, klickst Du im Server-Manager auf „Tools“ und öffnest die Windows-Bereitstellungsdienste.

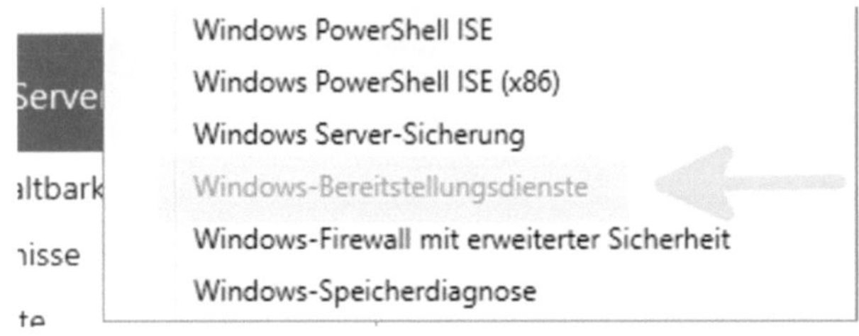

Abbildung 2.11: Beginn der ersten Konfiguration

Erweitere den Knoten „Server“ und öffne mit der rechten Maustaste das Kontextmenü Deines WDS-Servers (hier: WDS.DerEigelbLaden.local). Wähle „Server konfigurieren…“.

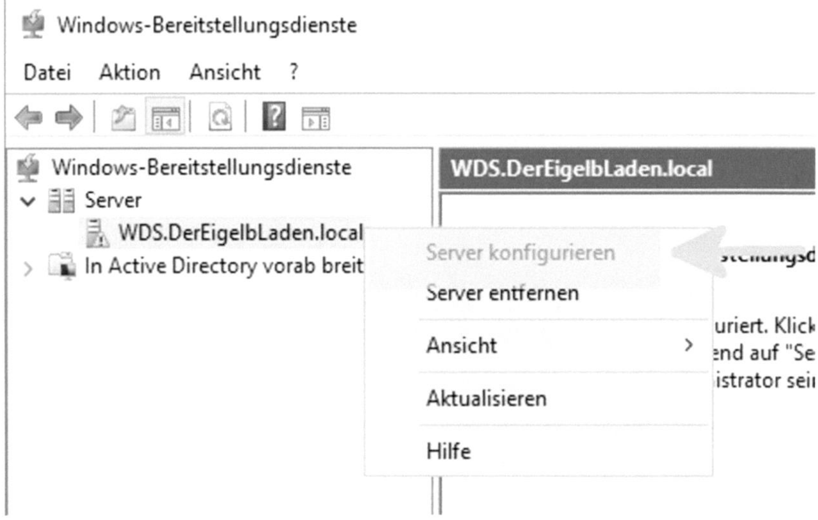

Abbildung 2.12: Wir konfigurieren WDS

Der Assistent stellt Dir noch einmal eine Liste von Anforderungen bereit. Neu ist an dieser Stelle, dass man sich im Weiteren zwischen einem Active Directory integrierten und einem eigenständigen WDS entscheiden kann.

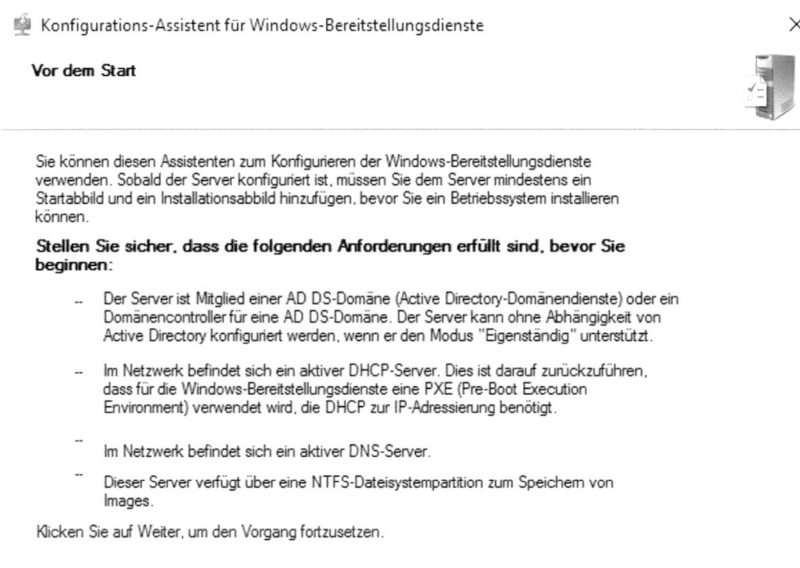

Abbildung 2.13: Anforderungen an die WDS

Da wir uns im Firmenumfeld bewegen und uns die Arbeit erleichtern wollen, ist Active Directory integriert die sinnvollere Variante.

Abbildung 2.14: Anbindung an das Active Directory

Wie schon geschrieben, ist ein NTFS-Laufwerk eine der Bedingungen für die Remoteinstallationsordner.

Der Windows-Server wählt als Standardpfad das Laufwerk C: aus, obwohl es nicht empfohlen ist.

Abbildung 2.15: Vorauswahl der Pfade

Man wird auch unmittelbar danach darauf hingewiesen, dass diese Option einen massiven Einfluss auf die Performance des Servers hat. Daher ist es angeraten, die Datenverzeichnisse auf eine separate Festplatte auszulagern.

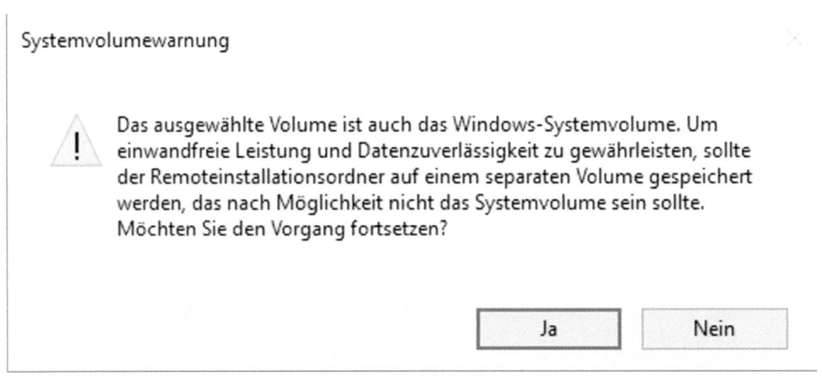

Abbildung 2.16: Empfehlung: nimm einen weiteren Datenträger

Wechsle daher den Pfad von C:\ auf D:\.

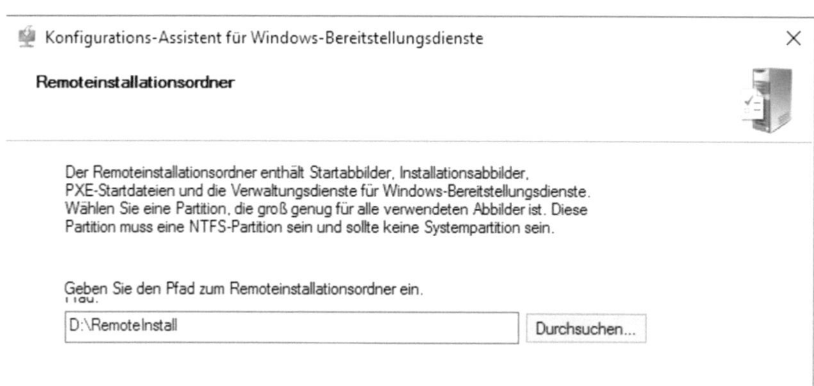

Abbildung 2.17: Ein anderer Datenträger und geänderter Pfad

Die PXE-Serveranfangseinstellungen bieten etliche Möglichkeiten. Für den Anfang und um im Vorfeld bereits bis jetzt unbekannte Probleme auszuschließen, soll der Server auf alle PXE-Anfragen antworten. Der Radiobutton sollte in diesem Fall auf „Allen Clientcomputern antworten (bekannten und unbekannten)“ stehen. Der Haken für „Administratorgenehmigung für unbekannte Computer erforderlich machen“ bleibt vorerst auch in der Standardoption „nicht gesetzt“.

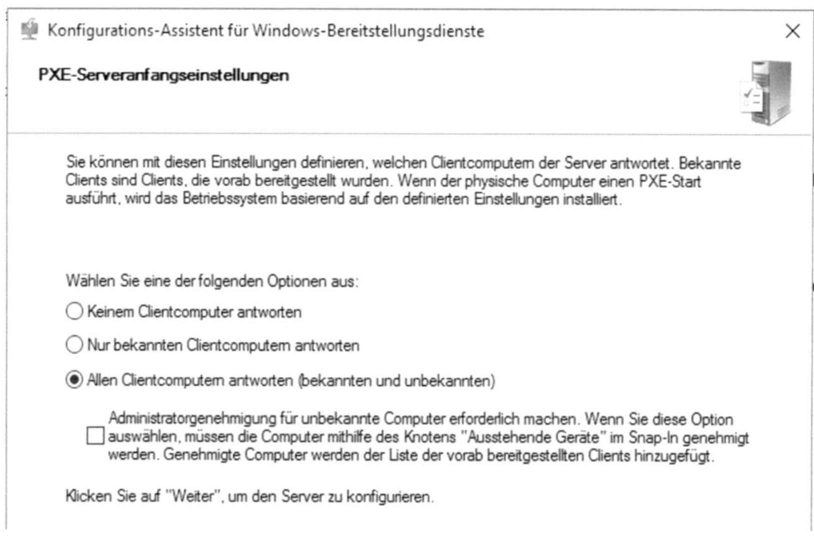

Abbildung 2.18: Der WDS wird allen Computern antworten

Mit diesen Einstellungen wird die Konfiguration abgeschlossen und die relevanten Dienste gestartet.

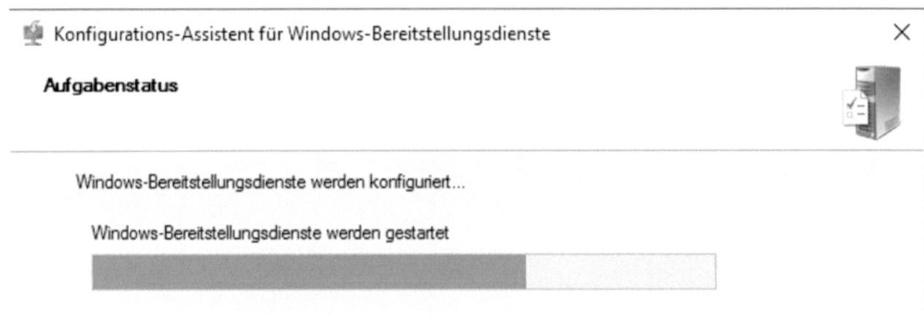

Abbildung 2.19: Start der WDS-Dienste

An dieser Stelle könntest Du bereits ein Server Images hinzufügen. Wir erledigen das allerdings im nächsten Schritt manuell.

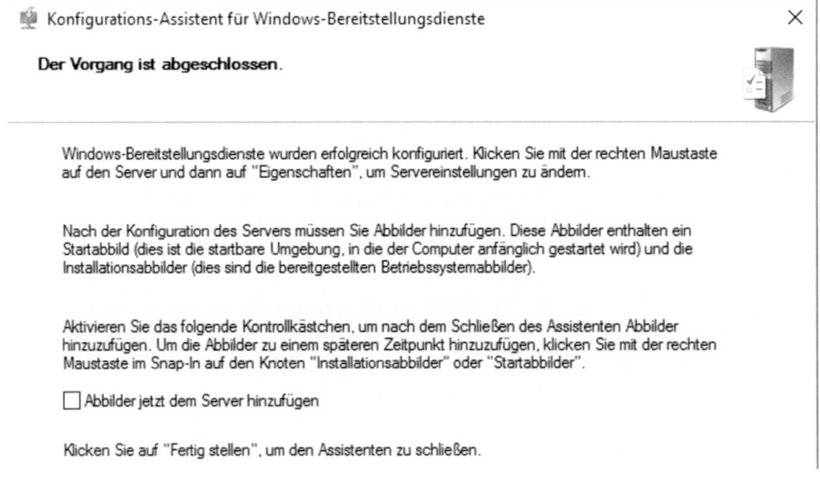

Abbildung 2.20: Abschluss der ersten Konfiguration

2.3 Import eines Boot-Images

Zunächst brauchst Du ein Boot-Image (Startabbild), mit dem die Verbindung vom Client-PC zum Server hergestellt wird. Praktischerweise ist ein Boot-Image bei den Windows-Dateien aus Kapitel 1 dabei.

Das importierst Du über das Kontextmenü „Startabbild hinzufügen…“ des Knotens Startabbilder.

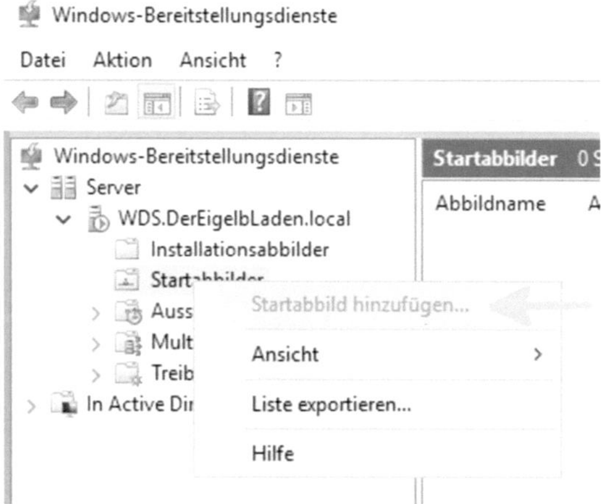

Abbildung 2.21: Import eines Boot-Images

Über „Durchsuche…“ navigierst Du zu dem virtuellen DVD-Laufwerk.

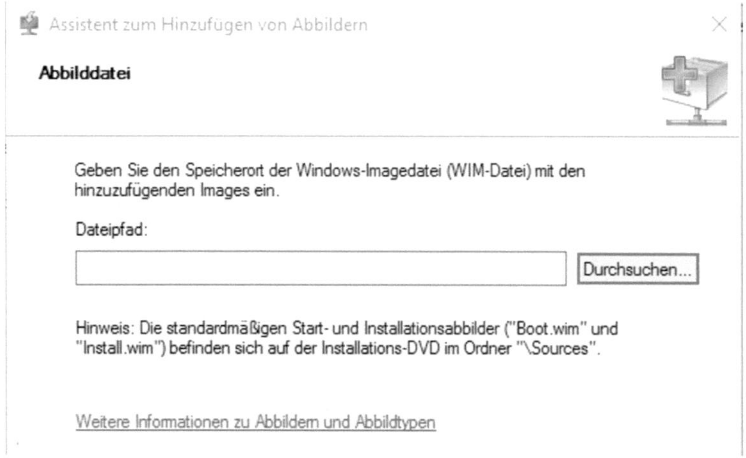

Abbildung 2.22: Pfadauswahl

Im Verzeichnis „Sources“ findest Du die boot.wim.

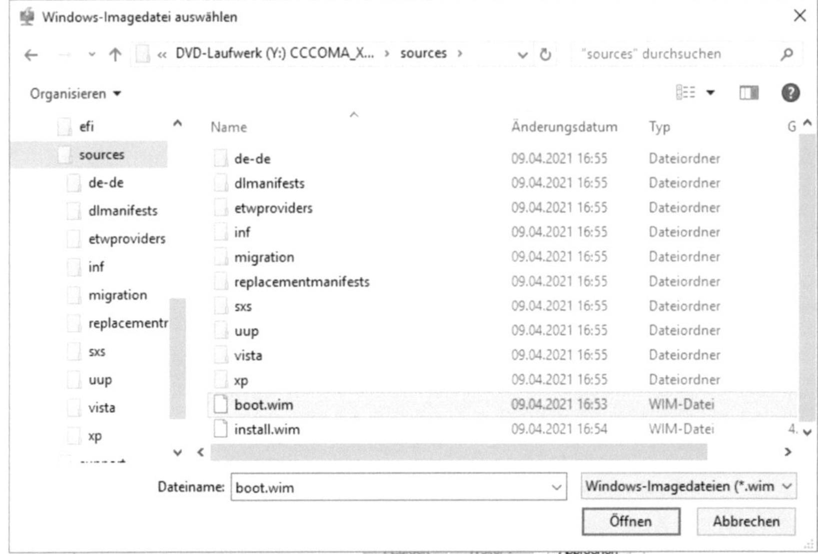

Abbildung 2.23: Auswahl des Boot-Images

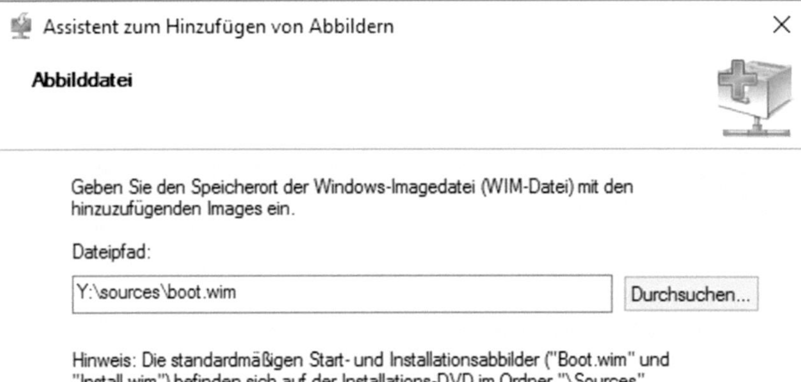

Abbildung 2.24: Ausgewähltes Image vom DVD-Laufwerk

Vergib an dieser Stelle am besten aussagekräftige Namen. Falls Dein Image ein Windows 10 21H1 x64 beinhaltet, dann sollte das im Namen und/ oder der Beschreibung wiedergespiegelt werden.

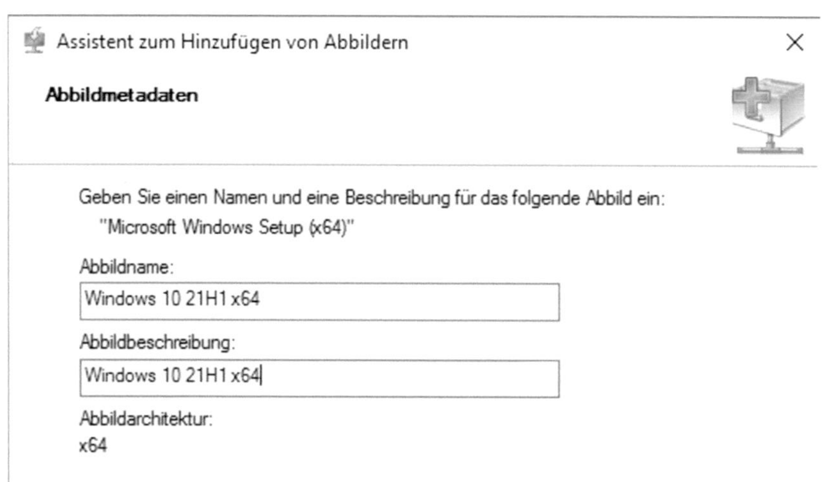

Abbildung 2.25: Aussagekräftige Bezeichnungen sind wichtig

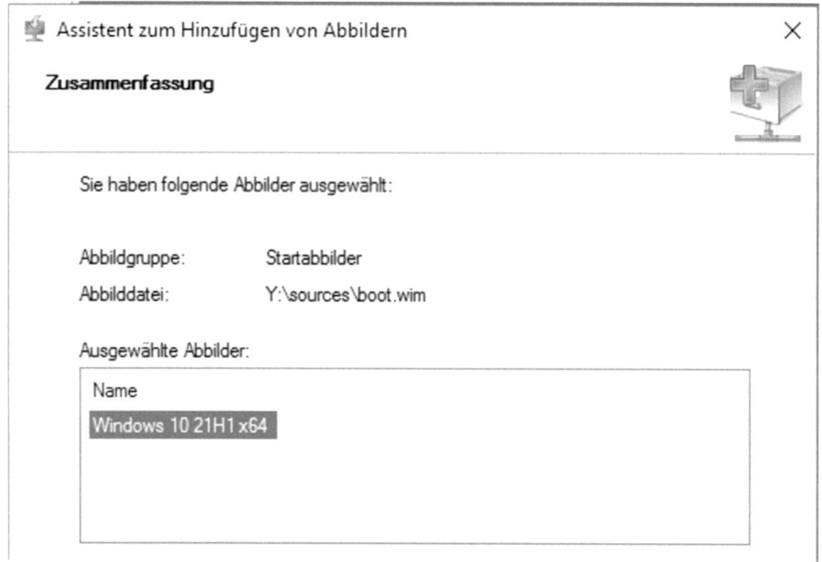

Abbildung 2.26: Zusammenfassung des Assistenten

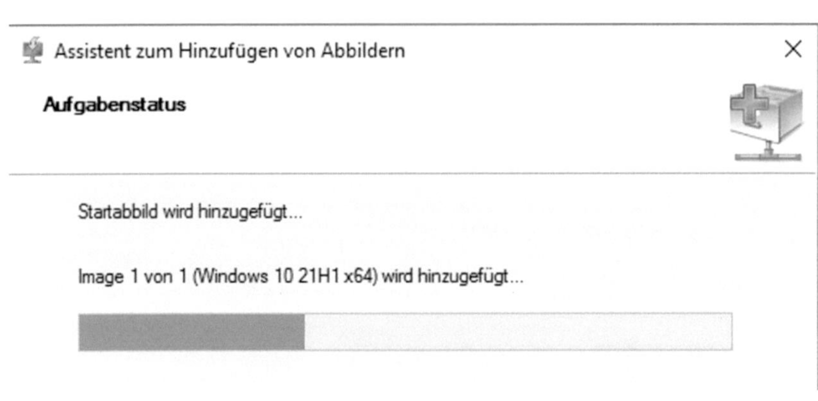

Abbildung 2.27: Das Boot-Image wird importiert

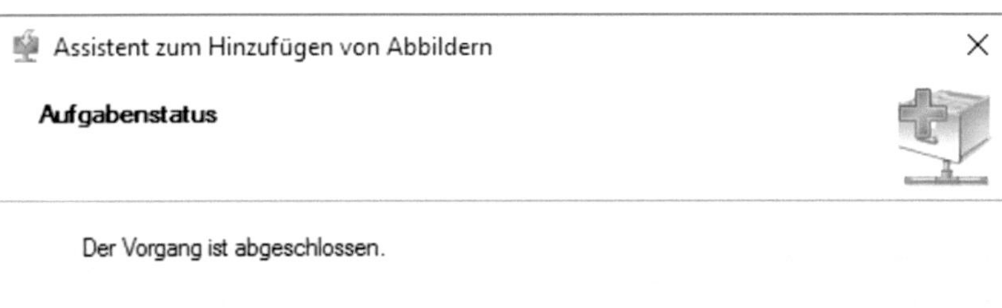

Abbildung 2.28: Erfolgreicher Import

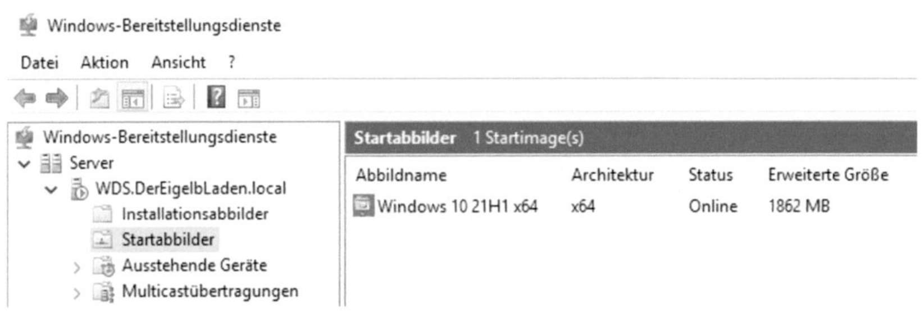

Abbildung 2.29: Es könnte vom Netzwerk gebootet werden

2.4 Import eines Abbild-Images

Nachdem Du ein Boot-Abbild importiert hast, fehlt noch das Installationsabbild. Der Import erfolgt analog zum Boot-Image, dieses Mal natürlich über das Kontextmenü von „Installationsabbilder".

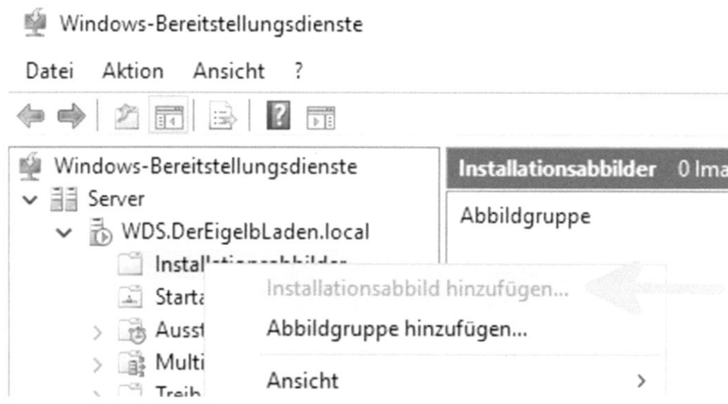

Abbildung 2.30: Importvorgang des Installationsabbilds

Der WDS möchte die einzelnen Abbilder gruppieren. Daher ist an dieser Stelle eine aussagekräftige Bezeichnung für die Abbildgruppe sinnvoll (hier: Windows-10-Clients).

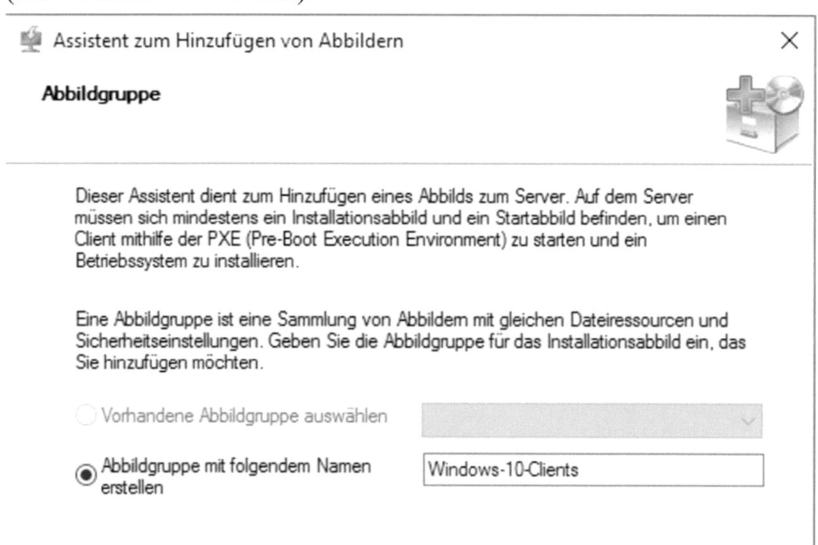

Abbildung 2.31: Zuordnung zu einer Abbildgruppe

Die dazugehörige wim-Datei liegt ebenso im Source-Ordner.

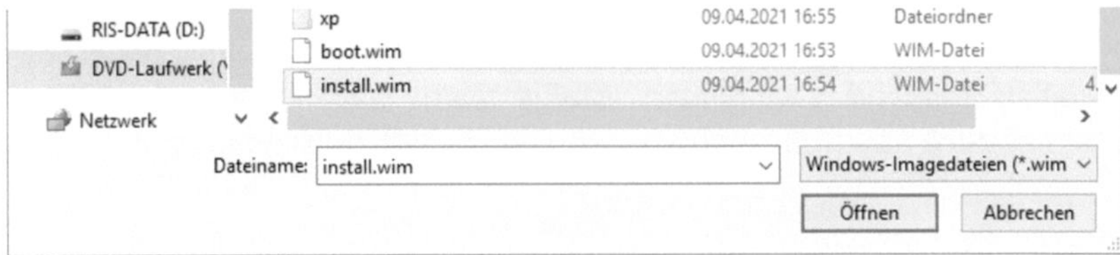

Abbildung 2.32: Install.wim von der DVD

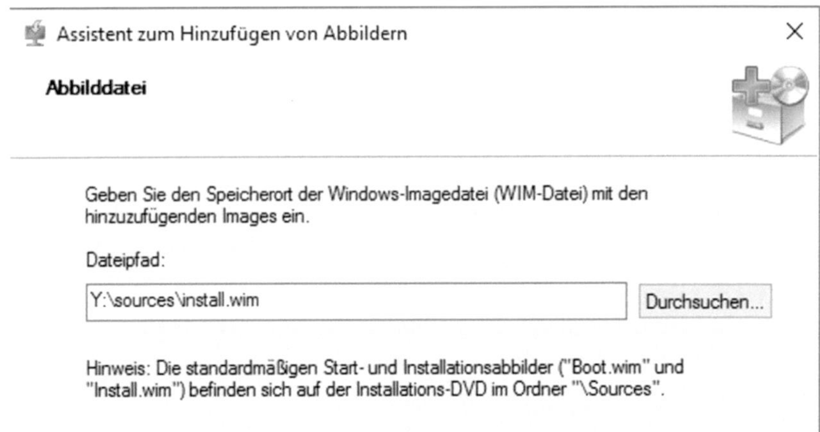

Abbildung 2.33: Gewählter Pfad mit wim-Datei

Da sich die einzelnen Windows-Editionen nicht sonderlich stark unterscheiden, passen in eine ISO-Datei/auf eine DVD viele unterschiedliche Versionen. Diese beginnen bei Windows 10 Home, über Windows 10 Education für Schulen zu Windows 10 Pro und Windows 10 Enterprise. Im Firmenumfeld benötigst Du normalerweise, wie auch schon in Kapitel 1 erwähnt, nur Windows 10 Pro. Daher wählst Du alle uninteressanten Editionen ab. Es dient auch später der Übersichtlichkeit bei der Installation.

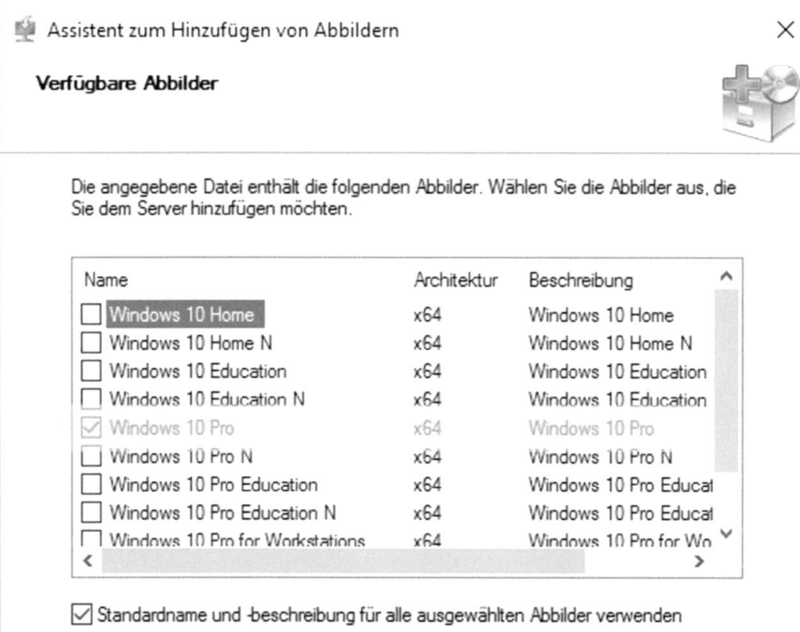

Abbildung 2.34: Beschränkung auf Windows 10 Pro

Die Zusammenfassung zeigt alle ausgewählten Varianten von Windows 10.

Abbildung 2.35: Zusammenfassung vor dem Import

Der Import dauert einige Minuten.

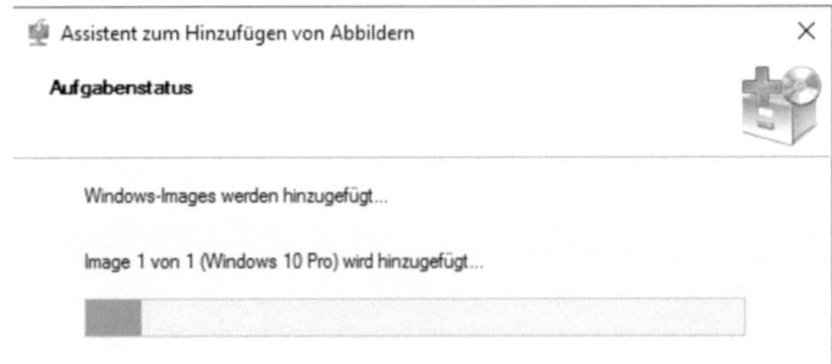

Abbildung 2.36: Windows 10 Pro wird dem WDS hinzugefügt

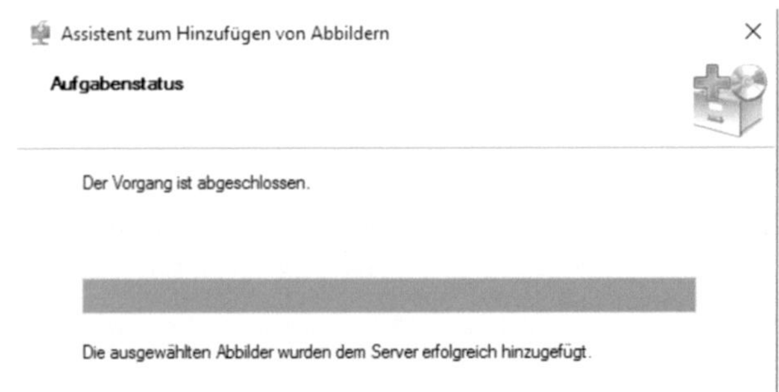

Abbildung 2.37: Erfolgreicher Import

In der Übersicht unter dem Installationsabbilder-Knoten findest Du die vorhandenen Windows 10-Images in der Übersicht wieder.

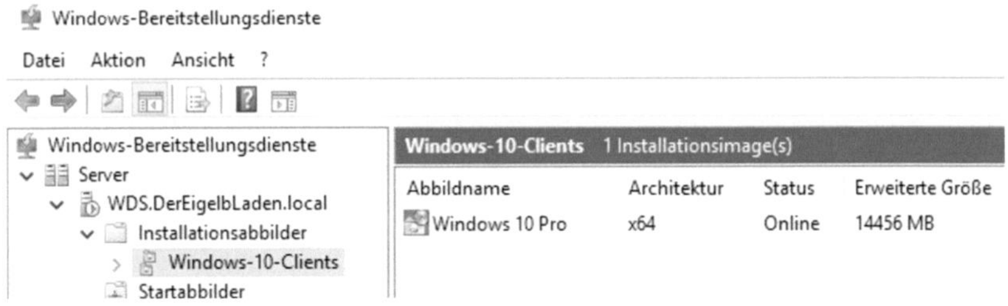

Abbildung 2.38: Windows in der Abbildgruppe Windows-10-Clients

Analog kannst Du das erzeugte Image aus Kapitel 1 an dieser Stelle importieren.

2.5 Basis-Einstellungen

Um möglichst im Vorfeld schon Probleme auszuschließen, sind in den Eigenschaften des WDS nur zwei Optionen zu ändern. Öffne die Eigenschaften unter dem Kontextmenü des Servers.

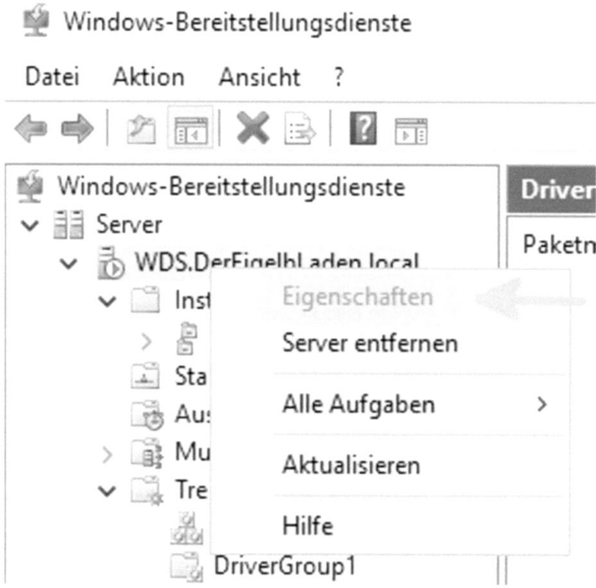

Abbildung 2.39: Beginn der Basis-Konfiguration

Ändere unter dem Reiter „Start“ die Optionen bei „Bekannte Clients“ und „Unbekannte Clients“ auf „PXE-Start immer fortsetzen“.

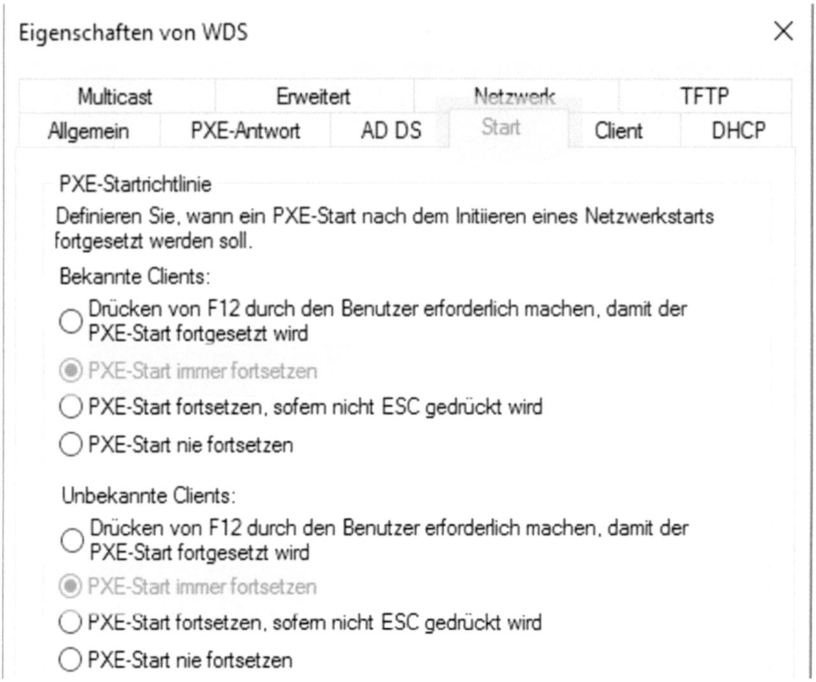

Abbildung 2.40: Option „Start immer fortsetzen"

2.6 Booten und Installation vom Netzwerk

Nach der vorangegangenen Konfiguration kannst Du jetzt einen Test machen. Erstelle dazu eine VM, wie unter Kapitel 1 beschrieben. Falls Du, wie empfohlen, eine VM der Generation 1 verwendest, dann benötigst Du eine „Ältere Netzwerkkarte". Nur diese unterstützt PXE-Boot. Diese „Ältere Netzwerkkarte" fügst Du über „Datei" – „Einstellungen" – „Hardware hinzufügen" zu der VM an.

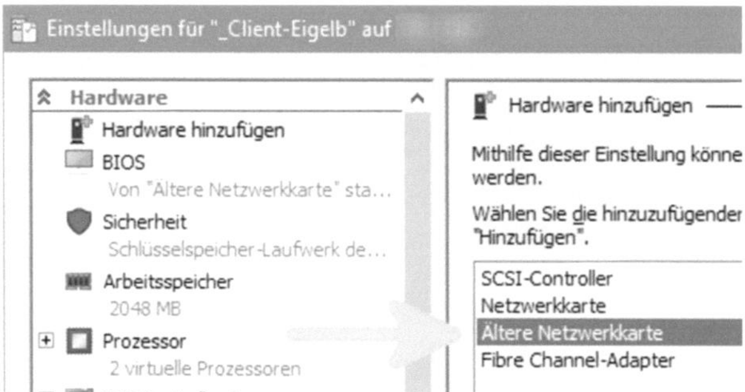

Abbildung 2.41: Ältere Netzwerkkarte hinzufügen

Die „Ältere Netzwerkkarte“ braucht noch die Zuordnung zum externen Switch (hier: DerEigelbLaden-Internet“).

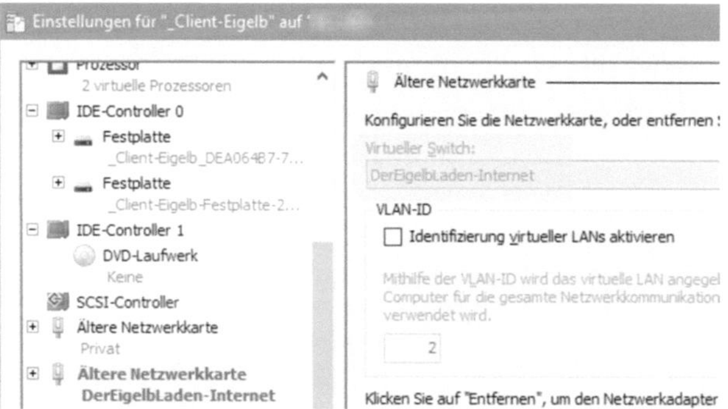

Abbildung 2.42: Zuordnung des korrekten Switches

Anschließend kannst Du die virtuelle Maschine starten.

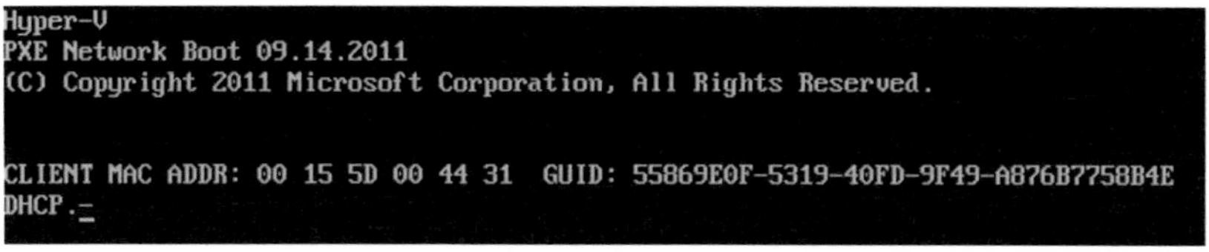

```
Hyper-V
PXE Network Boot 09.14.2011
(C) Copyright 2011 Microsoft Corporation, All Rights Reserved.


CLIENT MAC ADDR: 00 15 5D 00 44 31  GUID: 55869E0F-5319-40FD-9F49-A876B7758B4E
DHCP._
```

Abbildung 2.43: PXE-Boot in einer virtuellen Maschine

Falls die WDS auf die Anfrage reagieren, wird das Boot-Image vom Server heruntergeladen und das Setup geladen.

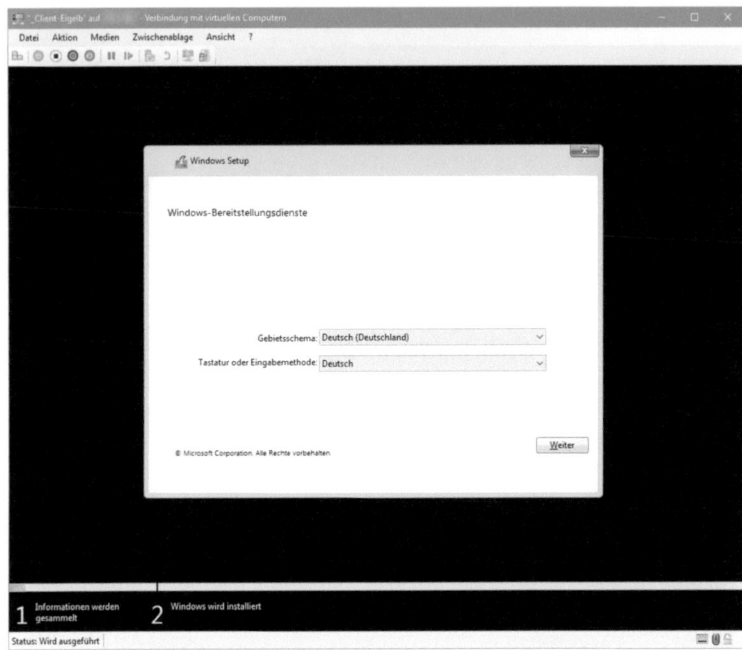

Abbildung 2.44: Bereitstellungsdienste bei der Arbeit

Damit nicht jeder Benutzer, dessen Rechner versehentlich auf Netzwerk-Boot eingestellt ist sich die bestehende Windows-Installation zerstört, kommt eine Passwort-Abfrage.

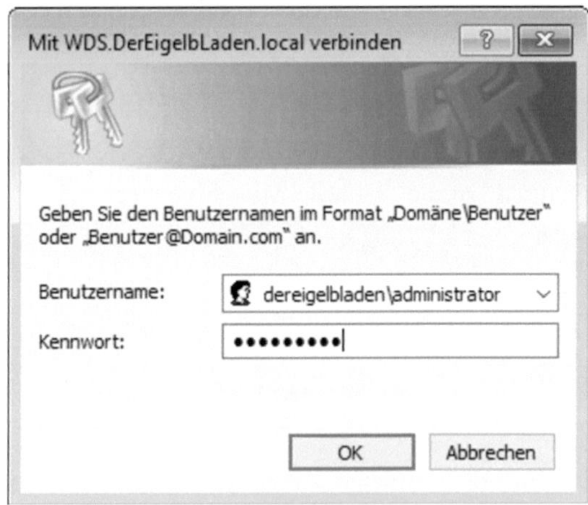

Abbildung 2.45: Abfrage der Zugangsdaten

Danach kannst Du aus den vorhandenen Abbildern (hier: Windows 10 Pro) das gewünschte auswählen und installieren lassen.

Abbildung 2.46: Alle importierten Betriebssysteme

Ab hier läuft die Installation von Windows 10 dann bis zum Ende durch.

2.7 Import von Treiberpaketen

Da alle großen Hardware-Hersteller mittlerweile komplette Treiberpakete für jedes Modell auf ihren Webseiten zur Verfügung stellen, ist es eine pfiffige Idee, diese in den WDS einzupflegen[4]. Lade die relevanten Treiber Deiner Laptop- und PC-Modelle in einen Ordner herunter und entpacke sie. Je nach Hersteller liegen die Treiber-Pakete in unterschiedlicher Form vor. Entpacke diese, für die bessere Unterscheidung, in einen Ordner mit dem Modell-Namen. Zum Import benötigst Du letztendlich nur die inf-Dateien.

Öffne das Kontextmenü des Knotens „Treiberpakete" und klicke auf „Treiberpaket hinzufügen…".

[4]http://en.community.dell.com/techcenter/enterprise-client/w/wiki/2065.dell-command-deploy-driver-packs-for-enterprise-client-os-deployment

http://www8.hp.com/us/en/ads/clientmanagement/drivers-pack.html

http://ftp.hp.com/pub/caps-softpaq/cmit/HP_WinPE_DriverPack.html

https://support.lenovo.com/sv/en/solutions/ht074984

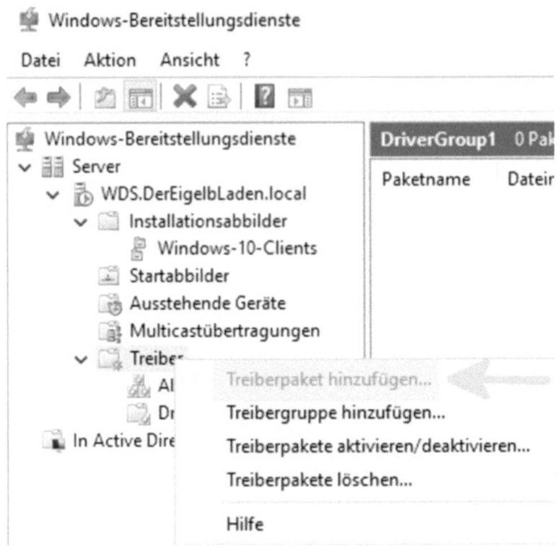

Abbildung 2.47: Beginn des Treiberpaket-Imports

Es ist einfacher, ein komplettes Treiberpaket hinzuzufügen. Daher ändere die Einstellung auf „Alle Treiberpakete aus Ordner auswählen“ und navigiere über „Durchsuchen...“ zum Pfad mit den Treibern des gewünschten Modells.

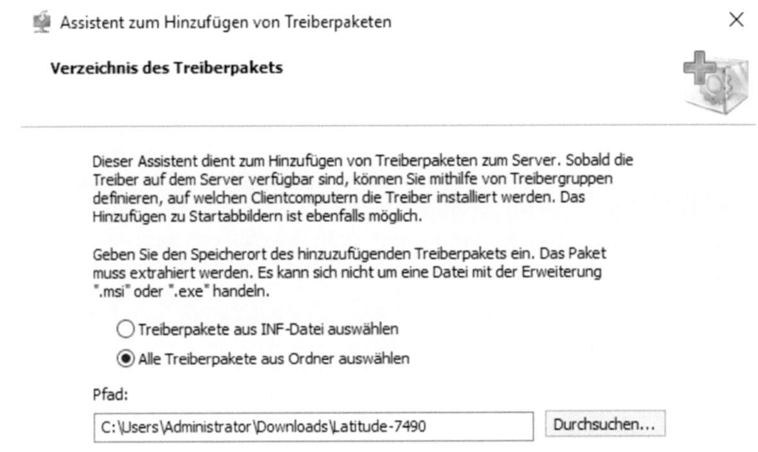

Abbildung 2.48: Pfadangaben des Treiberordners

Die ganzen Treiber werden aus dem Ordner eingelesen und aufgelistet. An dieser Stelle kannst Du einzelne Treiber abwählen.

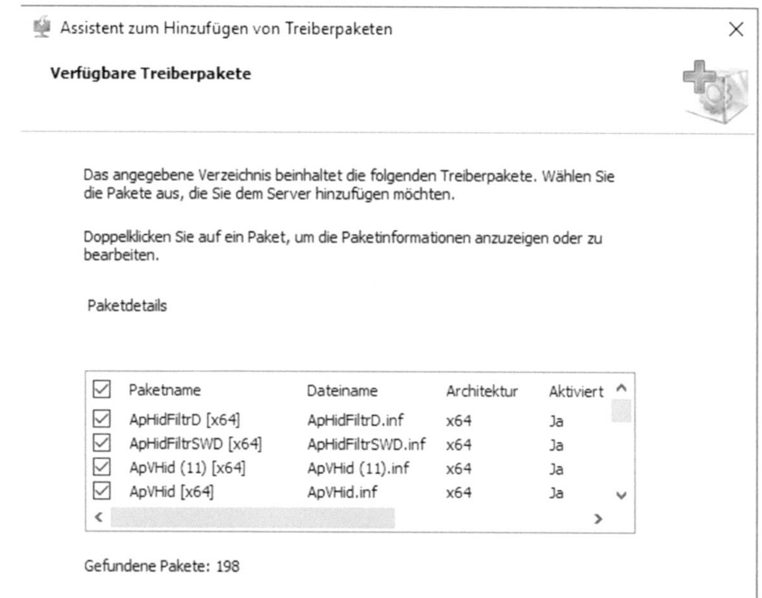

Abbildung 2.49: Verfügbare Treiberpakete

Der Treiberimport dauert einige Minuten pro Modell.

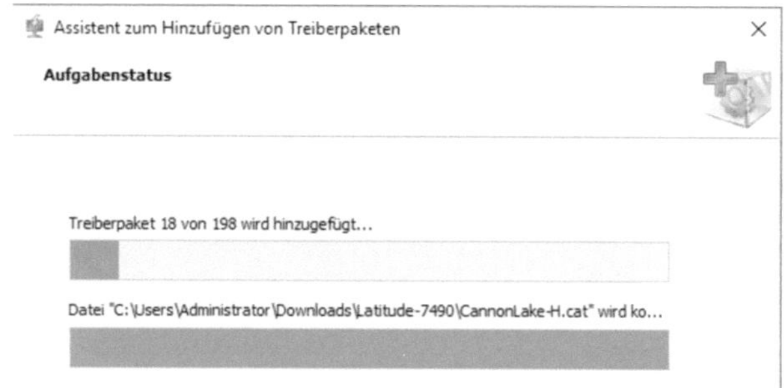

Abbildung 2.50: Alle Treiber werden importiert

Nach Abschluss des Vorgangs wird eine Auflistung der Treiber angezeigt, die nicht verwendet wurde. Das sind häufig unsignierte Treiber, defekte Pakete oder Netzwerk-Aussetzer, falls Du den Import nicht lokal vorgenommen hast.

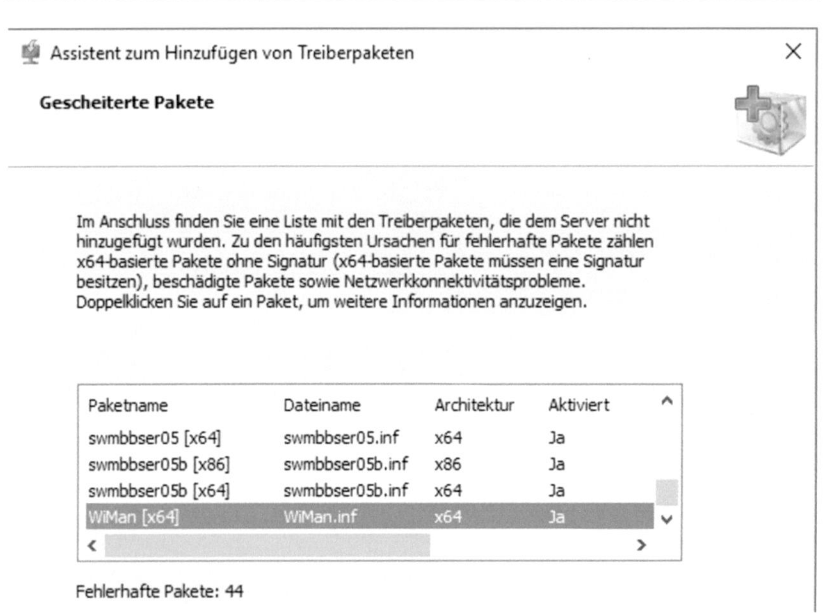

Abbildung 2.51: Liste der Treiber, die nicht importiert wurden

Die einzelnen gescheiterten Treiber lassen sich in der Übersicht doppelklicken und die Details in den einzelnen Reitern nachschauen.

Abbildung 2.52: Allgemeine Eigenschaften eines Treibers

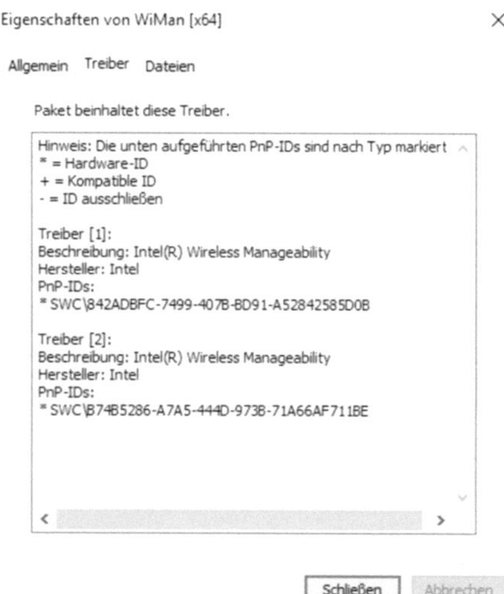

Abbildung 2.53: Details zu einem Treiber

Abbildung 2.54: Dateien, die zum Treiber gehören

Die eben importierten Gerätetreiber werden einer Treibergruppe zugeordnet (hier: Dell Latitude 7490). Entweder erstellst Du eine neue beim ersten Import oder fügst neuere Treiber einer bestehenden Gruppe hinzu. Das dient der Übersichtlichkeit. Alle Treiber liegen letztendlich unter D:\RemoteInstall\Stores\Drivers.

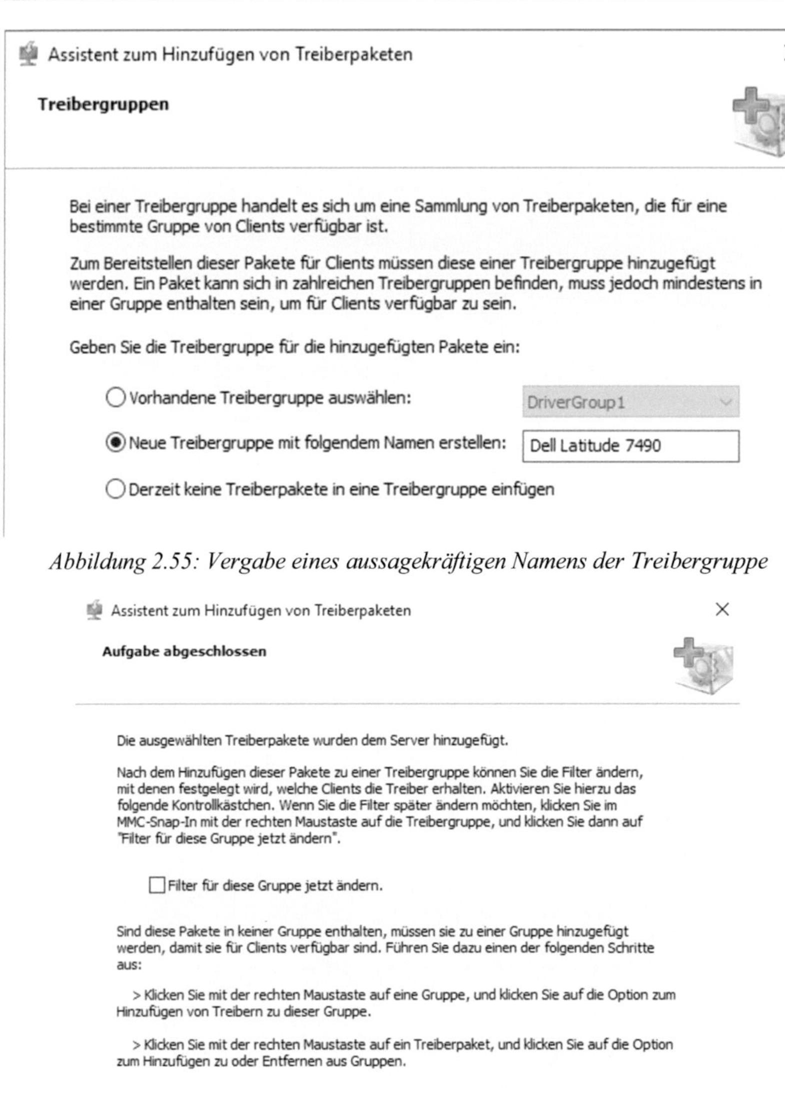

Abbildung 2.55: Vergabe eines aussagekräftigen Namens der Treibergruppe

Abbildung 2.56: Option zur Treibergruppenfilterung

In der Übersicht zu jeder Treibergruppe findest Du die vorhandenen Treiber wieder.

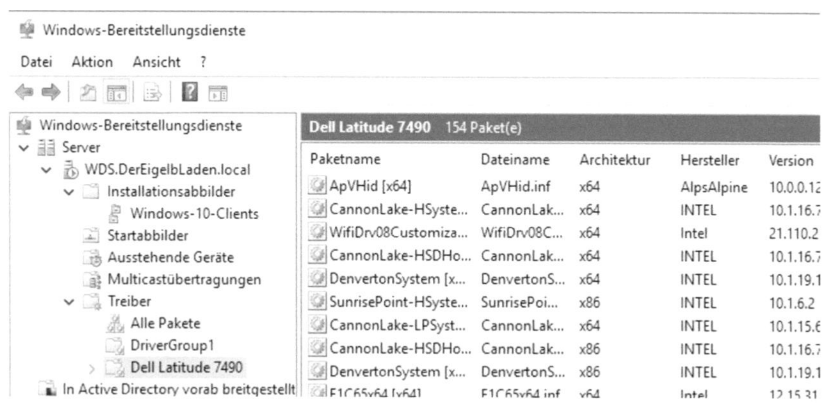

Abbildung 2.57: Die importierten Treiber einer Treibergruppe

2.8 Treiberpakete zu Abbildern hinzufügen

Mitunter kommt es vor, dass die Startabbilder mit vorhandenen Treibern neuere Modelle nicht mehr bedienen können. Dann lassen sich die Treiber den Boot-Images hinzufügen. Importiere dazu die neuen Pakete wie unter 2.7 beschrieben und öffne dann „Treiberpakete zu Abbild hinzufügen…“ über die rechte Maustaste auf den Knoten „Startabbilder“.

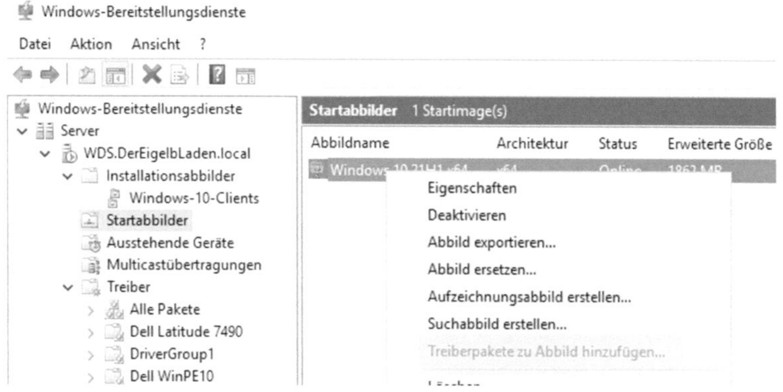

Abbildung 2.58: Treiber zu Abbildern hinzufügen

Der Assistent warnt an dieser Stelle, dass defekte Treiberpakete das Startabbild beschädigen könnten und dadurch das Boot-Image seiner Aufgabe nicht mehr nachkommen kann.

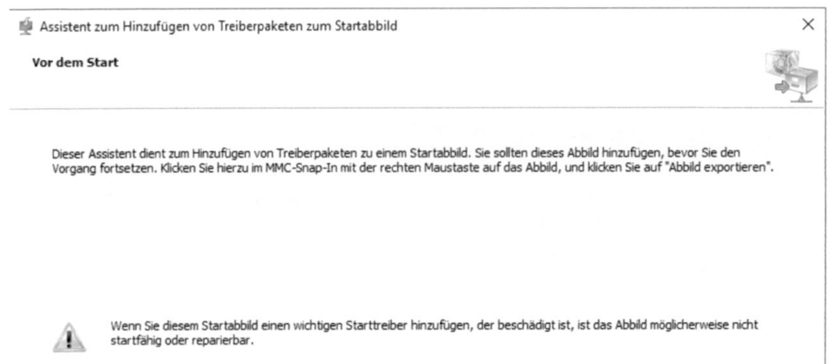

Abbildung 2.59: Start des Assistenten

Aus der Gesamtheit der Treiberpakete lässt sich ein Filter erstellen.

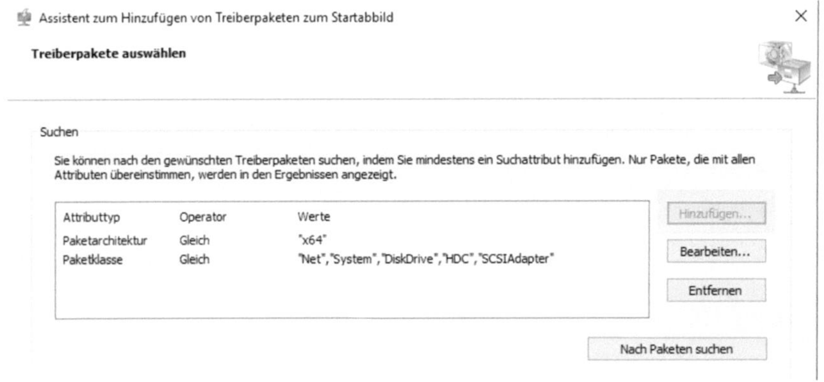

Abbildung 2.60: Filter hinzufügen

Filtere über „Hinzufügen…“ und der Auswahl des Attributtyps „Treibergruppenname“ nach dem Treiberpaket (hier: Dell WinPE10).

Abbildung 2.61: Filteroptionen nach Attributtyp „Treibergruppenname“

Abbildung 2.62: Dell WinPE10 wird importiert

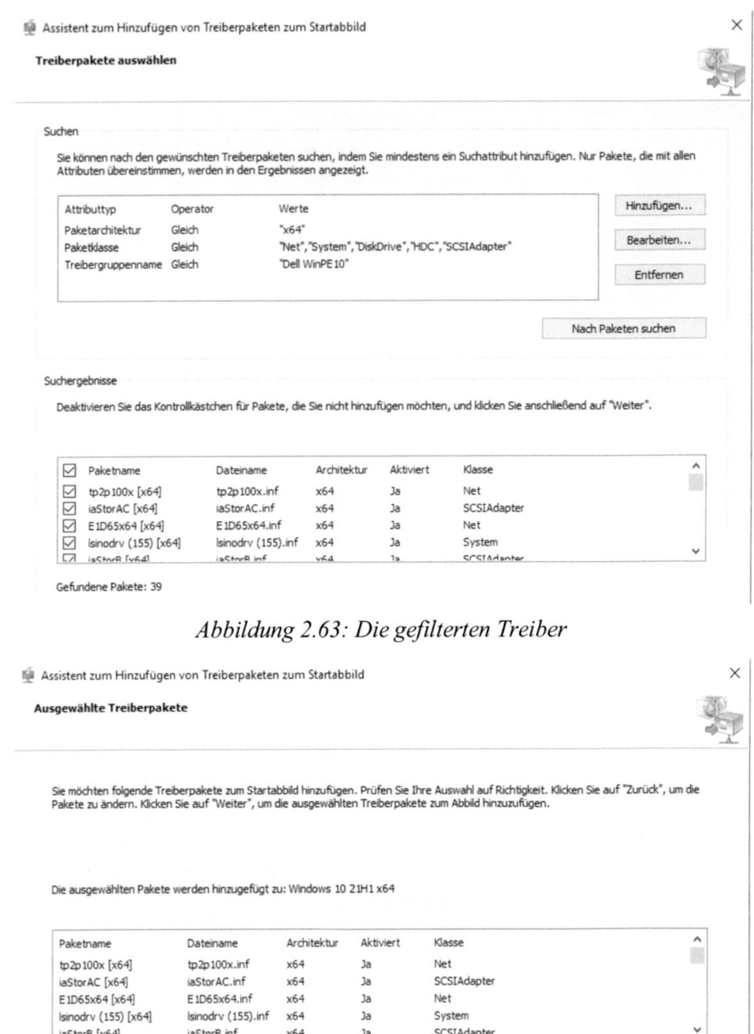

Abbildung 2.63: Die gefilterten Treiber

Abbildung 2.64: Ausgewählte Treiber nach Filterung

Die Treiber werden direkt in das Startabbild integriert und sind nach erfolgreichem Abschluss sofort verfügbar.

Abbildung 2.65: Import der Treiber ins Startabbild

Abbildung 2.66: Abgeschlossener Vorgang

2.9 Erstellung eines Aufzeichnungsabbildes

Um später komfortabel ein benutzerdefiniertes Abbild erstellen zu können, benötigst Du ein Aufzeichnungsabbild (eng. Capture Image). Die Bereitstellungsdienste bieten auch hier einen Assistenten an, der schnell und einfach das Capture Image erstellen und – falls gewünscht – gleich in die WDS importiert.

Den Assistenten startest Du über das Kontextmenü des Knotens „Startabbilder". Dort ist es der Punkt „Aufzeichnungsabbild erstellen…".

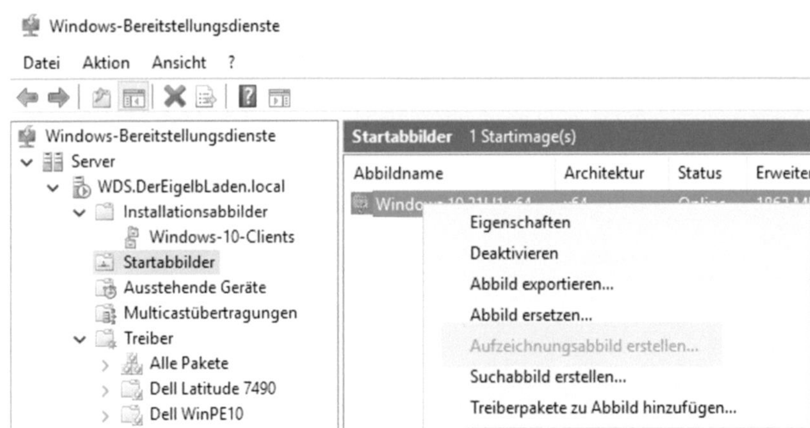

Abbildung 2.67: Erstellung eines Capture-Images

Vergib einen aussagekräftigen Namen (hier: Capture Windows 10) und lege den Speicherort fest (hier: D:\RemoteInstall\Images\Capture-Windows10.wim).

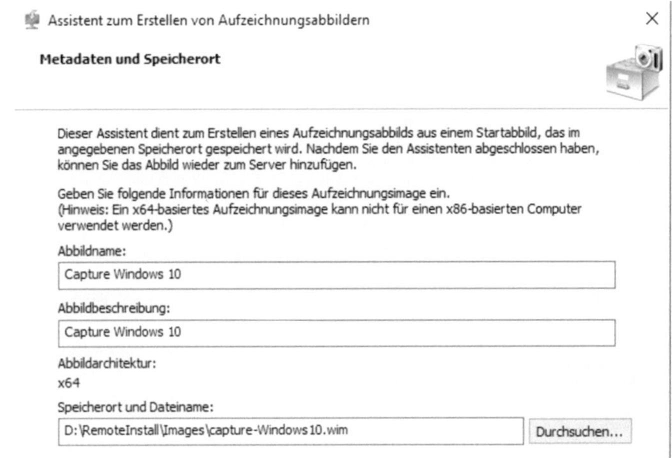

Abbildung 2.68: Benennung und Speicherort

Die erforderlichen Daten werden aus dem Startabbild extrahiert und für das Aufzeichnungsabbild bereitgestellt.

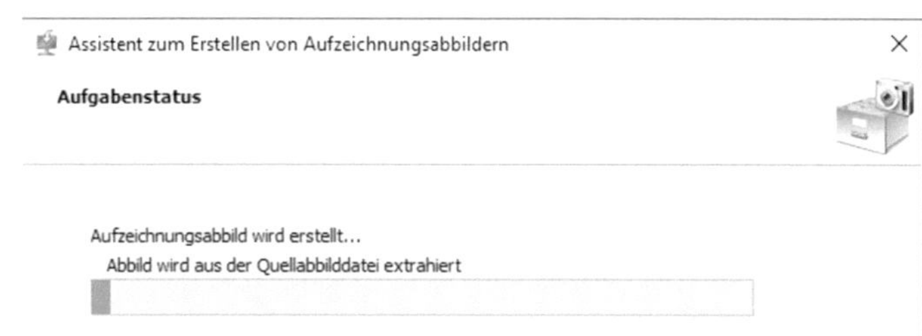

Abbildung 2.69: Extraktion der Dateien für das Capture-Abbild

Füge das Capture Image nach der Zusammenstellung gleich automatisch dem Server hinzu.

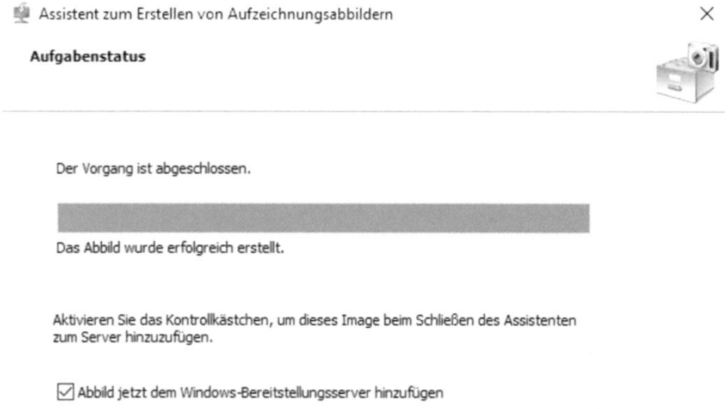

Assistent zum Erstellen von Aufzeichnungsabbildern

Aufgabenstatus

Der Vorgang ist abgeschlossen.

Das Abbild wurde erfolgreich erstellt.

Aktivieren Sie das Kontrollkästchen, um dieses Image beim Schließen des Assistenten zum Server hinzuzufügen.

☑ Abbild jetzt dem Windows-Bereitstellungsserver hinzufügen

Abbildung 2.70: Erfolgreiche Erstellung und möglicher Upload

Behalte den gewählten Pfad und Abbild-Namen bei.

Abbildung 2.71: Speicherpfad am Server

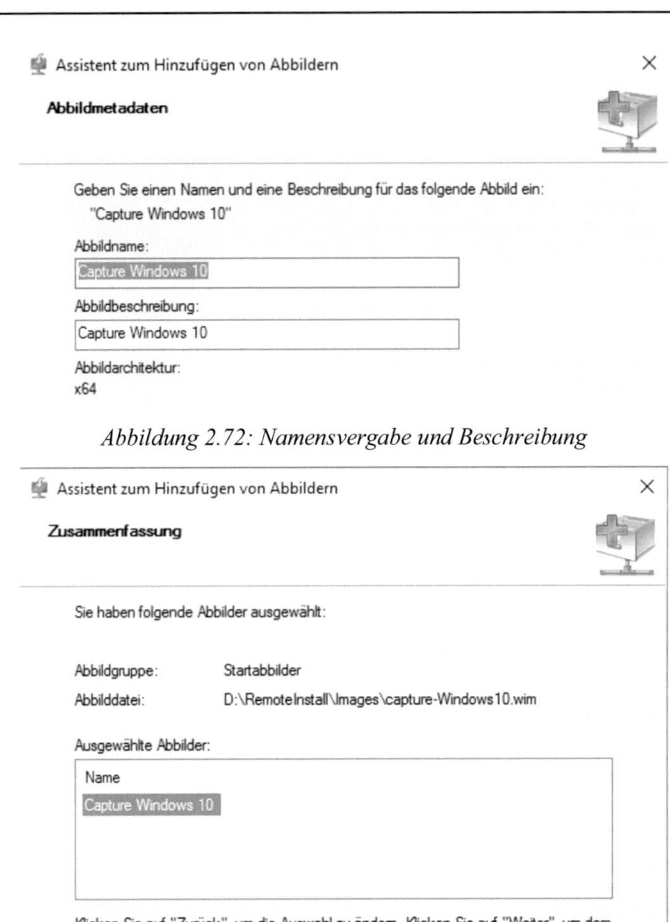

Abbildung 2.72: Namensvergabe und Beschreibung

Abbildung 2.73: Zusammenfassung vor dem Hochladen

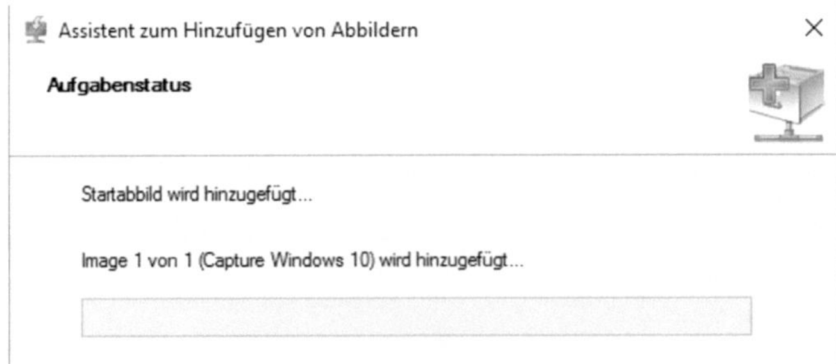

Abbildung 2.74: Upload zum Server

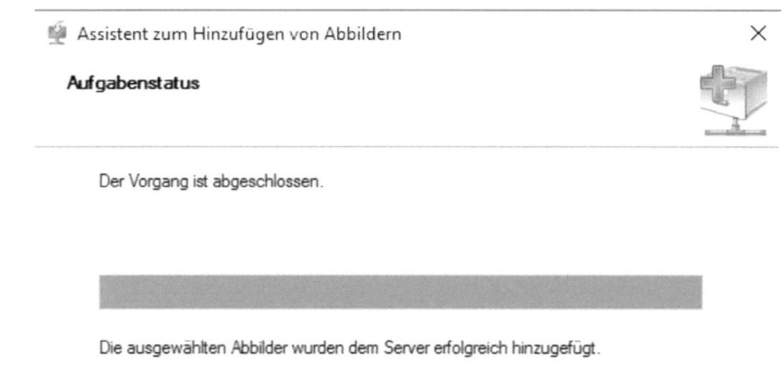

Abbildung 2.75: Fertiger Vorgang

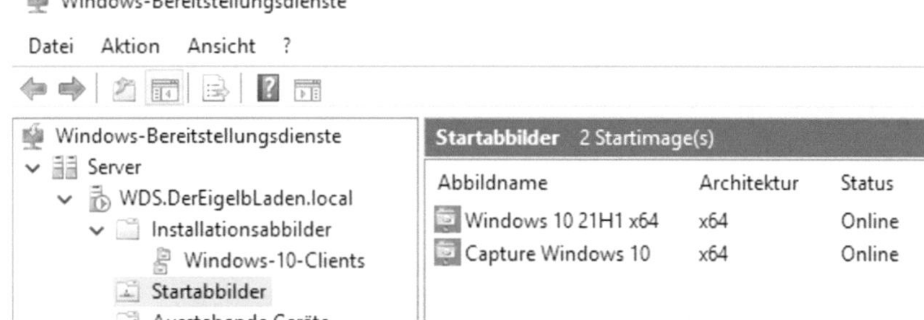

Abbildung 2.76: Aufzeichnungsabbild unter den Startabbildern

Damit ist das Aufzeichnungsabbild erstellt. Im nächsten Schritt kannst Du eine angepasste Windows-Installation als Installationsabbild generalisieren, aufzeichnen und am Server als neues Installationsabbild importieren.

2.10 Sysprep und Erstellung eines Aufzeichnungsabbildes

Um ein angepasstes Image für Dein Deployment zu erstellen, benötigst Du eine virtuelle Maschine, die Du mit dem WDS installiert hast.

WICHTIG!

Es gibt aus der Erfahrung heraus stets Probleme, wenn die VM, die als Vorlage dienen soll, einer Domäne angehört. Bei der Generalisierung verbleiben stets Domänen-Relikte zurück, die über kurz oder lang Probleme bereiten. Daher sollte die VM während des kompletten Vorgangs ausschließlich in einer Arbeitsgruppe bleiben.

Passe die virtuelle Maschine so an, wie Du das Standard-Image für Deine späteren Rechner haben möchtest. Installiere alle Anwendungen und erzeuge alle gewünschten Ordner, wie z.B. c:\Temp.

PRAXIS-TIPP:

Erstelle vorab eine komplette Liste der Arbeiten, die Du am Image durchführen willst und arbeite diese Schritt für Schritt ab.

Öffne nach der Beendigung Deiner Anpassungen eine Kommandozeile als Administrator und wechsle mit „cd" in den Ordner C:\Windows\System32\sysprep" und starte per „sysprep" die Systemvorbereitung.

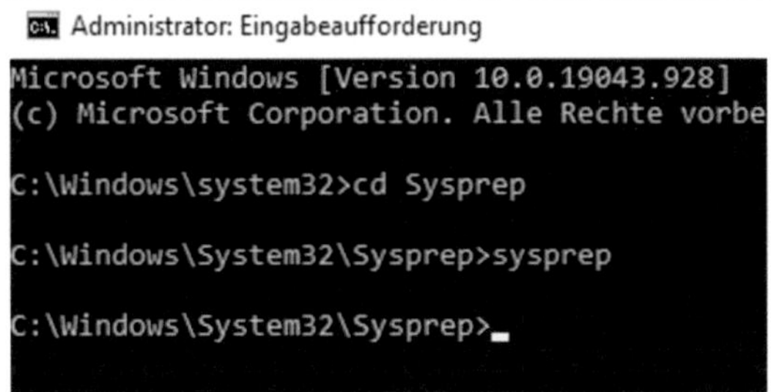

Abbildung 2.77: Sysprep starten

Setze den Haken bei „Verallgemeinern" und belasse die „Optionen für Herunterfahren" auf „Neustart".

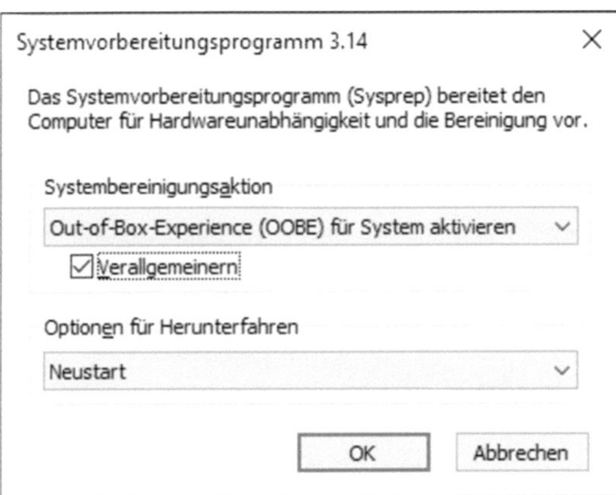

Abbildung 2.78: Sysprep-Optionen

Nach dem Klick auf „OK“ führt Sysprep folgende Dinge auf dem System durch:

- Entfernung der SID (Security Identifier)
- Leeren der Ereignisanzeige
- Plug- und Play-Gerätetreiber, die während der Installation hinzugefügt wurden, werden entfernt
- Löschen aller vorhandenen Wiederherstellungspunkte
- Deaktivierung des Kontos des lokalen Administrators
- Löschung des Kontos des lokalen Administrators

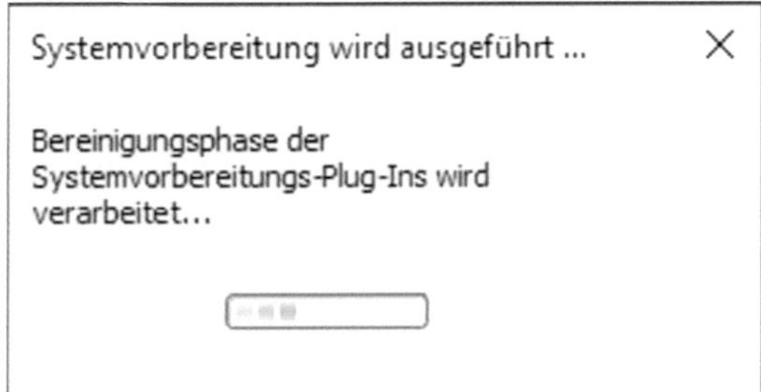

Abbildung 2.79: Sysprep läuft los

Durch den eingestellten Neustart und das aus 2.9. eingebrachte Capture-Image hast Du jetzt beim nächsten Netzwerk-Boot die neue Option „Capture Windows 10“. Wähle dies aus.

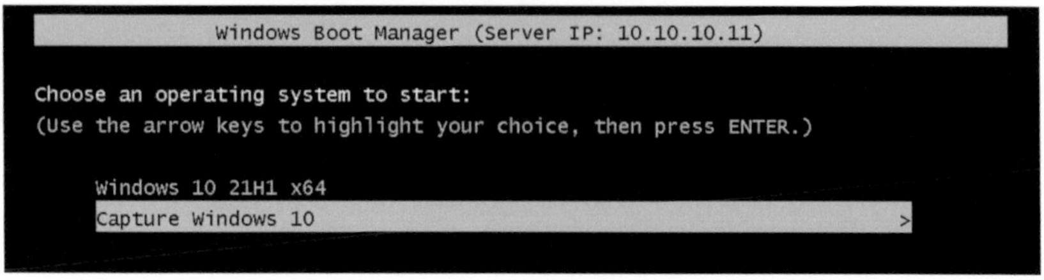

```
Windows Boot Manager (Server IP: 10.10.10.11)

Choose an operating system to start:
(Use the arrow keys to highlight your choice, then press ENTER.)

    Windows 10 21H1 x64
    Capture Windows 10                                         >
```

Abbildung 2.80: Dieses Mal das Aufzeichnungsabbild

Nach einem Moment startet der Aufzeichnungsassistent.

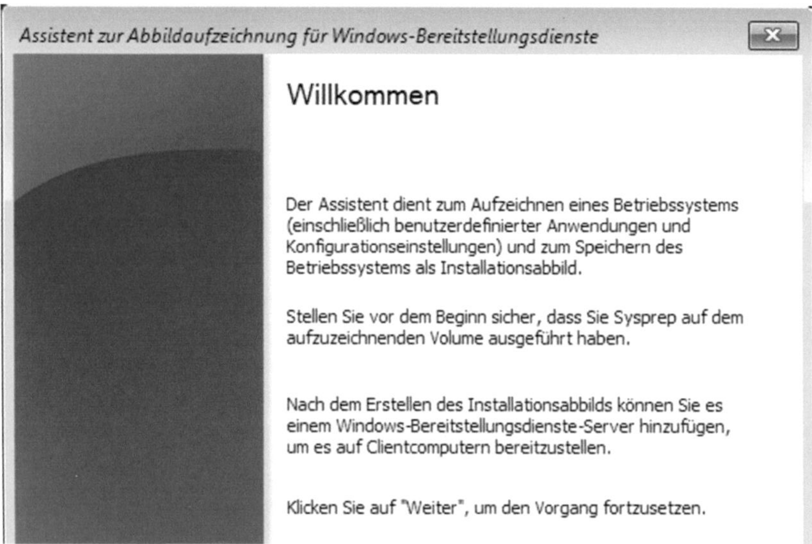

Abbildung 2.81: Start des Aufzeichnungsassistenten

An dieser Stelle kann es zu einer Irritation kommen, da es bei „Aufzuzeichnendes Volume“ nur andere Laufwerksbuchstaben, als C:\ gibt. Das liegt daran, das C:\ für das Capture-Image verwendet wird.

Vergib wieder einen aussagekräftigen Namen (hier: Windows 10 Goldenes-Eigelb).

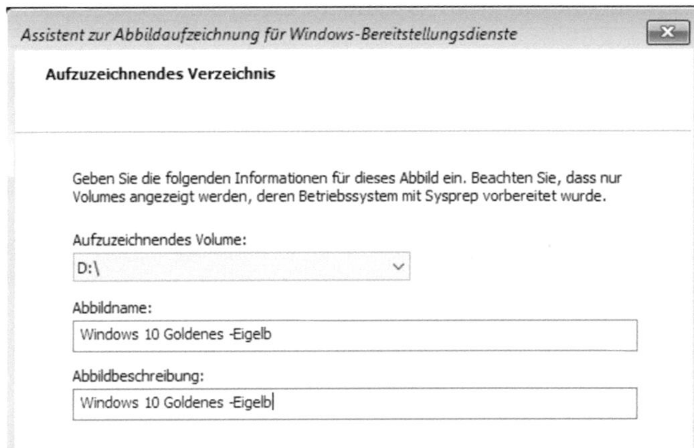

Abbildung 2.82: Auswahl des Volumes und Abbildnamens

Nach der obligatorischen Pfadangabe, kannst Du optional angeben, ob das Image nach der Aufzeichnung am WDS-Server importiert werden soll. Gib dazu den Servernamen an und klicke auf „Verbinden“.

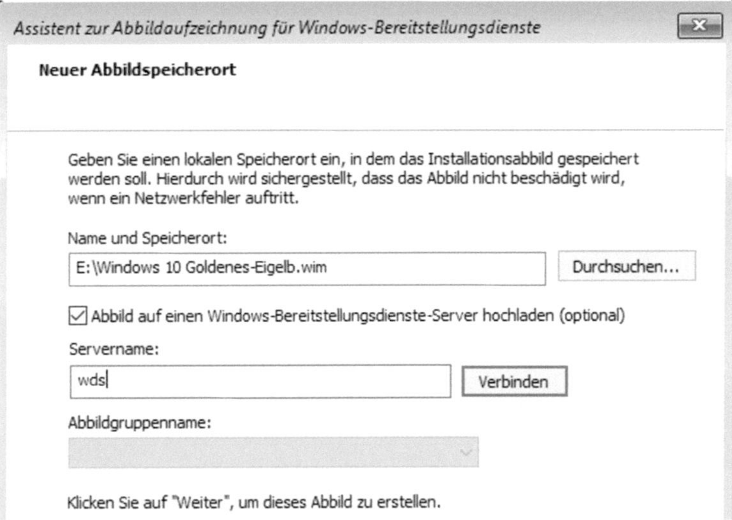

Abbildung 2.83: Speicherort des Images mit Option zum Auto-Upload

Die Anmeldedaten benötigen den Benutzernamen im Format <Domain-Name>\<Benutzerkonto> (hier: DerEigelbLaden\Administrator).

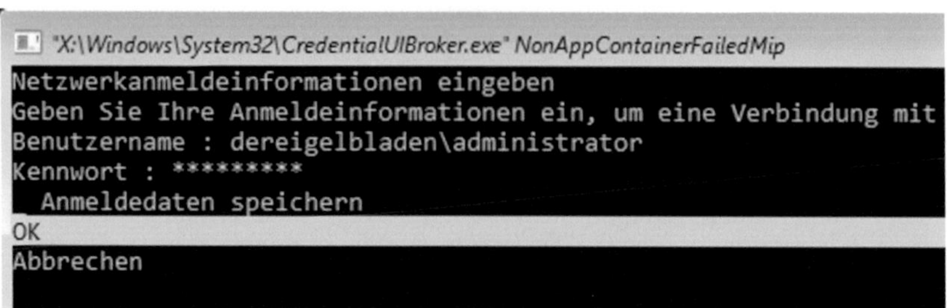

Abbildung 2.84: Anmeldedaten für die Verbindung zum WDS

Ordne final noch den Abbildgruppennamen zu und starte den Aufzeichnungs- und Upload-Prozess.

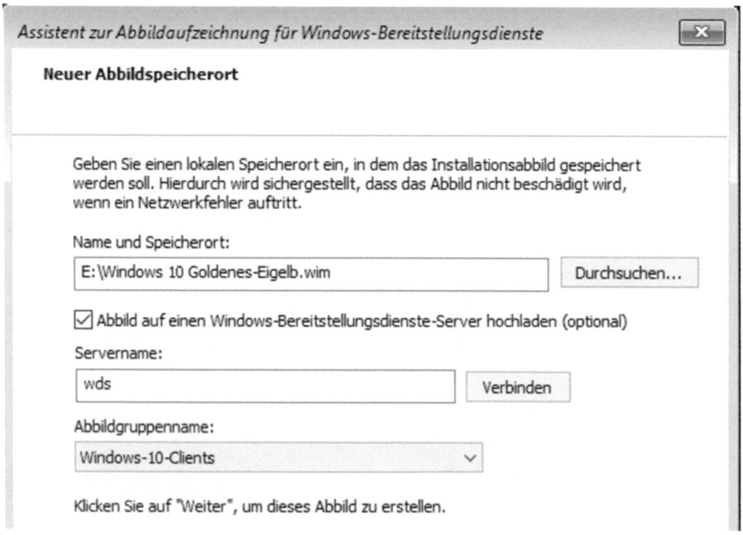

Assistent zur Abbildaufzeichnung für Windows-Bereitstellungsdienste

Neuer Abbildspeicherort

Geben Sie einen lokalen Speicherort ein, in dem das Installationsabbild gespeichert werden soll. Hierdurch wird sichergestellt, dass das Abbild nicht beschädigt wird, wenn ein Netzwerkfehler auftritt.

Name und Speicherort:

E:\Windows 10 Goldenes-Eigelb.wim

Durchsuchen...

☑ Abbild auf einen Windows-Bereitstellungsdienste-Server hochladen (optional)

Servername:

wds

Verbinden

Abbildgruppenname:

Windows-10-Clients

Klicken Sie auf "Weiter", um dieses Abbild zu erstellen.

Abbildung 2.85: Verbindung erfolgreich hergestellt

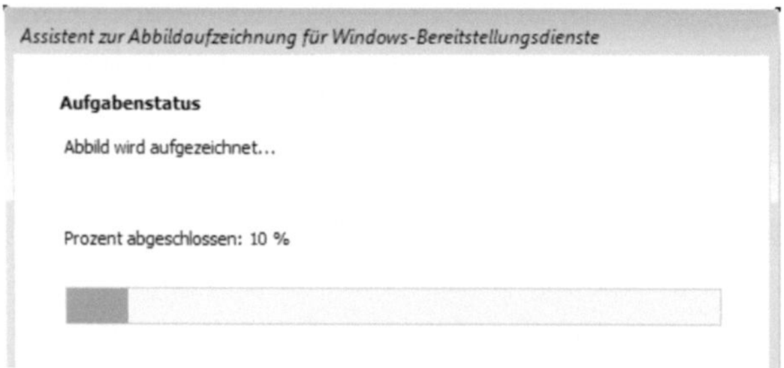

Assistent zur Abbildaufzeichnung für Windows-Bereitstellungsdienste

Aufgabenstatus

Abbild wird aufgezeichnet...

Prozent abgeschlossen: 10 %

Abbildung 2.86: Die Aufzeichnung läuft

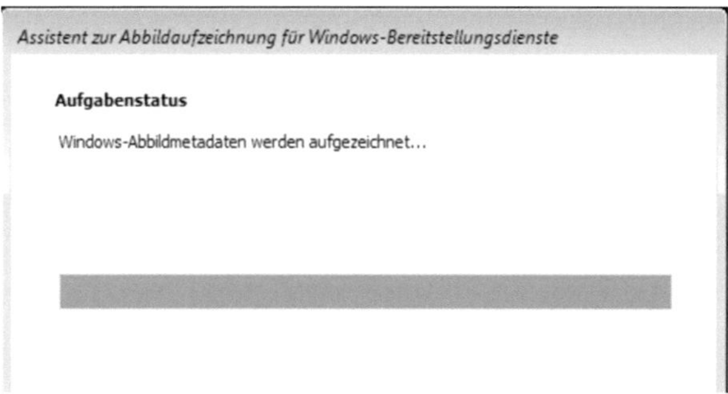

Abbildung 2.87: Fast am Ende der Aufzeichnung

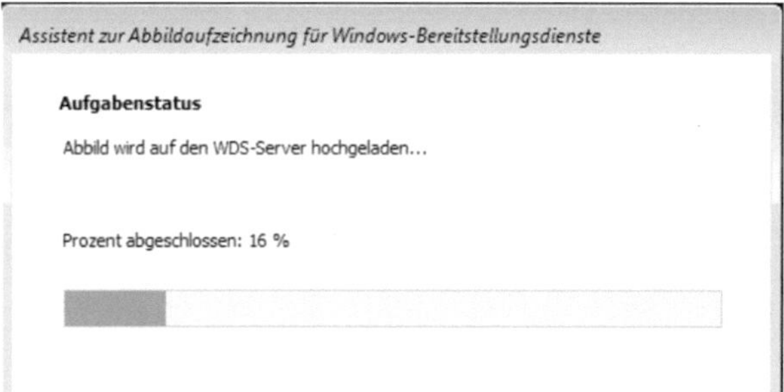

Abbildung 2.88: Das Abbild wird hochgeladen

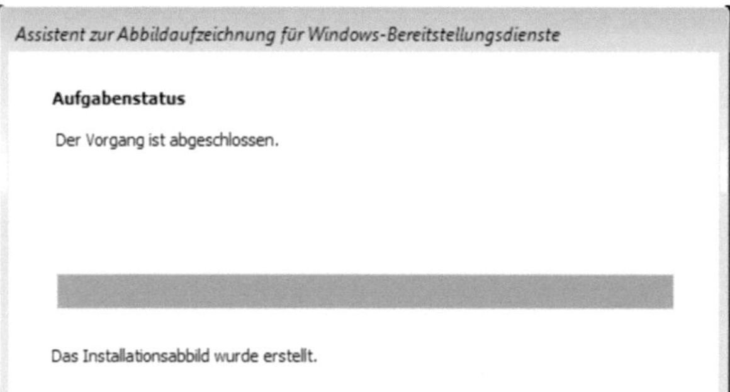

Abbildung 2.89: Vorgang abgeschlossen

Du findest das neue Image hinterher unter D:\RemoteInstall\Images\<Abbildgruppenname> im Datei-System.

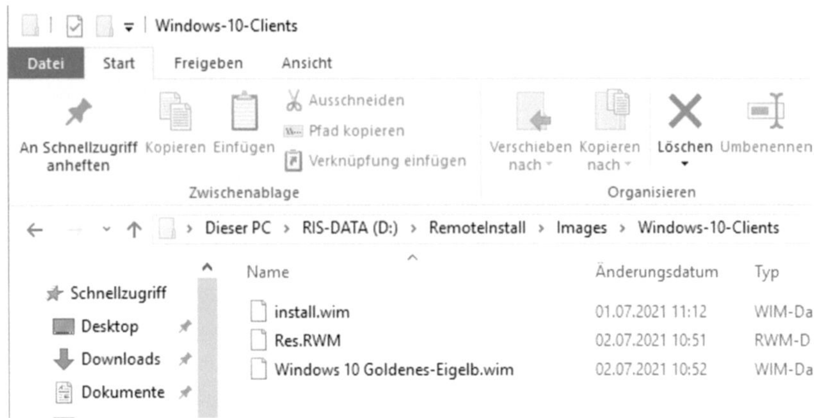

Abbildung 2.90: Das goldene Image steht bereit

Beim nächsten Deployment steht das angepasste Image zur Installation bereit.

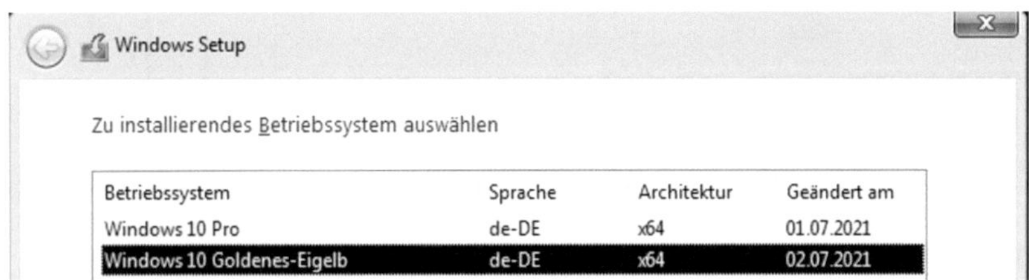

Abbildung 2.91: Das goldene Image kann ausgerollt werden

2.11 Weitere Optionen

Der Vollständigkeit halber sollen hier noch einige weitere Optionen Erwähnung finden.

> **HINWEIS:**
> Da beim Verbinden zum WDS-Server eine Benutzeranmeldung erforderlich ist, nutze ich weder die „Freigabe für unbekannte Geräte" noch das Prestaging. Für mich persönlich ist das zusätzlicher Aufwand, den ich mir gern erspare.

2.11.1 Freigabe für unbekannte Geräte

Setzt man in den Eigenschaften der Bereitstellungsdienste in der PXE-Antwortrichtlinie den Haken bei „Administratorgenehmigung für unbekannte Computer erforderlich machen…", dann werden unbekannte Rechner so lange beim Netzboot-Vorgang angehalten, bis sie durch einen Administrator freigegeben werden. Als unbekannter Rechner zählt jeder Rechner, der kein Computer-Konto im Active Directory hat.

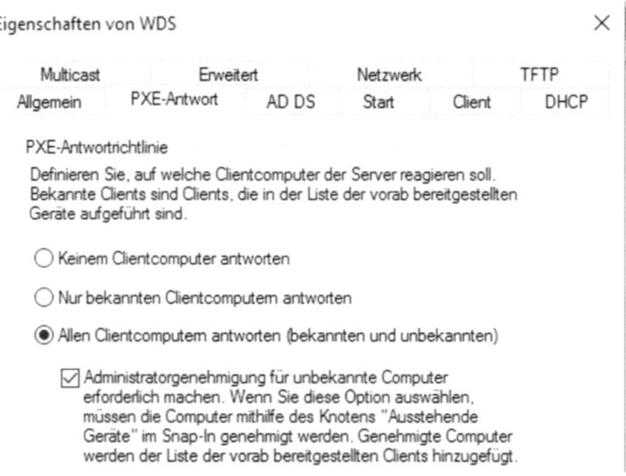

Abbildung 2.92: Unbekannte Geräte genehmigen

```
Hyper-V
PXE Network Boot 09.14.2011
(C) Copyright 2011 Microsoft Corporation, All Rights Reserved.

CLIENT MAC ADDR: 00 15 5D 00 44 35  GUID: D6B4BAA8-66BD-4889-97AC-FAA6BE35EC7E
CLIENT IP: 10.10.10.103  MASK: 255.0.0.0  DHCP IP: 10.10.10.10
GATEWAY IP: 10.10.10.10

Downloaded WDSNBP from 10.10.10.11 WDS.DerEigelbLaden.local

Architecture: x64

The details below show the information relating to the PXE boot request for
this computer. Please provide these details to your Windows Deployment Services
Administrator so that this request can be approved.

Pending Request ID: 1

Message from Administrator:


Contacting Server: 10.10.10.11._
```

Abbildung 2.93: Das Deployment wartet auf Genehmigung

Die Genehmigung erfolgt über die WDS-Konsole über das Kontextmenü des Knotens „Ausstehende Geräte“.

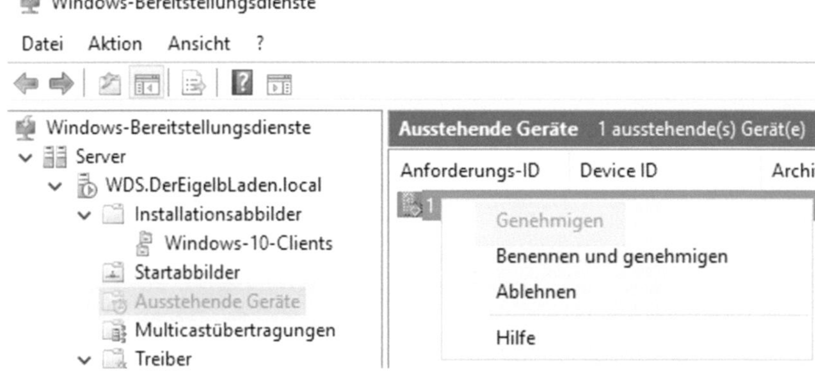

Abbildung 2.94: Ausstehende Geräte genehmigen

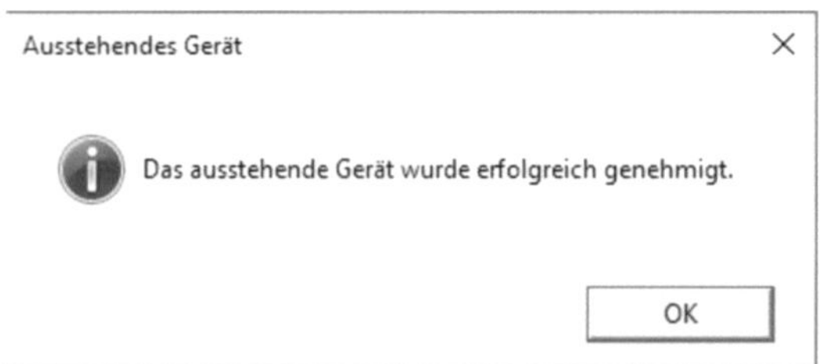

Abbildung 2.95: Die Genehmigung wurde erteilt

Danach läuft unmittelbar die Installation an.

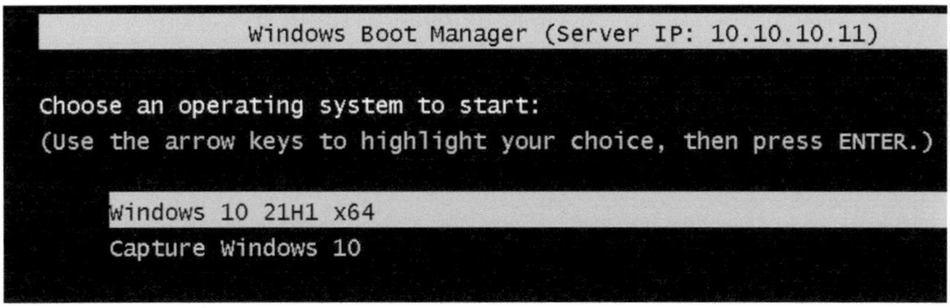

```
                Windows Boot Manager (Server IP: 10.10.10.11)

Choose an operating system to start:
(Use the arrow keys to highlight your choice, then press ENTER.)

     Windows 10 21H1 x64
     Capture Windows 10
```

Abbildung 2.96: Es kann installiert werden

2.11.2 Prestaging

Mit Prestaging macht man dem Active Directory und dem WDS-Server einen Rechner bekannt.

Der schnellste Weg dem WDS-Server respektive Active Directory bekanntzumachen, ist über die Kommandozeile. Du brauchst lediglich die MAC-Adresse des Rechners. Dann kannst Du mittels

```
WDSUTIL /add-device /device:<devicename>
/ID:<GUIDorMACAddress>
```

den Rechner hinzufügen

(hier: WDSUTIL /add-device /device:Client2Eigelb /ID:00155D004438)

```
Administrator: Eingabeaufforderung
Microsoft Windows [Version 10.0.14393]
(c) 2016 Microsoft Corporation. Alle Rechte vorbehalten.

C:\Windows\system32>WDSUTIL /add-device /device:Client2Eigelb /ID:00155d004438

Verwaltungshilfsprogramm für die Windows-Bereitstellungsdienste
[Version 10.0.14393.0]
© 2016 Microsoft Corporation. Alle Rechte vorbehalten.

Der Befehl wurde erfolgreich ausgeführt.

C:\Windows\system32>
```

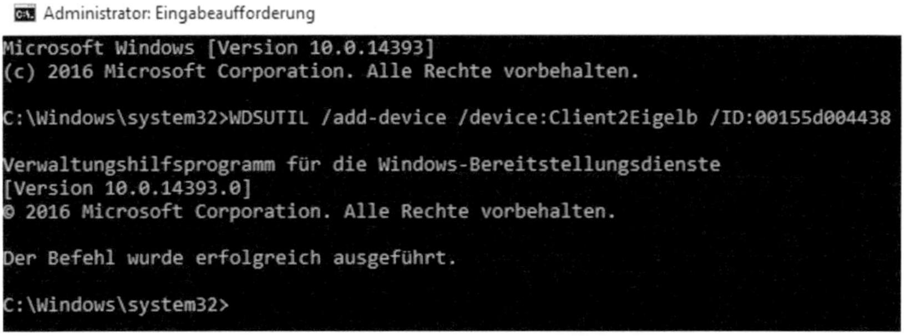

Abbildung 2.97: Prestaging per Kommandozeile

Da die GUID deutlich länger ist, als die MAC-Adresse, verwende ich stets letztere, zumal sie mittlerweile schon auf der Verpackung steht.

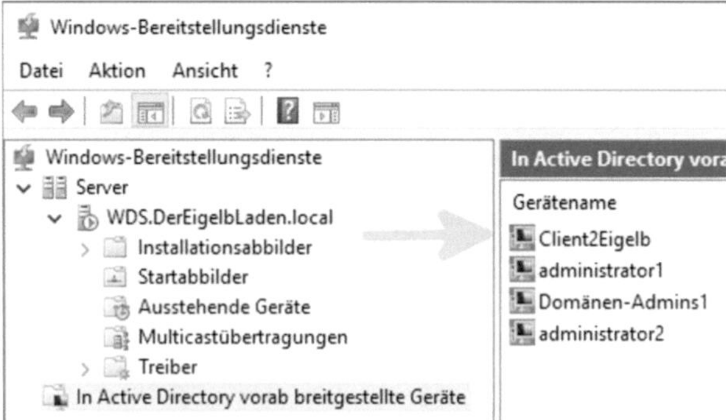

Abbildung 2.98: Bekannter Client2Eigelb

3 Microsoft Deployment Toolkit

Das Microsoft Deployment Toolkit (MDT) ist die Stufe zwischen WDS und der Microsoft Endpoint Protection (früher: Microsoft System Center Suite). Als kostenloser Allrounder bietet es die breite Palette von Betriebssystem- und Anwendungsinstallation mit extrem flexiblen Anpassungsmöglichkeiten zu eigenen Images, die Du auch ohne weitere Interaktion erstellen kannst.

3.1 Active Directory Anpassungen

Es empfiehlt sich, für den automatischen Domänenbeitritt und den Server ein eigenes Benutzerkonto mit minimalen Rechten im Active Directory anzulegen. Damit schützt Du Dich auch selbst davor, ein oder DAS Domänen-Administratorenkonto zu verwenden (Stichwort: „principle of least privileges“). Das Passwort des Benutzers, das zum Domänenbeitritt benutzt wird, steht im Klartext in der Konfigurationsdatei (mehr unter Abschnitt 3.9.2). Dies ist ein ziemlich gewichtiger Grund einen eigenen Benutzer anzulegen, wenn es mehr als einen Administrator gibt und Du bereits eine strikte Trennung vorgenommen hast.

Wenn Du Deine Rechner lieber manuell, statt automatisiert der Domäne hinzufügen willst, dann kannst Du dieses Kapitel überspringen und gleich zu Abschnitt 3.2 wechseln.

> **HINWEIS:**
> Solltest Du keinen Zugriff auf das Konto des Domänen-Administrators haben, dann benötigst Du an dieser Stelle die Hilfe des entsprechenden Kollegen.

3.1.1 Erstellen eines Benutzers[5]

Erstelle in Deiner Domäne einen eigenen Benutzer, dem wir im weiteren Verlauf dieses Kapitels über eine eigene Active Directory Gruppe noch Berechtigungen zur Rechneraufnahme zur Domäne zuweisen werden. Hier im Beispiel ist es der „mdtadmin". Dieser Benutzer wird zur Administration des MDTs verwendet und sollte daher am MDT-Server lokaler Admin sein.

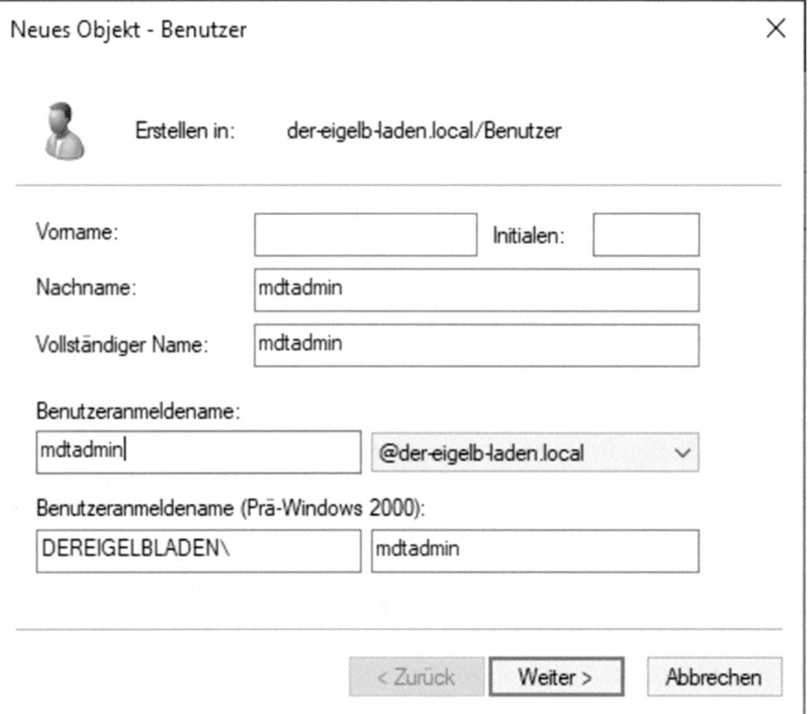

Abbildung 3.1: Erstellen eines Benutzerkontos

Wenn man das notwendige Passwort lange genug wählt, dann braucht es auch nicht abzulaufen.

[5] Falls Du zum Anlegen des Benutzers das Active Directoy Verwaltungscenter verwendest, kannst Du nach dem Anlegen des Benutzers die dahinterstehende PowerShell-Syntax ansehen und für spätere Automatisierungen wegkopieren.

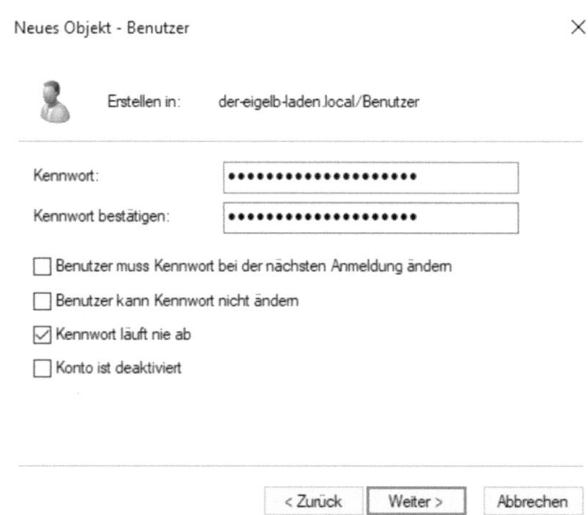

Abbildung 3.2: Passwortvergabe und „Passwort läuft nie ab"

3.1.2 Erstellen einer Gruppe

Als nächsten Schritt erstellst Du eine eigene Active Directory Sicherheitsgruppe (hier: GG-MDTADMINS) und nimmst den Active Directory Benutzer „mdtadmin" als Mitglied auf.

Gruppe erstellen: GG-MDTADMINS
Gruppe
Verwaltet von
Mitglied von
Mitglieder
Kennworteinstellungen
Gruppe
Gruppenname: GG-MDTADMINS
Gruppenname (SamAccou... GG-MDTADMINS
Gruppentyp: Sicherheit, Verteilung
Gruppenbereich: Lokal (in Domäne), Global, Universal
Vor versehentlichem Löschen schützen
E-Mail:
Erstellen in: OU=Benutzer,DC=der
Beschreibung:
Hinweise:
Verwaltet von
Mitglied von
Mitglieder
Filter
Name | Active Director...
MDTADMIN | der-eigelb-lad...

Abbildung 3.3: Erstellen einer AD-Gruppe im Active Directory-Verwaltungscenter

Nun hast Du einen dedizierten Benutzer innerhalb einer dedizierten Gruppe, die Computer zur Domäne hinzufügen kann. Somit ist der potentielle Schaden geringer, wenn das Konto des mdtadmins kompromittiert wird. Falls das geschehen sollte, dann ist nur ein neuer Benutzer zu erstellen, der Gruppe „GG-MDTADMINS“ hinzuzufügen, der „mdtadmin“ aus der Gruppe zu entfernen und der Deployment Share anzupassen.

3.1.3 Änderung an der Default Domain Controller Policy

Den meisten Administratoren ist nicht (mehr) bewusst, welche Benutzer in der Standardkonfiguration des Active Directory Rechner in die Domäne aufnehmen dürfen. Standardmäßig darf jeder „Authentifizierte Benutzer“ bis zu zehn Rechner in die Domäne aufnehmen, in der er ein Benutzerkonto hat. Damit ist jeder Deiner Benutzer mit einem gültigen Active Directory Konto, vom Lagerarbeiter bis zur Geschäftsleitung, in der Lage Computer in die Domäne aufzunehmen. Das widerspricht dem Security Ansatz „Segregation of Duties“, der Aufteilung nach Aufgaben.[6]

Dies lässt sich in der Default Domain Controller Policy ändern. Und das solltest Du auch anpassen.

Starte die Gruppenrichtlinienverwaltung der RSAT (Remote Server Administration Tools) auf Deinem PC und öffne die „Default Domain Controller Policy“ über die rechte Maustaste zur Bearbeitung.

Navigiere über Richtlinien – Windows-Einstellungen – Sicherheitseinstellungen – Lokale Richtlinien – Zuweisung von Benutzerrechten zu der Richtlinie „Hinzufügen von Arbeitsstationen zur Domäne“.

Ändere sie in Deinem Sinn. Achte darauf, dass Dir hier kein Fehler unterläuft und Du Benutzerkonten vergisst, die Rechner aufnehmen sollen.

Hier im Beispiel ist es der Unternehmensadministrator, die Domänen Administratorengruppe, die extra dafür erstellte Gruppe „GG-MDTADMINS“ sowie der Benutzer „mdtadmin“.

---

[6] Leider denken immer noch viele Chefs, besonders in kleinen bis mittleren Firmen, dass ihnen aufgrund ihrer Position in der Firma alle Rechte im AD zustehen.

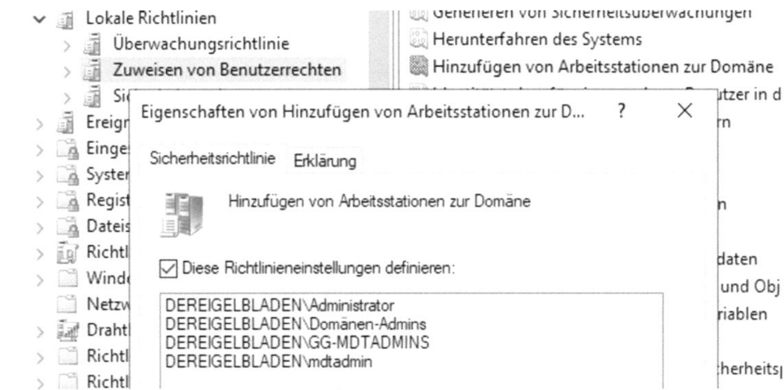

Abbildung 3.4: Änderung an der Default Domain Controller Policy

3.1.4 Objektverwaltung zuweisen (Delegation of Control)

Nun muss nur noch der Active Directory Gruppe „GG-MDTADMINS“ das Recht zugewiesen werden, mehr als zehn Rechner in die Domäne aufzunehmen. Dies richtest Du auf Domänenebene über den „Objektverwaltung zuweisen“-Assistenten ein.

Öffne die Active Directory Benutzer und Computer Konsole. Klicke mit der rechten Maustaste auf den Domänenknoten und wähle „Objektverwaltung zuweisen“ (Delegation of Control).

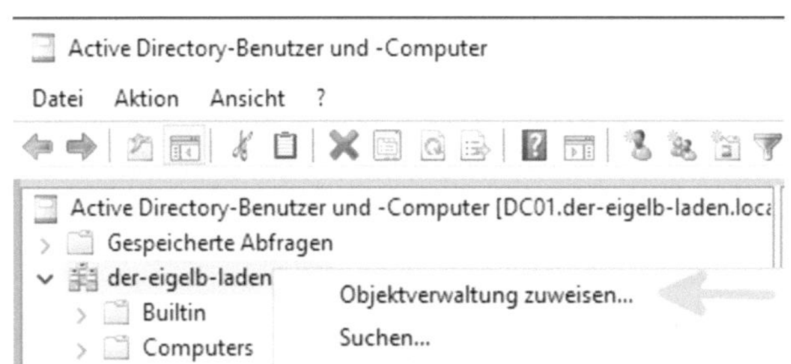

Abbildung 3.5: Objektverwaltung zuweisen

Klicke im Assistentenfenster auf „Weiter“ (Next).

Füge über „Hinzufügen“ (Add) die eben erstellte Gruppe „GG-MDTADMINS“ hinzu und klicke auf „Weiter“ (Next).

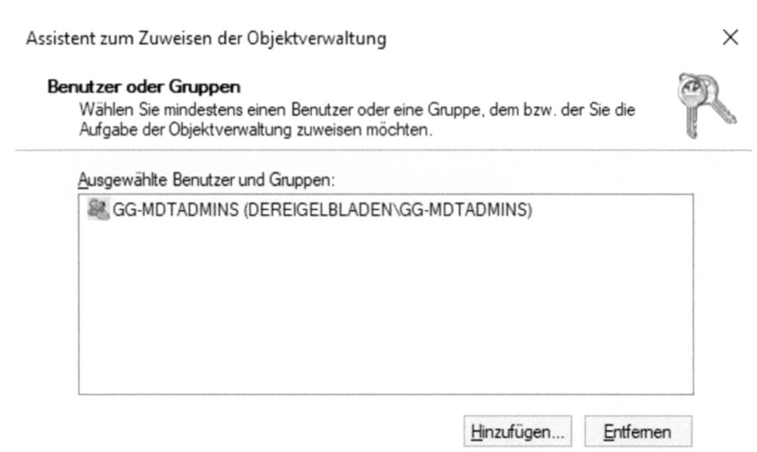

Abbildung 3.6: Hinzufügen der GG-MDTADMINS Gruppe

Wähle an dieser Stelle unter „folgende allgemeine Aufgaben zuweisen" (Delegate the following common tasks) die Option „Fügt einen Computer einer Domäne hinzu" (Join a computer to the domain) und beende dann den Assistenten.

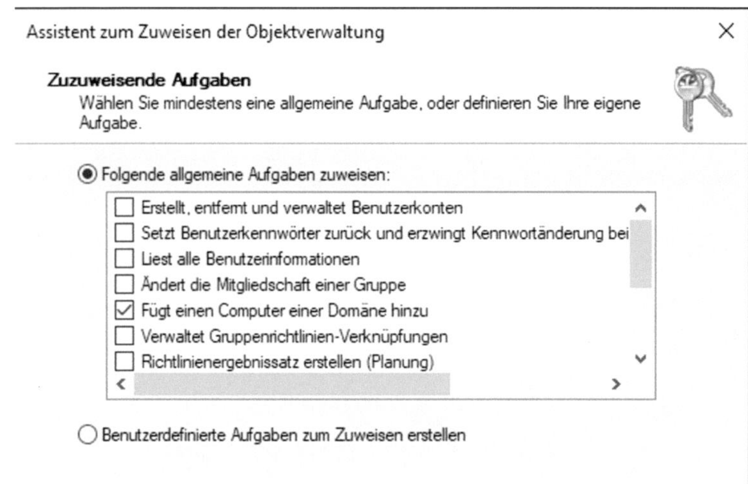

Abbildung 3.7: Auswahl der zuzuweisenden Aufgabe

3.2 Installation des MDT

Die Voraussetzungen für ein einsatzbereites Microsoft Deployment Toolkit sind relativ leicht zu erfüllen. Es empfiehlt sich ein Server mit mindestens Windows 2012 R2, der zwei Festplatten hat, eine Platte für das Betriebssystem und eine Platte für das MDT, den oder die Deployment Shares und temporär auch die Quelldateien, wie Anwendungen, Treiber und Betriebssysteme. Wenn Du den Server virtuell aufsetzt, dann kannst Du später problemlos den Plattenplatz erweitern. Für den Moment sind zweimal 60 GB genug. Füge dem eben erstellten Benutzer mdtadmin auf dem MDT-Server der Gruppe der lokalen Administratoren hinzu. Melde Dich danach damit am Server an. Nutze durchgängig zukünftig ausschließlich den mdtadmin für alle Arbeiten am und mit dem MDT-Server.

3.2.1 Installation des Assessment und Deployment Kits (ADK)

Vor der Installation des Microsoft Deployment Kits, muss das ADK für Windows 10 als essentieller Bestandteil für das MDT vorhanden sein, denn es bringt etliche Programme mit, die für das MDT wichtig sind, zum Beispiel WinPE und die Deployment Tools, wie dism (Deployment Image Servicing and Management). Seit Windows 10 1809 ist das ADK zweigeteilt, es besteht nun aus dem „Windows ADK für Windows 10“ und dem „Windows PE-Add-On für das ADK“. Beide findest Du untereinander auf der gleichen Seite.[7]

- Windows ADK für Windows 10, Version 2004, herunterladen
- Windows PE-Add-On für das ADK, Version 2004, herunterladen
- Neuigkeiten in ADK-Tools für Windows 10, Version 2004

Abbildung 3.8: Das ADK ist jetzt zweigeteilt

Beachte bitte, dass Du zuerst jeweils nur einen knapp 2 MB großen Web-Installer herunterlädst. Beim Start der adksetup.exe (Windows ADK für Windows 10) hast Du die Wahl, ob Du das ADK auf der verwendeten

[7] https://docs.microsoft.com/de-de/windows-hardware/get-started/adk-install

Maschine installieren willst oder zum späteren Gebrauch komplett in einen angegebenen (Netzwerk-)Ordner herunterladen möchtest. Analog verfährst Du mit dem adkwinpesetup.exe (Windows PE-Add-On für das ADK). Beide Teile sind zusammen zwischen sechs und sieben GB groß.

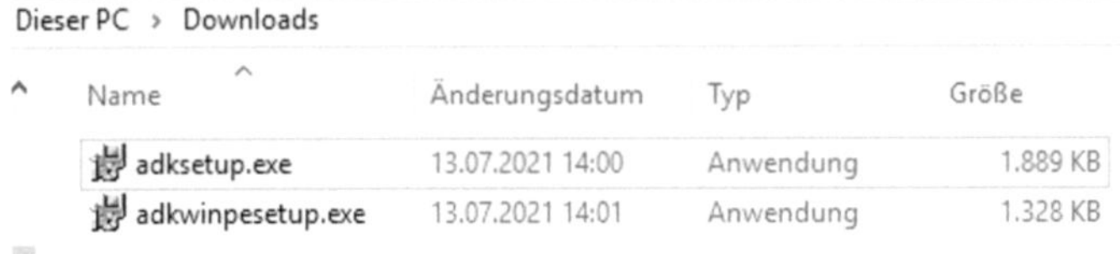

Abbildung 3.9: Die beiden Web-Installer

3.2.2 Installation des ADK

Für die Installation des ADKs führst Du einfach die „adksetup.exe" als lokaler Administrator aus. Falls Du Deinen MDT-Server in einem Netzwerksegment ohne Internet-Zugang hast oder die Dateien aufheben möchtest, ist Option 2 „Windows Assessment und Deployment Kit – Windows 10 für die Installation auf einem separaten Computer herunterladen" die richtige Wahl. Ansonsten wird das ADK auf diesem Server installiert.

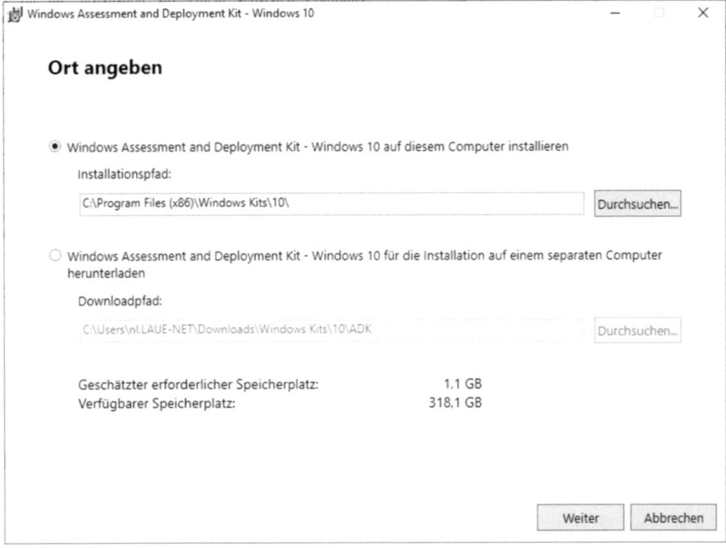

Abbildung 3.10 Installation des ADK

Die nächsten beiden Fenster sind „Anonyme Übermittlung der Nutzungsdaten“ sowie die Bestätigung der Lizenzbestimmungen. Im Weiteren kann die Auswahl so belassen werden. Die nicht ausgewählten Anwendungen „Anwendungskompatibilitätstools“ (Analyse-Werkzeug, um Inkompatibilitäten von Programmen mit Windows 10 zu finden), „Tool für Volumenaktivierungsverwaltung (VAMT)“ (Automatisierung der Aktivierung von Windows, Windows Server und Office im großen Umfeld. Hier sind zusätzlich mind. PowerShell 3.0 und SQL (Express) Server 2008 erforderlich) und „Media eXperience Analyzer“ sind für den regulären Betrieb nicht notwendig.

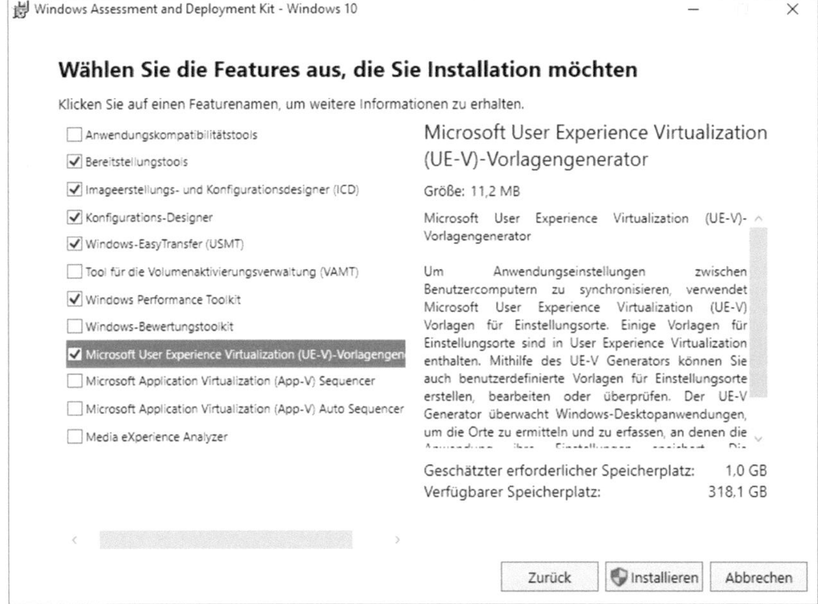

Abbildung 3.11: Feature-Auswahl

3.2.3 Installation des Windows PE Add-Ons

Auch bei dieser Installation gibt es die Möglichkeit die Dateien in einem separaten Ordner für später oder einem Server ohne Internet-Zugang herunterzuladen.

Wie zuvor beim ADK, folgt die Auswahl, ob man an der Datenübermittlung teilnehmen möchte und der Lizenzzustimmung.

Hier gibt es nur ein Feature. Da Du ohne dieses keine Boot-Abbilder erstellen kannst, ist dieses Pflicht.

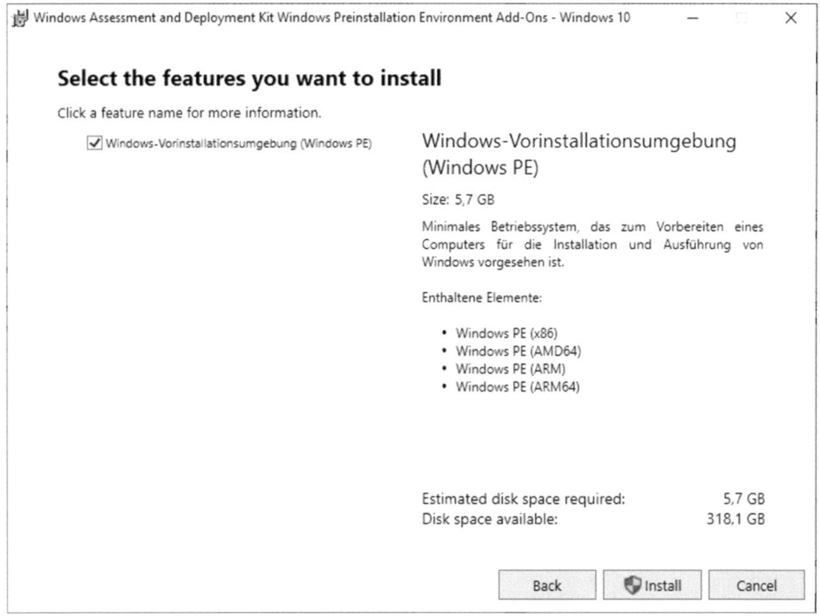

Abbildung 3.12: Feature-Auswahl

Beide ADKs lassen sich per Kommandozeile herunterladen, wenn die beiden Web-Installer vorliegen. Die Syntax lautet dann hier:

```
adksetup.exe /layout <Pfad zum gewünschten Ordner> /quiet
```

und

```
adkwinpesetup.exe /layout <Pfad zum gewünschten Ordner> /quiet
```

3.3 Installation des Microsoft Deployment Toolkits

Die Installation des MDT ist ziemlich geradlinig und zügig erledigt. Aktuell ist Version 6.3.8456.1000 (Stand März 2022)[8].

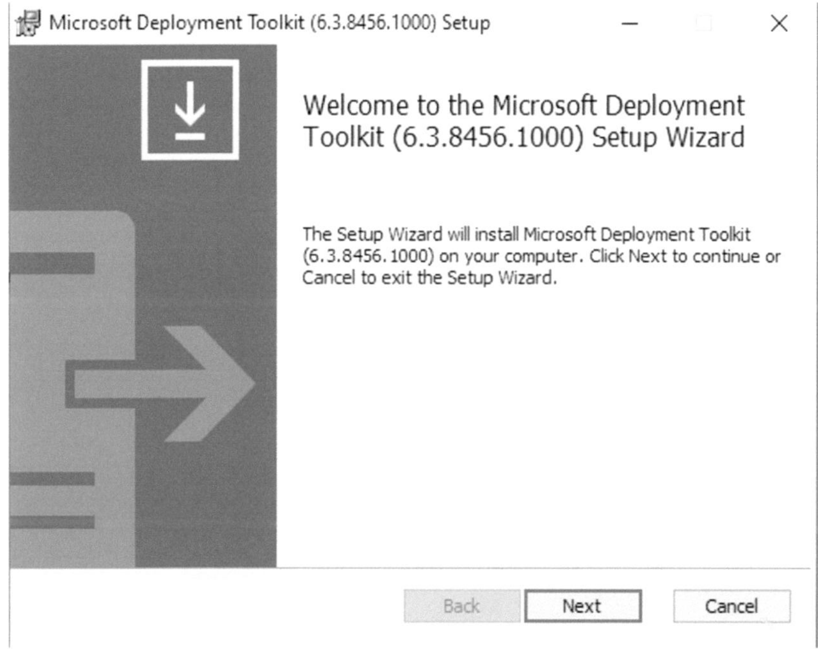

Abbildung 3.13: Splashscreen der aktuellen MDT-Version

3.4 Grundkonfiguration

In diesem Abschnitt wird das in Abschnitt 3.3 installierte Microsoft Deployment Toolkit grundlegend konfiguriert. Du wirst mindestens einen Deployment Share anlegen.

[8] https://www.microsoft.com/en-us/download/details.aspx?id=54259, aufgerufen am 2022-03-02, 19:15 Uhr

PRAXIS-TIPP:
Eine gute Praxis sind allerdings zwei Deployment Shares. Einen Produktiven und einen für Tests, damit Deine produktive Umgebung davon unbehelligt bleibt.

Starte die Deployment Workbench ab einem Windows Server 2016 über „Start – Alle Programme – Microsoft Deployment Toolkit – Deployment Bench“ mit der rechten Maustaste als Administrator. An dieser Stelle kannst Du natürlich auch gleich eine Verknüpfung zur Taskleiste erstellen, damit Du später schneller auf die Workbench zugreifen kannst.

Falls Du noch einen Windows Server 2012 (R2) nutzt, dann klicke auf das Windows-Symbol und tippe „depl“ im Start-Menü. Die Suchergebnisse listen die Deployment Workbench gleich ganz oben auf. Auch hier empfiehlt sich die Verknüpfung über die rechte Maustaste an die Taskleiste zu senden.

3.4.1 Erstellen eines Deployment Shares

Klicke mit der rechten Maustaste auf „Deployment Shares“ und wähle die Option „New Deployment Share“. Dadurch startest Du den Assistenten, der Dich durch die Erstellung Deines ersten Deployment Shares führt.

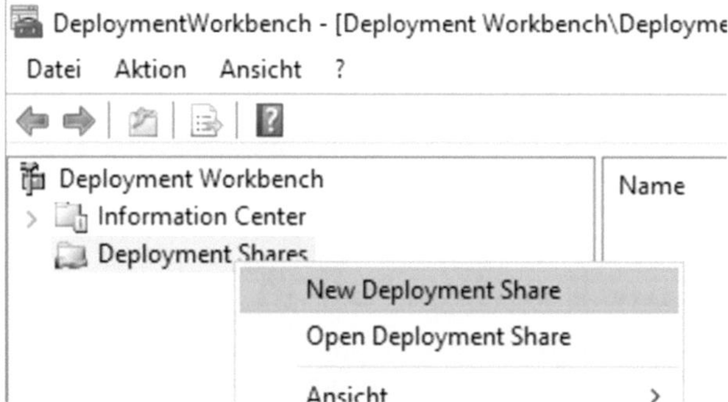

Abbildung 3.14: Erstellen eines Deployment Shares

Lege den Installationspfad fest. Da Du bei der Serverkonfiguration eine zweite Festplatte hinzugefügt hast und auch dort das MDT installiert hast, wählst Du diese aus.

Abbildung 3.15: Auswahl des Installationspfads

An dieser Stelle kannst Du einen anderen Freigabenamen für die Freigabe im Netzwerk vergeben, wenn Du möchtest. Statt „DeploymentShare$“ ist „DS$“ eine gute Wahl, denn sie erspart später „Tipparbeit“. Für den Fall, dass Deine Freigaben für jedermann sichtbar sind, dann kannst Du an dieser Stelle das „$“-Zeichen weglassen.

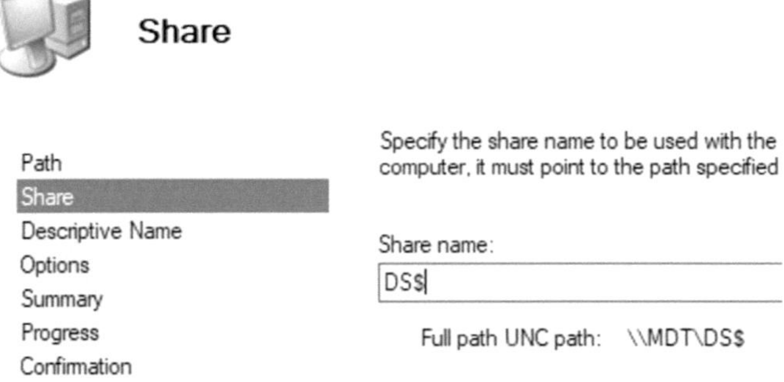

Abbildung 3.16: Vergabe des Share-Namens

Die nächste Eingabe gilt der Benennung. Hier kannst Du auch schon unterscheiden, ob Du einen produktiven Deployment Share und einen zum Testen haben willst. Benenne ggfs. Deine Deployment Shares entsprechend, z.B. DerEigelbLaden Produktiv.

New Deployment Share Wizard

Descriptive Name

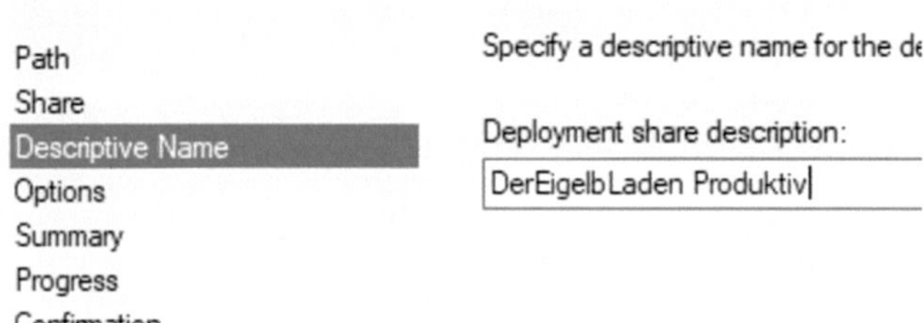

Abbildung 3.17: Deployment Share Bezeichnung

Im nächsten Assistentenfenster kannst Du schon erste Einstellungen an der „CustomSettings.ini" vornehmen. „Die CustomSettings.ini" wirst Du in Abschnitt 3.9 näher kennenlernen. Belasse die Standardeinstellungen.

New Deployment Share Wizard

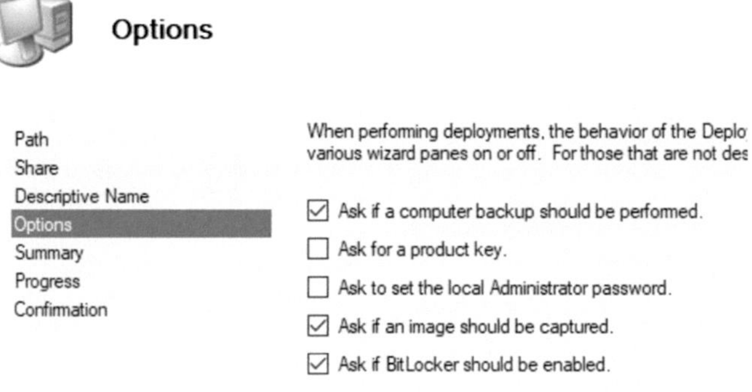

Abbildung 3.18: Erste Optionen

Danach kommen noch die Zusammenfassung und der Abschluss des Assistenten mit der Erstellung des Deployment Shares.

Bevor Du den Assistenten schließt, solltest Du noch das PowerShell-

Skript über die Schaltfläche „View Script“ aufrufen. Speichere das Skript als „New-DEL-DP.ps1“, das sich in Notepad geöffnet hat. Durch geringfügige Anpassungen kannst Du die nächsten Deployment Shares per PowerShell in einem Arbeitsschritt anlegen, oder für eine komplette Automatisierung nutzen, falls Du bei einem IT-Dienstleister arbeitest und das MDT bei den Kunden einsetzen möchtest.

NewDP.ps1 - Editor

Datei Bearbeiten Format Ansicht Hilfe

```
New-Item -Path "D:\DeploymentShare" -ItemType directory
New-SmbShare -Name "DS$" -Path "D:\DeploymentShare" -FullAccess Administrators
Import-Module "C:\Program Files\Microsoft Deployment Toolkit\bin\MicrosoftDeploy
new-PSDrive -Name "DS001" -PSProvider "MDTProvider" -Root "D:\DeploymentShare" -
```

Abbildung 3.19: PowerShell-Syntax

Du hast nun Deinen ersten Deployment Share angelegt.

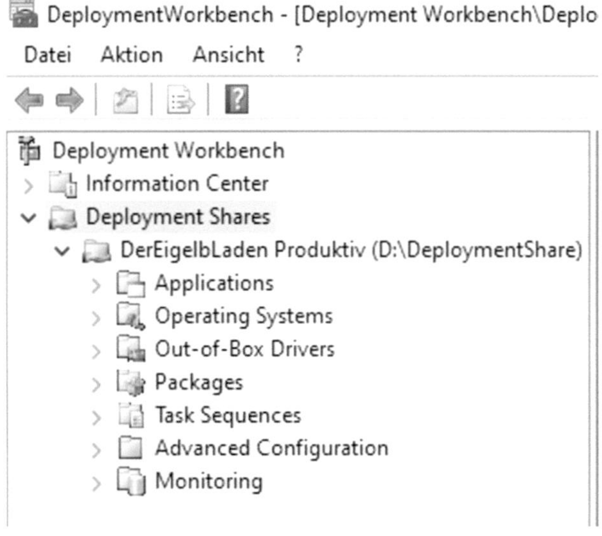

Abbildung 3.20: Fertiger Deployment Share

3.4.2 Erstellen eines Deployment Shares zum Test

An dieser Stelle solltest Du entscheiden, ob Du einen zweiten Deployment Share anlegen und diesen für späteren Tests/ Änderungen nehmen willst. Natürlich hast Du dann die doppelte Arbeit, weil Du zuerst Deine Tests und Änderungen in dem eigenen Deployment Share durchführen und es dann in den produktiven Zweig übertragen musst. Natürlich brauchst Du mehr Platz dafür, da Du alles doppelt anlegst. Allerdings wiegt aus meiner Erfahrung der Vorteil des isolierten Test Deployment Shares diese Nachteile auf. Ein fehlerhafter Deployment Share bremst Dich und Deine Kollegen bei der Arbeit. Die Fehlersuche kann sich da manchmal schwierig gestalten. In der Zwischenzeit kannst Du unter Umständen keine Computer und/ oder Server installieren.

Starte also den Assistenten erneut und lege den zweiten Deployment Share an.

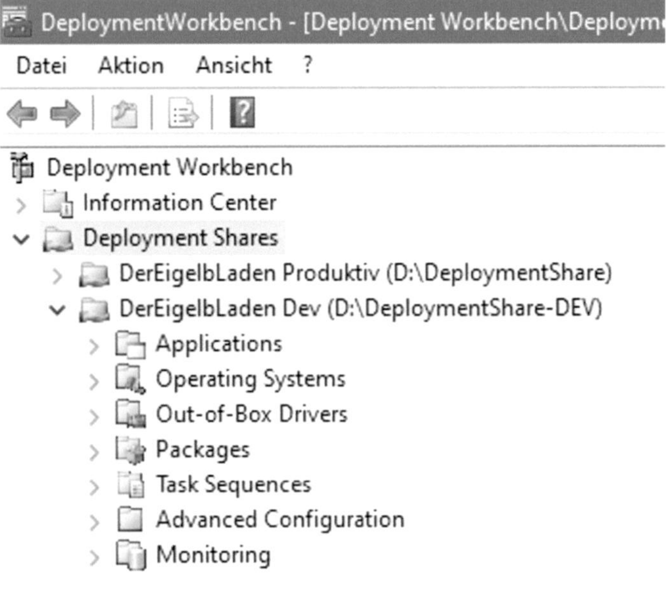

Abbildung 3.21: Ein zweiter Deployment Share

3.4.3 Deployment Share per PowerShell

Öffne jetzt das Skript „New-DEL-DP.ps1“, welches Du vorhin abgespeichert hast. Ändere mit der Ersetzen-Funktion die Wörter „DeploymentShare“ durch „DeploymentShare-DEV“, „DS001“ durch „DS002“ und ändere die Beschreibung (Description) auf einen passenderen Eintrag (hier: DerEigelbLaden-Dev).

New-DEL-DP-DEV.ps1 - Editor

Datei Bearbeiten Format Ansicht Hilfe

```
New-Item -Path "D:\DeploymentShare-DEV" -ItemType directory
New-SmbShare -Name "DS-DEV$" -Path "D:\DeploymentShare-DEV" -FullAccess
Import-Module "C:\Program Files\Microsoft Deployment Toolkit\bin\Microso
new-PSDrive -Name "DS002" -PSProvider "MDTProvider" -Root "D:\Deployment
```

Abbildung 3.22: PowerShell-Skript für einen neuen Deployment Share

Führe das Skript als Administrator aus und erstelle einen weiteren Deployment Share mittels PowerShell.

EXKURS:

In einem früheren Build gab es einen Bug, der die Rechte auf Ordner und Freigabe mittels GUI nicht korrekt angelegt hatte. Unter anderem scheiterte danach auch die Erstellung der Boot-Images. Der einzige bisher bekannte Workaround war es den Deployment Share mittels PowerShell anzulegen.

3.5 Import eines Betriebssystems

Nach der Installation und den Vorbereitungen des Microsoft Deployment Toolkits, wirst Du in diesem Abschnitt ein Betriebssystem importieren, welches Du bereitstellen möchtest. Du bist nicht auf die WIM-Dateien der DVD (oder der ISO-Datei) beschränkt, Du kannst auch ein Referenz-Image importieren. Wie Du das Referenz-Image erstellen und importieren kannst, lernst Du in Abschnitt 3.10 kennen.

3.5.1 Import von DVD/ ISO

PRAXIS-TIPP:

Erstelle unterhalb des Betriebssystemknotens je einen Ordner pro Betriebssystem. Das erhöht die Übersichtlichkeit. Wenn Du zum Beispiel Windows 10 ausrollen möchtest, dann erstelle einen Ordner „Windows 10". Erstelle darunter eigene Ordner für die einzelnen Windows 10 Versionen. Beispielsweise „21H1" und „21H2". Importiere in diesen die gewünschten Images. Wenn Du noch 32 Bit und 64 Bit Betriebssysteme bereitstellen musst, kann auch eine weitere Untergliederung sinnvoll sein.

Erweitere den Knoten des Deployment Shares und klicke mit der rechten Maustaste auf „Operating Systems". Erstelle mit „New Folder" einen neuen Ordner und benenne ihn eindeutig.

Hier im Beispiel sollen Quelldateien für Windows 10 importiert werden. Somit erhält der Ordner den eindeutigen Namen „Windows 10".

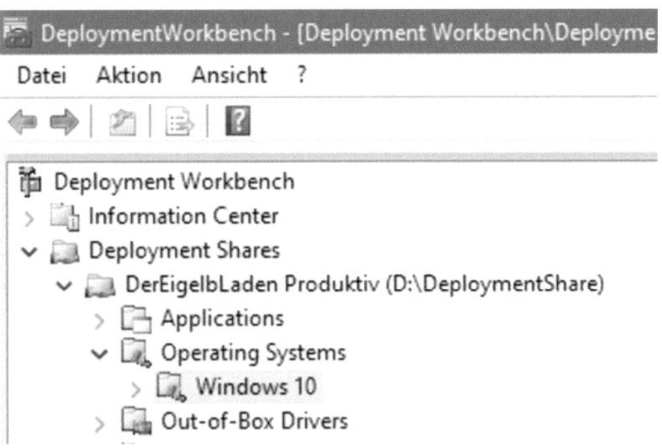

Abbildung 3.23: Ordner nach Betriebssystem

Bevor Du den Assistenten beendest, hast Du an dieser Stelle wieder die Möglichkeit sich die dahinterstehenden PowerShell Commandlets über die Schaltfläche „View Script" anzeigen zu lassen. Damit lassen sich später mit wenigen Änderungen viele Ordner am Stück erzeugen.

Datei Bearbeiten Format Ansicht Hilfe

```
Import-Module "C:\Program Files\Microsoft Deployment Toolkit\bin\MicrosoftDe
New-PSDrive -Name "DS001" -PSProvider MDTProvider -Root "D:\DeploymentShare"
new-item -path "DS001:\Operating Systems" -enable "True" -Name "Windows 10"
```

Abbildung 3.24: Die PowerShell-Syntax für neue Ordner

Mit etwas „copy and paste“ und kleinen Änderungen sind weitere Ordner schnell erzeugt.

```
Datei  Bearbeiten  Format  Ansicht  Hilfe
Import-Module "C:\Program Files\Microsoft Deployment Toolkit\bin\MicrosoftDeployme
New-PSDrive -Name "DS001" -PSProvider MDTProvider -Root "D:\DeploymentShare"
new-item -path "DS001:\Operating Systems\Windows 10" -enable "True" -Name "21H2" -
```

Abbildung 3.25: Neue Ordner per Script

Markiere jetzt einen neu erstellten Ordner und rufe über die rechte Maustaste den Import-Assistenten auf.

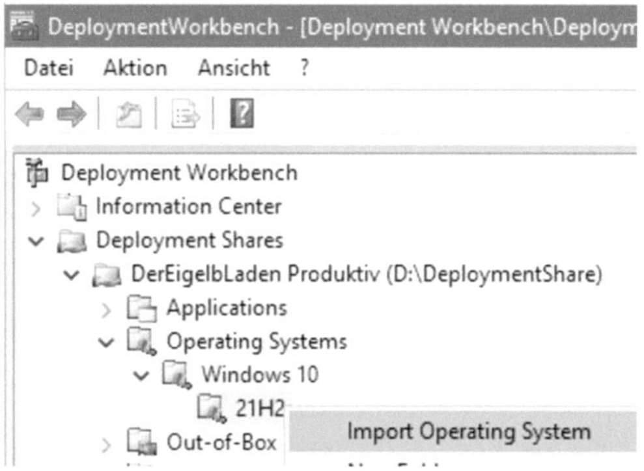

Abbildung 3.26: Start des Import Assistenten

Wähle aus, ob Du mit Quelldateien von einer DVD oder einem anderen Verzeichnis importieren willst (Hier: „Full set of Source files“). Klicke „Next“. Mit „Custom image file“ importiere ein fertiges Referenz-Image (Details dazu im Abschnitt „Import eines Referenz-Images“). Wie Du ein Referenz Image erstellst, besprechen wir unter 3.11.2. Mit „Windows Deployment Services images“ kannst Du alle WDS Images in das MDT importieren, wenn Du den WDS bereits nutzt und da schon bearbeitete Images vorliegen hast.

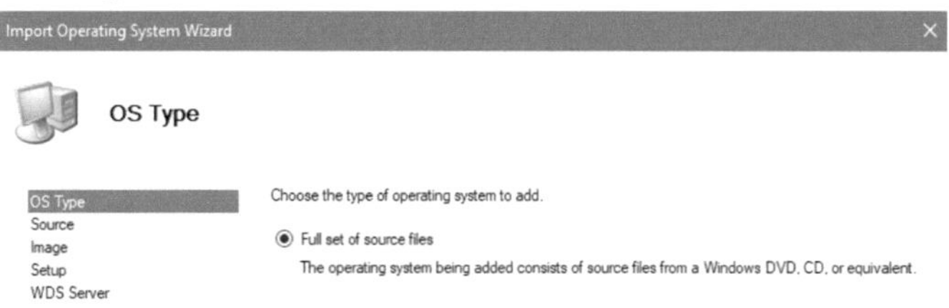

Abbildung 3.27: Import mit Sourcen

Navigiere zum Pfad des Verzeichnisses mit der entpackten Windows-ISO-Datei oder zum DVD-Laufwerk.

Vergib einen neuen Verzeichnisnamen, wenn Dir der vorausgewählte nicht zusagt. (hier: Windows 10 21H2 Pro x64).

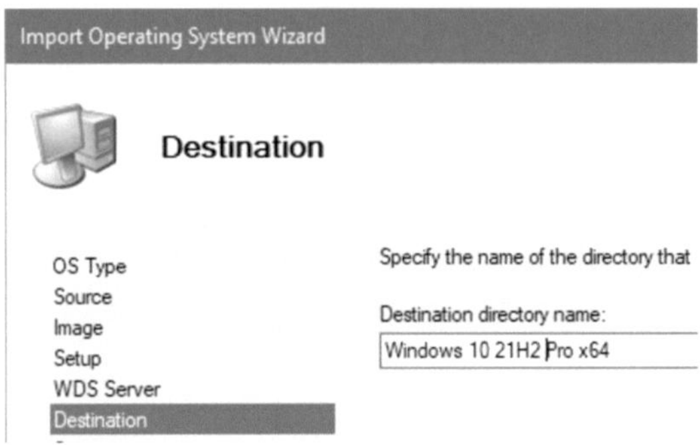

Abbildung 3.28: Verzeichnisnamen für das Dateisystem auswählen

Kontrolliere die Zusammenfassung und lasse den Import durchlaufen. Das dauert einige Minuten.

Auch hier gibt es wieder die Schaltfläche „View Script". Damit kannst Du später mit wenig Aufwand weitere Betriebssysteme über ein Skript importieren.

07_New-DEL-ImportOS21H2.ps1 - Editor

Datei Bearbeiten Format Ansicht Hilfe

```
Import-Module "C:\Program Files\Microsoft Deployment Toolkit\bin\MicrosoftDeplo
New-PSDrive -Name "DS001" -PSProvider MDTProvider -Root "D:\DeploymentShare"
import-mdtoperatingsystem -path "DS001:\Operating Systems\Windows 10\21H2" -Sou
```

Abbildung 3.29: Neue Imports per Skript

Nun siehst Du Dein importiertes Betriebssystem im Ordner Windows 10\ 21H2 im Knoten „Operation Systems". Über das Kontextmenü auf dem Namen des Betriebssystems kannst Du mit „Rename" die standardmäßige Bezeichnung kürzen oder Deinen Vorstellungen anpassen.

Falls Du bereits ein fertiges Referenz Image oder fertige Images auf einem Windows Deployment Services Server (WDS) besitzt, kannst Du diese auch über den Assistenten importieren. Du brauchst nur jeweils eine andere Option im ersten Fenster des Assistenten wählen.

Wirf anschließend einen Blick auf die Beschreibung (Description). Da steht nun „Windows IBS Image" statt „Windows 10 (Pro)".

3.6 Import von Anwendungen

In diesem Abschnitt schauen wir uns an, wie einfach es ist, Anwendungen für das MDT bereitzustellen. Natürlich werden sich nicht alle Deine verwendeten Applikationen problemlos integrieren lassen. Manche Programme lassen sich vielleicht auch gar nicht automatisiert über das Toolkit installieren. Aber Du wirst genug Informationen an die Hand bekommen, um den generellen Weg zu verinnerlichen und nur vereinzelt mehr Arbeit in ein Programm investieren zu müssen, bis es richtig funktioniert. Die jetzt gezeigten Beispiele sind eine kleine Auswahl von Programmen, die sich mittlerweile als Standardanwendung etabliert haben. Außerdem zeige ich die einzelnen Vorgehensweisen bei verschiedenen Installationsmöglichkeiten auf. Du wirst sehen, wie Du Pakete über MSI-Dateien ausrollst, wie Du mit einer setup.exe installierst, die die Extraktion der MSI-Datei zulässt. Und auch, wie Du das Office Paket installierst.

PRAXIS-TIPP:

Sollte Dir später eine „exotischere“ Anwendung“ über den Weg laufen, die kein MSI-Paket zur Verfügung stellt, dann suche in der Suchmaschine Deiner Wahl nach der Anwendung in Verbindung mit „unattended setup“ oder „silent install“ und versuche es damit. Manchmal wird es auch komplizierter.[9]

3.6.1 Acrobat Reader

Der Acrobat Reader (hier Version 21.007-200.99 als Acrobat Reader DC) ist in den meisten Unternehmen die Anwendung für die Anzeige von PDF-Dateien. Der normale Download über die Adobe Seite bringt Dich nur zum 1 MB großen Webinstaller. Du erhältst dann eine Datei, die etwa so benannt ist: readerdc64_de_xa_install.exe. Für unsere Zwecke ist das ungeeignet. Hole Dir stattdessen die Vollversion unter http://get.adobe.com/de/reader/enterprise/.

Der ganz korrekte Weg wäre einen offiziellen Antrag auf Weiterverteilung zu stellen. Diesen Antrag findest Du unter https://www.adobe.com/de/acrobat/pdf-reader/volume-distribution.html. Die Genehmigung funktioniert im Allgemeinen problemlos und innerhalb

[9] https://der-eigelb-laden.de/ptc-creo-7-per-mdt-installieren/ (aufgerufen 2021-11-17, 15:26 Uhr)

einer Stunde automatisch, nachdem Du Deine Daten unter Angabe einer gültigen E-Mail-Adresse gemacht hast.

PRAXIS-TIPP:

Lade Dir auch den entsprechenden Anpassungs-Assistenten (Customization Wizard DC) herunter.[10] Damit lässt sich eine MST-Transform-Datei erstellen, mit der Du die Installation und Konfiguration des Acrobat Reader hervorragend anpassen kannst. Damit kannst Du die Updates abschalten, die Lizenz akzeptieren, einen alternativen Installationspfad angeben oder die Werbung deaktivieren.

Der einfachste Weg eine Anwendung zu installieren ist über das MSI-Paket. Um an das MSI-Paket beim Acrobat Reader zu kommen, genügt es, aktuell die exe-Datei mit 7-Zip in ein eigenes Verzeichnis zu entpacken. Darin liegen dann sowohl die setup.exe und die msi-Datei.

EXKURS:

In früheren Versionen war es notwendig, zuerst die heruntergeladene exe-Datei zu starten und einen Moment zu warten, bis der Installationsdialog erscheint. Danach musste man die Datei Acroread.msi auf dem Rechner suchen, den Inhalt dieses Ordners wegkopieren und den Import von dort starten. Häufig fand man die gewünschten Dateien unter C:\ProgramData\Adobe\Setup\{irgendeine lange kryptische Zeichenfolge}. Danach konnte die Installation abgebrochen werden.

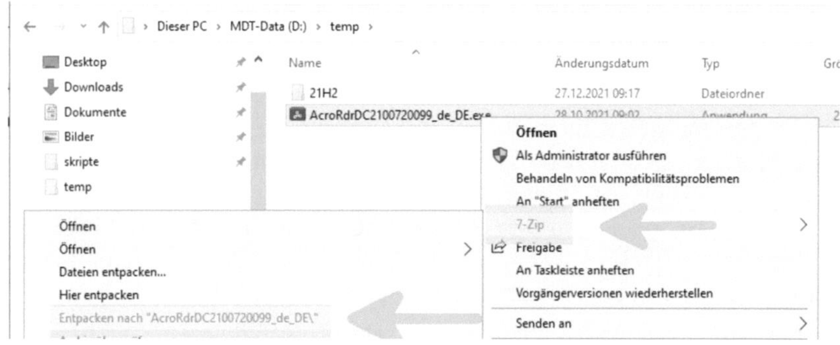

Abbildung 3.30: Entpacken des MSI-Pakets

10 https://ardownload2.adobe.com/pub/adobe/acrobat/win/AcrobatDC/misc/CustWiz2000920067_en_US_DC.exe (aufgerufen 2021-11-17, 15:30 Uhr)

Möchtest Du den Adobe Customization Wizard nutzen, dann ist jetzt der richtige Zeitpunkt gekommen, ihn einzusetzen.

Da die Beschreibung des Adobe Customization Wizard am eigentlichen Zweck vorbei geht, schaue Dir die Dokumentation auf den Adobe Seiten an.[11]

Wahlweise gibt es auch auf YouTube eine 38 minütige Anleitung auf Englisch dazu.[12]

Erstelle nun im Deployment Share unter dem Applications-Knoten einen neuen Ordner „Adobe" und hier drunter einen weiteren Ordner „Acrobat Reader DC".

Starte jetzt den Import-Assistenten mit einem Rechtsklick auf den Ordner „Acrobat Reader DC" und wähle „New Application".

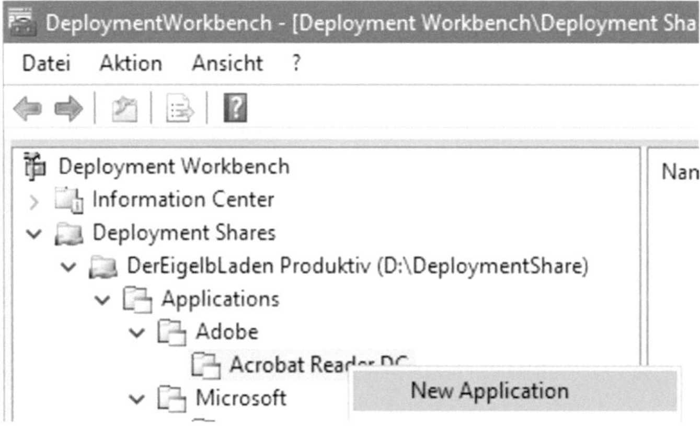

Abbildung 3.31: Start des Import-Assistenten

Belasse auf der „Application Type"-Seite den voreingestellten Eintrag auf „Application with source files".

[11] https://www.adobe.com/devnet-docs/acrobatetk/tools/Wizard/index.html (aufgerufen am 2021-11-15, 11:49 Uhr)

[12] https://www.youtube.com/watch?v=8T3HaR-5lyY (aufgerufen 2021-11-15, 11: 52 Uhr)

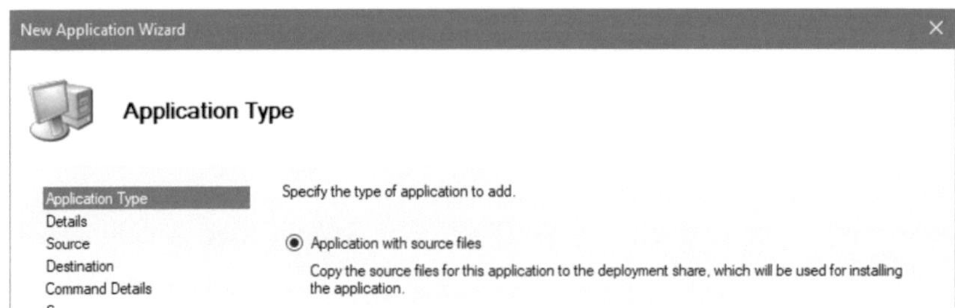

Abbildung 3.32: Assistenten-Seite „Application Type“

Gib auf der „Details“-Seite die Angaben an, die gefordert sind. Ein Pflichtfeld ist das Namensfeld. Ich versuche die einzelnen Felder gemäß der Ordnerstruktur auszufüllen. In diesem Fall ist der Publisher „Adobe“ und die Anwendung der „Acrobat Reader DC“. Dazu hast Du die korrespondierenden Ordner angelegt.

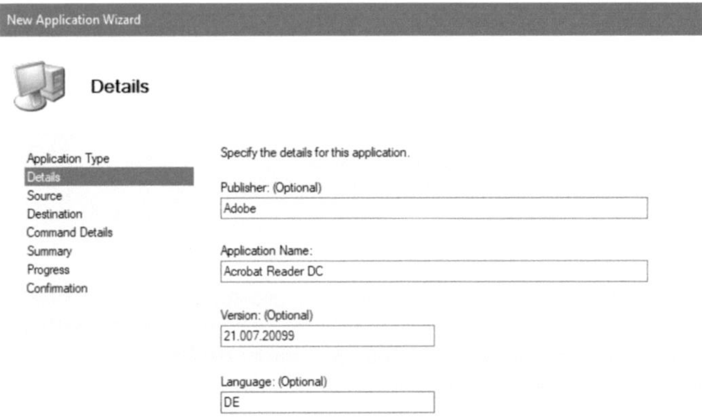

Abbildung 3.33: Assistenten-Seite „Details“

Navigiere zu dem Ordner, in welchem Du vorhin die Acrobat Reader Dateien entpackt hast. Belasse an dieser Stelle die andere Option „Verschieben der Dateien in den Deployment Share statt sie zu kopieren“ („move the files to the deployment share instead of copying them“).

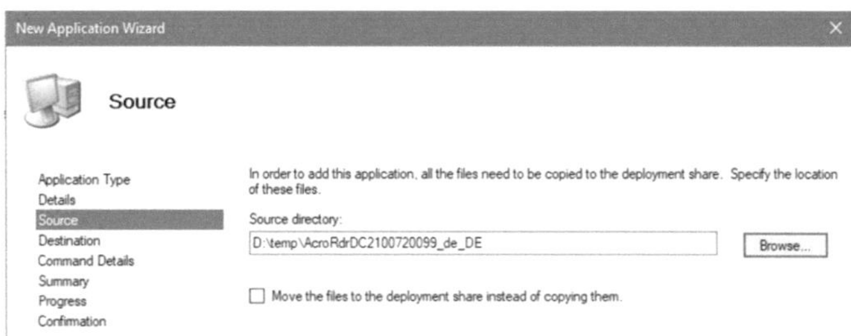

Abbildung 3.34: Pfad zu den Quelldateien

Auf der „Destination“-Seite des Assistenten kannst Du noch einmal den Namen für das Paket vergeben bzw. ändern. Standardmäßig setzt sich der bereits vorgeschlagene Name aus den Angaben der vorherigen Assistentenseite zusammen.

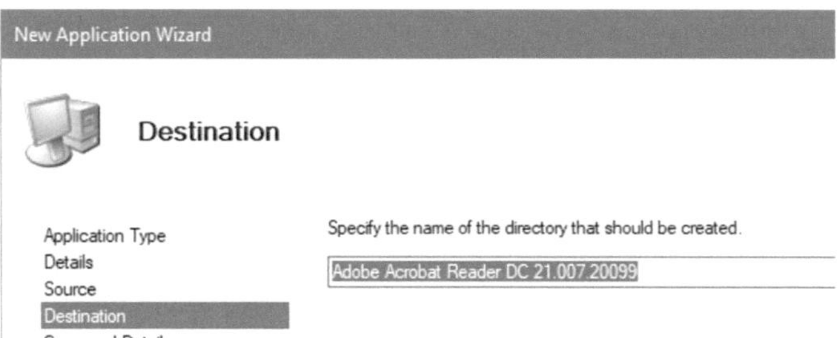

Abbildung 3.35: Vergabe des Paketnamens

Gib auf der „Command Details“-Seite des Assistenten im Feld „command line“ die Syntax-Zeile „setup.exe /sAll“ ein. Diese Parameter sind von der Adobe-Seite.

EXKURS:

Bei den früheren Versionen war es notwendig, die msi-Datei mit der Syntax „msiexec.exe /i AcroRead.msi /qn“ zu installieren. Die msiexec-Option „/i“ sorgt für die Installation der genannten MSI-Datei (hier: AcroRead.msi), während „/qn“ das Benutzerinterface bei der Installation unterdrückt. Eine ausführliche Dokumentation zu msiexec findest Du im unten angegebenen Link in der Microsoft-Dokumentation.[13] Solltest Du mit dem Customization Wizard eine mst-Transformdatei erzeugt haben,

[13] https://docs.microsoft.com/de-de/windows-server/administration/windows-commands/msiexec (aufgerufen: 2021-11-15, 12:38 Uhr)

ist es erforderlich diese hier noch mit einem „TRANSFORMS=Name der Transformdatei.mst“ anzuhängen.

Abbildung 3.36: Die Kommandozeilen-Syntax

Die weiteren Seiten des Assistenten Zusammenfassung (Summary) und Fortschritt (Progress) kannst Du „abnicken“. Bei der letzten Seite, der Bestätigung „Confirmation“ kannst Du Dir wieder den PowerShell-Code ansehen und kopieren, um ähnliche Anwendungen per Skript zu importieren.

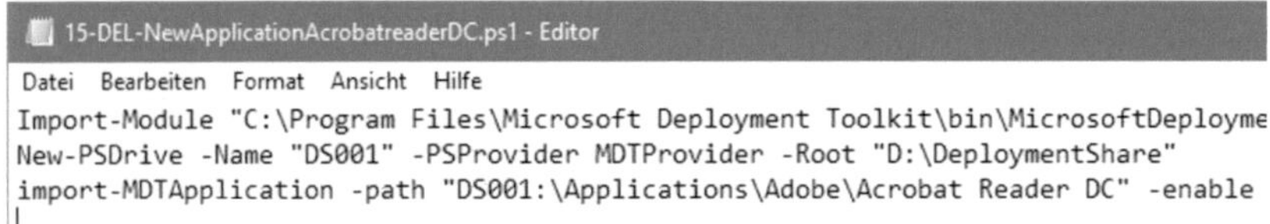

Abbildung 3.37: PowerShell für Acrobat Reader

3.6.2 Java

Eine verbreitete Anwendung ist Java. Wie beim Acrobat Reader, bekommst Du erst einmal nur den Webinstaller zum Herunterladen angeboten. Dieser versucht stets zusätzliche Programme, wie beispielsweise die Google Tool Bar, mit zu installieren. Das ist im Firmenumfeld unerwünscht. Navigiere stattdessen zur Seite http://www.java.com/de/download/manual.jsp und lade die vollständigen Versionen für 32-bit und 64-bit herunter. Gegenwärtig ist Version 8.311 aktuell (Stand Dezember 2021).

Abbildung 3.38: Download der Vollversion

Starte das Setup und warte bis zum ersten Haltepunkt der Anwendung. Gehe danach in das Profil des installierenden Benutzers unter „AppData\LocalLow\Oracle\Java“. Gegebenenfalls musst Du Dir die geschützten Dateien im Windows Explorer einblenden, um das AppData-Verzeichnis zu sehen.

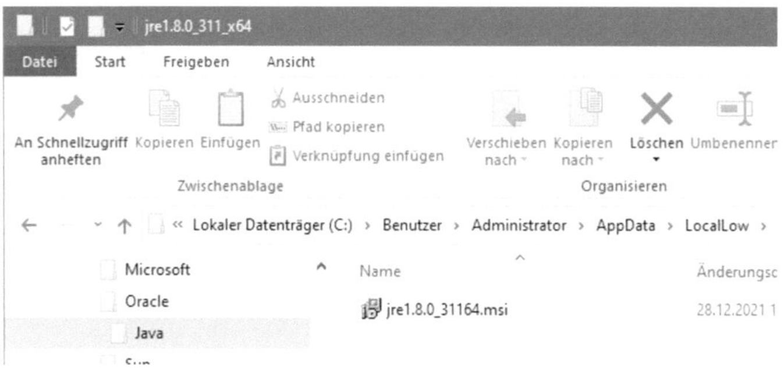

Abbildung 3.39: Entpackte Java-Installationsdateien

Dort findest Du die entpackte MSI-Datei für die jeweilige Java-Version. Kopiere den Inhalt des Ordners weg. Beginne den Import wieder zuerst mit der Erstellung der Ordners „Oracle“ und „Java-x64“ unter „Applications“ und importiere die Quelldateien. Die Kommandozeilensyntax für die 8.0.311 64-bit Java Version lautet dann: „msiexec.exe /i jre1.8.0_311_x64.msi /qn“.

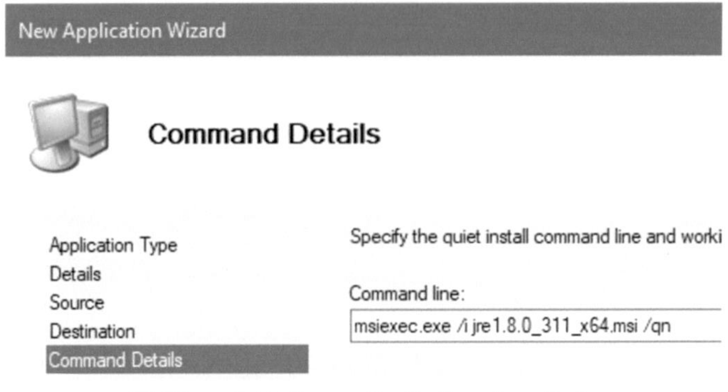

Abbildung 3.40: Syntax für die Java-Installation

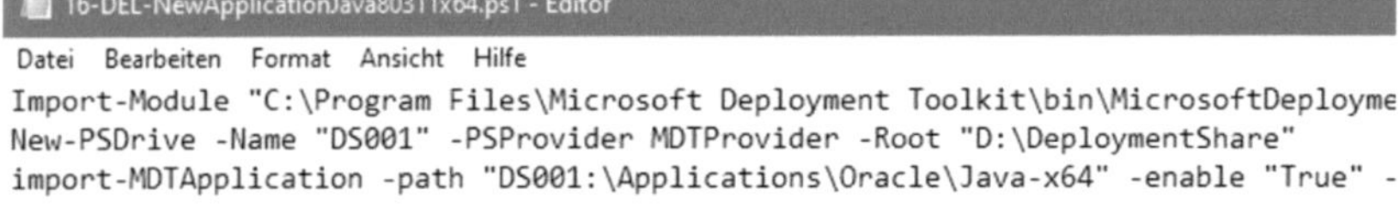

Abbildung 3.41: PowerShell-Syntax für den Import

3.6.3 Office 365

Immer mehr Firmen steigen auf Office 365 um. Der Vorteil davon ist, dass man stets die aktuelle Version verwendet. Ein Nachteil sind die Kosten, je nach Abonnement. Ein weiterer Unterschied ist die Art der Installation. Hier verhält sich Office 365 ein wenig anders, als eine reguläre Office Version. Download und Installation von Office 365 wird über eine XML-Datei, configuration.xml, gesteuert.

Der Importvorgang unterscheidet sich nicht von anderen Paketen.

Die Kommandozeilen-Syntax lautet hier:

```
Setup.exe /configure configuration.xml
```

Standard application

Quiet install command: setup.exe /configure configuration.xml

Working directory: .\Applications\Microsoft Office 365 ProPlus x64

Uninstall registry key name:

Abbildung 3.42: Kommandozeilen-Syntax für Office 365

Im Zielverzeichnis muss allerdings die erforderliche configuration.xml Datei liegen, die auf das Installationsverzeichnis des MDT-Servers zeigt. Der „Add SourcePath"-Tag lautet:

```
<Add
SourcePath=\\mdt\ds$\Applications\Microsoft
Office 365 ProPlus x64
OfficeClientEdition="64">
```

Abbildung 3.43: Angepasste XML-Datei

> **HINWEIS:**
> In stark segmentierten Netzwerken kann es notwendig sein, in der Kommandozeilen-Syntax den Pfad zur configuration.xml mit dem UNC-Pfad anzugeben:
> Setup.exe /configure „\\mdt\ds$\Applications\Microsoft Office 365 ProPlus x64\configuration.xml"

3.7 Import von Treibern

Dieser Abschnitt behandelt, wie Du die notwendigen Treiber zu Deinen Rechnermodellen importierst und strukturierst. Wie in einem früheren Abschnitt schon erwähnt, sind Ordner extrem wichtig für die Übersichtlichkeit. Das gilt bei den Treibern mehr, als an anderer Stelle.

3.7.1 Ordner, Ordner, Ordner

Wenn Du nur Rechner eines Herstellers verwendest, hast Du es deutlich einfacher. Der folgende Weg ist exemplarisch für einen einzigen Hersteller. Den Transfer bekommst Du spielend selbst hin.

Die großen Computer-Hersteller, wie Dell, HP und Lenovo, bieten mittlerweile die Treiber-Pakete pro Modell und Betriebssystem als Download an.

Hersteller	**URL**
Dell	http://en.community.dell.com/techcenter/enterprise-client/w/wiki/2065.dell-command-deploy-driver-packs-for-enterprise-client-os-deployment
HP	http://www8.hp.com/us/en/ads/clientmanagement/drivers-bios.html#softpaq-download-mng#softpaq-download-mng?404m=rt404Mb,cache-ccto0#softpaq-download-mng%23softpaq-download-mng
Lenovo	http://support.lenovo.com/en_GB/downloads/detail.page?LegacyDocID=SCCM-INDEX

Tabelle: Hersteller-URLs

Lade die jeweiligen Pakete herunter und speichere diese in einer Ordnerstruktur nach Betriebssystem und Modell. Diese Pakete können sehr umfangreich sein, Du wirst also unter Umständen zwischenzeitlich etwas mehr Platz benötigen.

Starte während der Downloads auf einem einzelnen Modell eine PowerShell-Konsole und gib den Befehl „Get-WmiObject -Class win32_computersystem" ein. Worauf es bei der Ausgabe ankommt, ist die Zeile „Model". Merke Dir genau diese Ausgabe und Schreibweise!

In diesem vorliegenden Fall ergibt die Abfrage den Hersteller Dell und das Modell ein „Optiplex 5060".

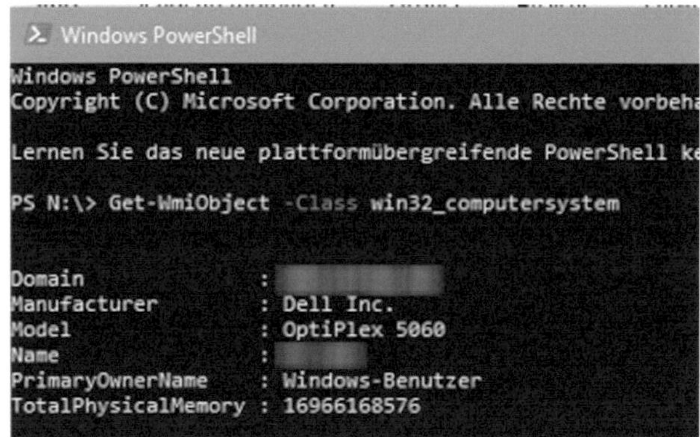

Abbildung 3.44: WMI-Abfrage per PowerShell

Erstelle jetzt unter „Out-of-Box-Drivers" den obligatorischen Ordner für Deinen Hersteller und das vorliegende Modell.

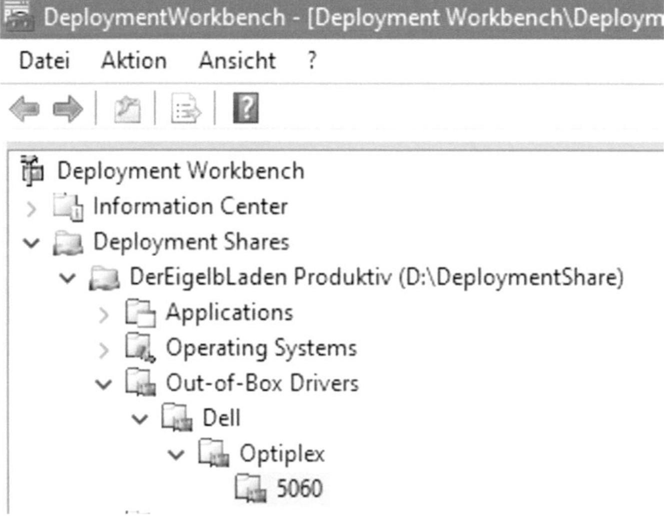

Abbildung 3.45: Die fertige Ordnerstruktur

3.7.2 Import von Treibern

Der Import eines Treiberpakets gestaltet sich ebenso einfach, wie bei Anwendungen. Verwende den Assistenten über die rechte Maustaste auf dem Modell-Knoten, dessen Treiber Du vorliegen hast.

Wähle das Verzeichnis aus in dem die Treiber liegen. Du kannst sowohl die cab-Dateien als auch die entpackten inf-Dateien verwenden. In der Standardeinstellung werden doppelte Treiber nicht erneut importiert.

Klicke in der Zusammenfassung auf „Next“ und warte den Import der Treiber aus dem Verzeichnis ab.

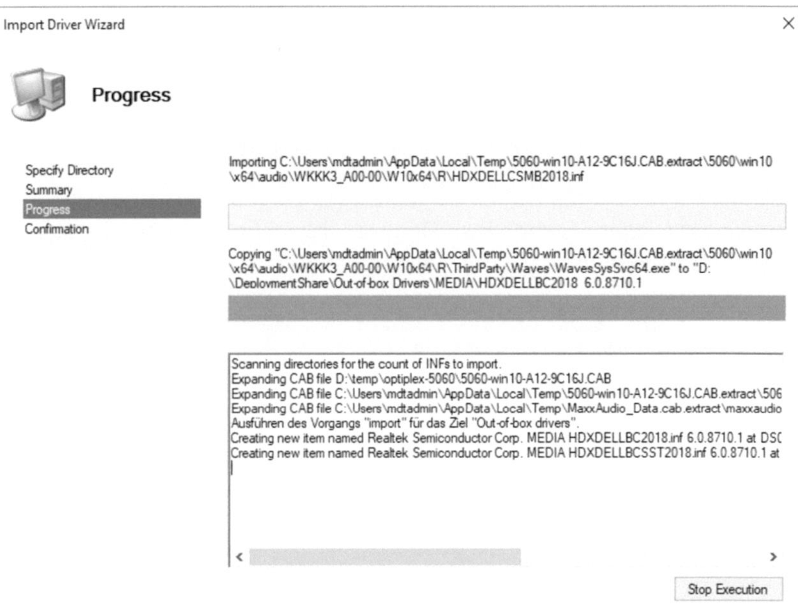

Abbildung 3.46: Import der Treiber

Es kann sein, dass beim Import der Treiber die eine oder andere Warnung erscheint. Meist ist das lediglich der Hinweis, dass der Hersteller keine eindeutige Spezifizierung für x86 oder x64 dem Treiber hinzugefügt hat. Die Zeile lautet dann ähnlich wie „`Warning: Driver <Treiber> does not appear to support plattform x86 as indicated.`“ Das kannst Du ignorieren. Natürlich werden auch doppelte Treiber nicht importiert und im Ausgabefenster protokolliert. Die Zeile beginnt dann mit „`Not adding…`“.

Auch hier wieder ein Blick auf den PowerShell-Code.

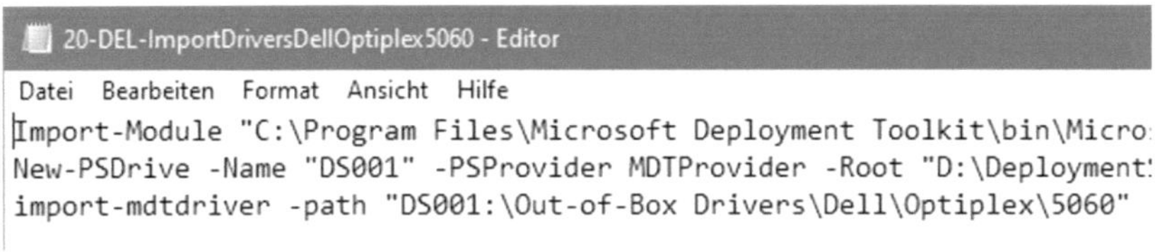

```
20-DEL-ImportDriversDellOptiplex5060 - Editor
Datei  Bearbeiten  Format  Ansicht  Hilfe
Import-Module "C:\Program Files\Microsoft Deployment Toolkit\bin\Micro
New-PSDrive -Name "DS001" -PSProvider MDTProvider -Root "D:\Deployment
import-mdtdriver -path "DS001:\Out-of-Box Drivers\Dell\Optiplex\5060"
```

Abbildung 3.47: PowerShell-Code zum Treiber-Import

In der Anzeige zu „Optiplex - 5060“ stehen nun alle importierten Treiber, die zur Verfügung stehen.

Wiederhole diesen Vorgang für alle in Deinem Unternehmen verwendeten Modelle für alle Hersteller. Behalte die saubere Ordnerstruktur bei.

3.8 Task Sequenzen

Mit Task Sequenzen (TS) hast Du das effektive Werkzeug des Microsoft Deployment Toolkits an der Hand, um die Installation von Betriebssystemen, Anwendungen und Updates fein granular zu automatisieren und zu steuern. Du hast die Möglichkeit, Skripte an gewünschten Stellen der Installationsabfolge in die Task Sequenz einzuhängen, um weitere Konfigurationen zu automatisieren. Dabei kannst Du auf Batch, Visual Basic Script (vbs) und PowerShell zurückgreifen. Bereits vorhandene Skripte und Wissen aus älteren Standards (Batch und vbs) können genauso eingesetzt werden, wie neue Technologien (PowerShell).

3.8.1 Erste Schritte

An dieser Stelle ahnst Du sicher schon, dass Du unterhalb des „Task Sequences“-Knoten eine Ordnerstruktur erstellen solltest, um die Übersicht zu bewahren. Sinnvoll wäre eine Strukturierung nach Betriebssystem und nach Version 32 Bit/ 64 Bit, wenn Du noch beide Versionen ausrollst. Vielleicht müssen verschiedene Sprachversionen unterstützt werden? Dann überlege, ob Du zusätzlich noch danach strukturieren willst.

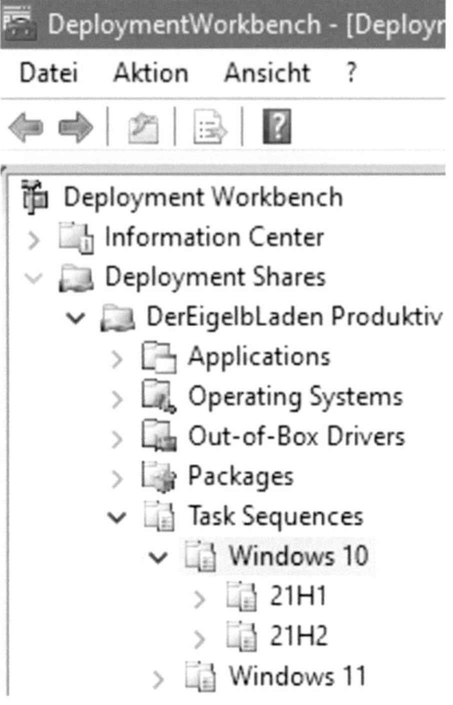

Abbildung 3.48: Ordnerstruktur erstellen

Die grundlegende Erstellung der Task Sequenz ist, wie auch schon die vorherigen Assistenten, kurz und schmerzlos.

Vergib eine eindeutige „Task Sequence ID". Du kannst hier mit Buchstaben und Zahlen arbeiten. Es bleibt Dir überlassen, ob Du mit diesen IDs eine Namenskonvention abbilden möchtest oder nur einfach eindeutig sein willst. Benenne die Task Sequenz und schreibe optional einen Kommentar dazu.

New Task Sequence Wizard

General Settings

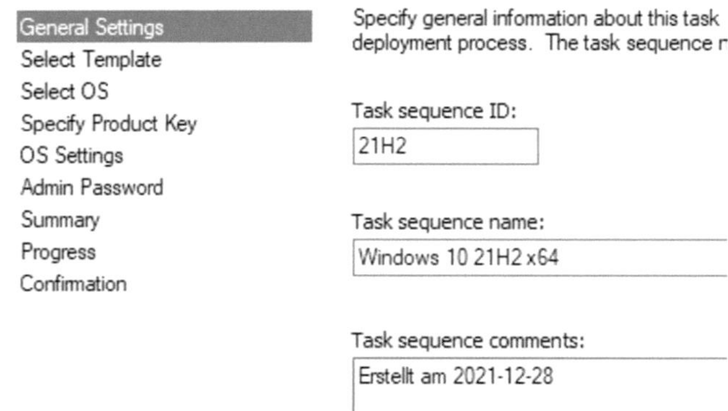

Abbildung 3.49: Allgemeine Einstellungen

Im nächsten Assistentenfenster „Select Template“ legt man fest, welche Vorlage Du in der Task Sequenz verwenden möchtest. Du hast eine breite Auswahl für Clients und Server. Die wohl am häufigsten Verwendete ist „Standard Client Task Sequence“. Hinter jeder Vorlage stehen verschiedene vorbereitete Sequenzen für die Installation.

The following task sequence templates are available. Select the one you would like to use as a starting point.

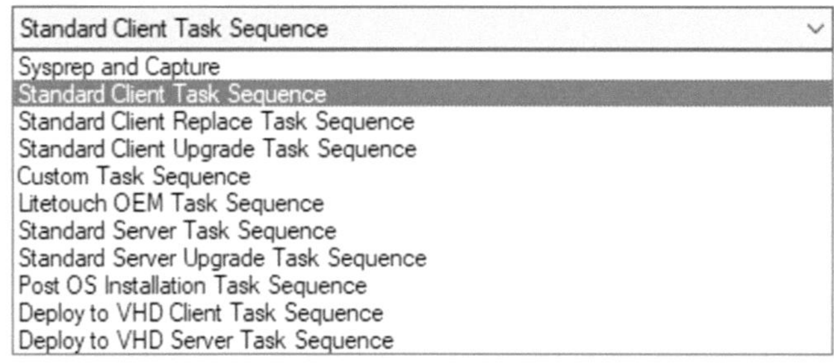

Abbildung 3.50: Verschiedene Vorlagen

Hinterlege im nächsten Fenster das auszurollende Betriebssystem. Du kannst nur bereits importierte Betriebssysteme aus der Liste auswählen.

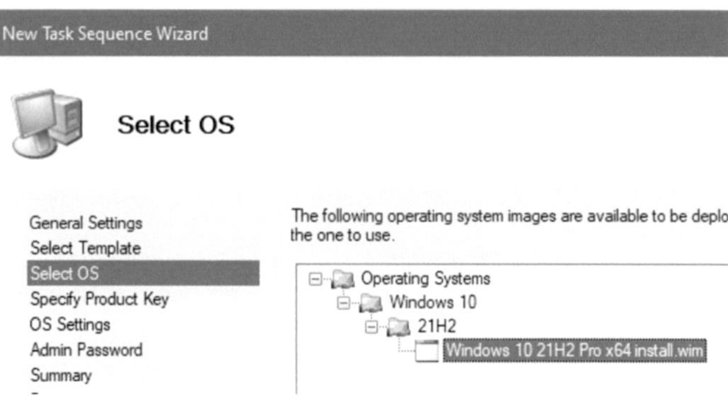

Abbildung 3.51: Auswahl des Betriebssystems

Du brauchst an dieser Stelle keinen Produktschlüssel angeben. Das kannst Du später noch tun, oder Du hast einen KMS-Server für eine Enterprise-Lizenz, bei dem Du die Betriebssysteme registrierst.

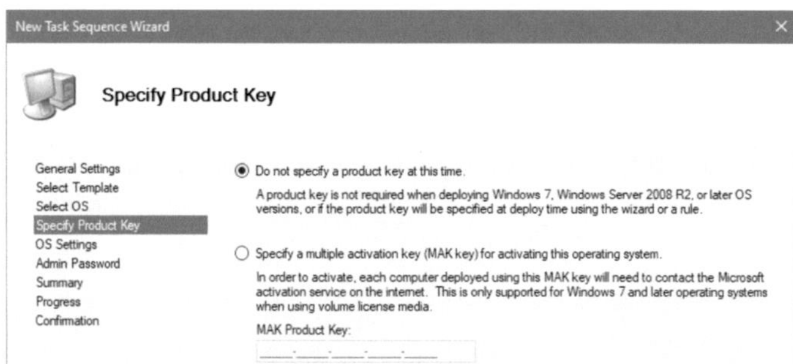

Abbildung 3.52: Es ist kein Produktschlüssel notwendig

Fülle die Angaben zu Namen und Organisation aus. Du kannst hier die Startseite für den Internet Explorer festlegen. Natürlich kann das nachträglich über Gruppenrichtlinien angepasst werden.

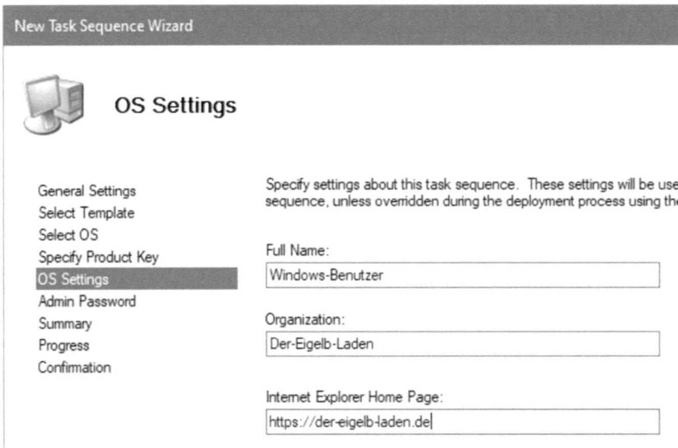

Abbildung 3.53: Betriebssystem-Einstellungen

Setze ein Administrator-Passwort, auch wenn der Rechner Deiner Domäne beitreten soll. Für automatisch wechselnde lokale Passwörter hat Microsoft die Local Administrator Password Solution (LAPS) im Portfolio.[14] Die Verwendung von LAPS erhöht die Sicherheit für lokale Administratoren-Konten.

Abbildung 3.54: Vergabe des Administrator-Passworts

[14] https://www.microsoft.com/en-us/download/details.aspx?id=46899 (aufgerufen 2021-11-16, 08:33 Uhr)

Entscheidest Du Dich hier kein Passwort anzugeben, wirst Du bei jedem späteren Deployment danach gefragt.

Beende die Erstellung der Task Sequenz mit „Next, Next, Finish“ über die Seiten Zusammenfassung, Fortschritt und Bestätigung.

HINWEIS:
In der PowerShell-Syntax steht das vergebene Passwort im Klartext! Achte also darauf, dass die Skripte nur Berechtigte ansehen können.

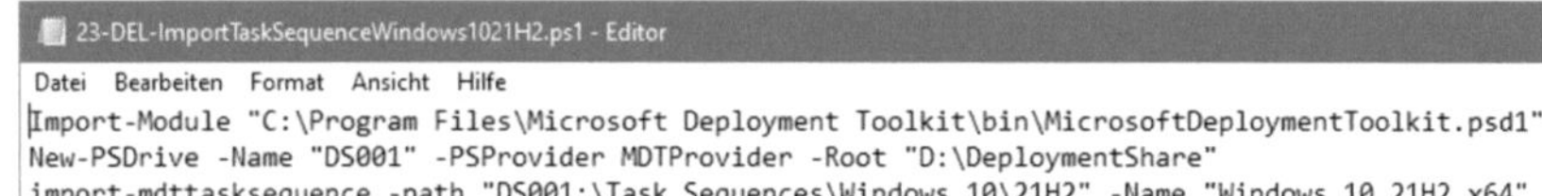

Abbildung 3.55: Task Sequenz per PowerShell erstellen

Klicke anschließend mit der rechten Maustaste auf die eben erstellte Sequenz und öffne die Eigenschaften (Properties).

Du siehst drei Reiter in den Eigenschaften: „General“, „Task Sequence“ und „OS Info“.

Im Reiter „Allgemein“ (General) hast Du die Möglichkeit den Namen und den Kommentar zu ändern, die Sequenz an bestimmte Betriebssysteme zu binden, die Sequenz im Deployment Wizard auszublenden oder auch ab- und anzuschalten.

Abbildung 3.56: Reiter „Allgemein"

Unter dem Reiter „Task Sequence" findest Du die einzelnen Schritte und Aufgaben, die in dieser Vorlage hinterlegt sind. Sie sind gruppiert und werden von oben nach unten abgearbeitet. Hier kannst Du später Deine eigenen Anpassungen vornehmen und die Installation nach Deinen Vorstellungen gestalten.

Abbildung 3.57: Reiter „Task Sequence“

Der letzte Reiter „OS Info“ zeigt Dir die genauen Build Informationen des eingebundenen Betriebssystems. Beachte die Schaltfläche „Edit Unattend.xml“. Damit kannst Du über den Windows System Image Manager (WSIM) die „unattend.xml“ anpassen.

HINWEIS:
Die Verwendung des WSIM für die „unattend.xml“ ist nicht einfach und selbsterklärend. Lasse dabei die nötige Vorsicht walten. Fehler in der „unattend.xml“ stoppen die Installation. Recherchiere sorgfältig und mache Tests. Viele Quellen im Internet sind fehlerhaft.

3.8.2 Task Sequenz anpassen

Die Task Sequenz, die aus der Vorlage „Standard Client Task Sequence“ erstellt wurde, ist bereits eine gute Grundlage. An dieser Stelle wärst Du bereits in der Lage, damit Rechner über das MDT zu installieren (abgesehen davon, dass Du noch keine Boot-Images hast). Wie eingangs des Abschnitts schon erwähnt wurde, sind die Task Sequenzen ein zentrales Element der Steuerung. Im Folgenden konzentrieren wir uns auf einige Beispiele, mit denen Du die TS später nach Deinen Wünschen selbst anpassen kannst. Manchmal ist etwas „try and error“ notwendig, um das gewünschte Resultat zu erzielen.

Wenn Du nun zum Unterknoten „Windows Update (Pre-Application Installation)“ navigierst, siehst Du, dass das Icon (ein Kreis mit einem Haken) wie beim Unterknoten „Windows Update (Post-Application Installation)“ grau eingefärbt ist. Dies ist das Zeichen, dass dieser Teil der Task Sequenz deaktiviert (disabled) ist. Markiere ihn und wechsle auf der rechten Seite auf den Reiter „Options“. Entferne den Haken bei „Disable this step“. Die Farbe des Icons wechselt nun zu weiß mit einem grünen Haken. Wiederhole den Vorgang für den Unterknoten „Windows Update (Pre-Application Installation)“. Klicke anschließend auf „Apply“ (Übernehmen).

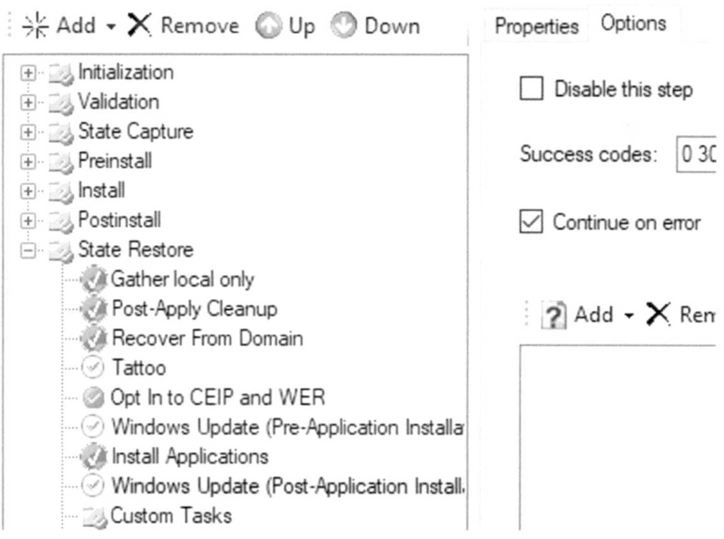

Abbildung 3.58: Aktivierte Windows Updates

Du hast jetzt durch eine Folge einfacher Mausklicks dafür gesorgt, dass kurz nach der Installation des Betriebssystems unmittelbar nach dem Domänenbeitritt die anstehenden Windows Updates vom WSUS installiert werden. Wo der WSUS hinterlegt wird, erfährst Du im nächsten Abschnitt. Anschließend werden die Anwendungen installiert. Danach wird wieder der WSUS für neue Updates kontaktiert. Warum geschieht das zweimal? Zuerst wird das Betriebssystem mit Updates versorgt. Wenn nun bei den nachfolgenden installierten Anwendungen welche dabei sind, die ebenfalls über den WSUS gepatcht werden (wie Office Produkte, .NET Framework etc.), dann werden diese nach der Installation gleich auf den aktuellen Stand gebracht.

Falls Du Dich an dieser Stelle wunderst oder sogar ärgerst, dass Du die Fenstergröße der Task Sequenz nicht ändern kannst: das liegt daran, dass das MDT auf der Microsoft Management Konsole (MMC) aufbaut. Diese ist nicht sehr flexibel und auch in ihren Möglichkeiten eingeschränkt.

3.8.3 Rollen und Features deinstallieren

Nehmen wir an Du möchtest den Windows Fax Service und den XPS Drucker von Deinen Windows 10 Maschinen entfernen. Mit jeweils einem eigenen TS-Schritt ist das kein Problem.

Markiere in der Task Sequenz für die Windows 10 Rechner auf der linken Seite den Unterknoten „Custom Tasks“. Klicke dann oben unter „Add“ auf „Roles“ und wähle im Untermenü „Uninstall Roles and Features“.

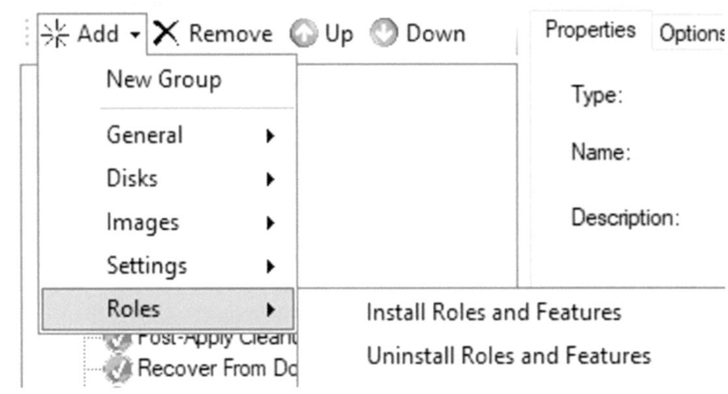

Abbildung 3.59: Hinzufügen eines TS Schritts

Wechsle auf der rechten Seite auf den Reiter „Properties“ und ändere den Namen von „Uninstall Roles and Features“ zu „Uninstall Roles and Features: Windows Fax and Scan“. Wähle im Menüpunkt „Select the operation system for which roles are to be uninstalled“ Windows 10 aus. Scrolle im Auswahlfenster „Select the roles and features that should be uninstalled“ bis “Windows Fax and Scan” und setze den Haken für die Entfernung.

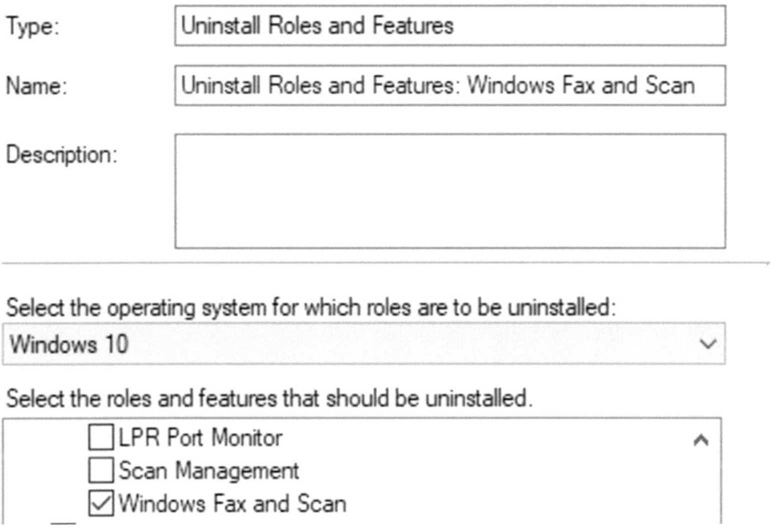

Type: Uninstall Roles and Features

Name: Uninstall Roles and Features: Windows Fax and Scan

Description:

Select the operating system for which roles are to be uninstalled:

Windows 10

Select the roles and features that should be uninstalled.

- [ ] LPR Port Monitor
- [ ] Scan Management
- [x] Windows Fax and Scan

Abbildung 3.60: Weg mit Windows Fax und Scan

Beachte, dass der Text auf der linken Seite erst von „Uninstall Roles and Features“ zu „Uninstall Roles and Features: Windows Fax and Scan“ wechselt, wenn Du den Unterknoten einmal wechselst.

Wiederhole die Schritte für „XPS Services“.

Jetzt werden die beiden Elemente „Windows Fax and Scan” und „XPS Services“ nach der zweiten Update-Runde automatisch deinstalliert.

HINWEIS:

Nach Abschluss des Vorgangs wird an dieser Stelle der Rechner von der Deinstallationsroutine neu gestartet.

PRAXIS-TIPP:
Selbstverständlich kannst Du die (De-)Installation von Rollen und Features auch in einem einzelnen Schritt abarbeiten lassen. Für mich hat es sich bewährt, dass mit granularen Arbeitsschritten die Fehlersuche bzw. Deaktivierung bestimmter Vorgänge einfacher von statten geht. Sollte das Deployment an irgendeiner bestimmten Stelle abbrechen, lässt sich das in der Log-Datei besser nachvollziehen.

3.8.4 Zusätzliche Skripte

Wenn Du ein bereits bestehendes Skript hast, mit dem Du am Ende Deiner Installationen noch diverse Aufgaben abarbeiten lässt, die sich nicht mit Gruppenrichtlinien lösen lassen, dann kannst Du das auch weiterhin verwenden und in die Task Sequenz einbauen. Das folgende Skript ist nicht sehr groß und demonstriert nur die grundlegende Vorgehensweise. Es sollte an dieser Stelle für Dich kein Problem mehr sein, die einzelnen Schritte für Deine Zwecke zu adaptieren.

Für das Beispiel wird die notwendige Konfiguration für die Remote Administration für PowerShell durchgeführt. Erstelle in einem Verzeichnis eine Datei „enable-psremoting.ps1“ in der Du folgende Zeile speicherst: „`Enable-Psremoting -Force`“. Kopiere diese Datei in den Scripts-Ordner Deines Deployment Shares.

Unter dem Custom Tasks-Knoten erstellst Du jetzt eine weitere allgemeine Aufgabe: „Run PowerShell Script“.

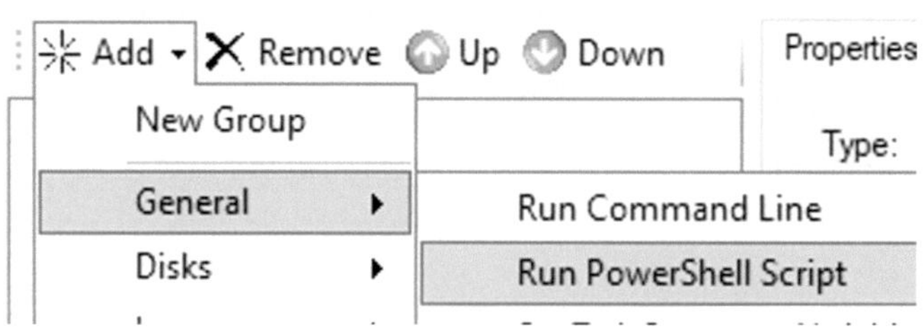

Abbildung 3.61: Ein PowerShell Skript wird eingehängt

Gib an der Stelle „Name:“ jetzt den Namen des Task Sequenz Schritts an (hier: „PS: Aktiviere-PsRemoting“). Für mich hat sich an dieser Stelle der Präfix „PS:“ für PowerShell-Skripte und „CMD:“ für Batch-Skripte für die schnelle Unterscheidung bewährt.

In der Zeile „PowerShell script:“ gibst Du nun

„`%SCRIPTROOT%\enable-psremoting.ps1`“ ein.

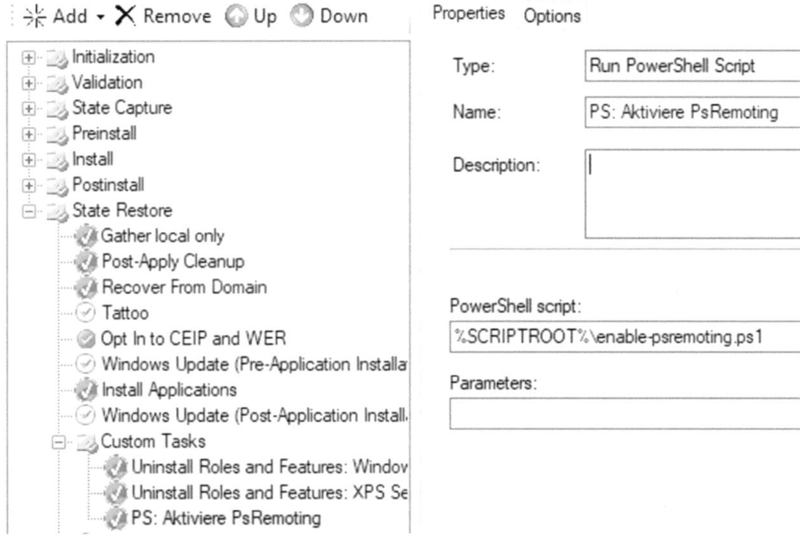

Abbildung 3.62: Einbindung eines PowerShell-Skripts

Nun wird diese Applikation am Ende der Installation in die Task Sequenz eingehängt und schon wird die Remote Administration über PowerShell automatisch und „still“ aktiviert.

3.8.5 Haltepunkt für schwierige Anwendungen

Vereinzelt gibt es Anwendungen, die keine stille Installation anbieten oder sehr aufwändig zu installieren sind, die aber dennoch in ein Referenz Image sollen. In solchen Fällen kann man einen Haltepunkt in der Task Sequenz setzen. Dieser Haltepunkt stoppt an der gewünschten Stelle die Task Sequenz, bis man die Pause manuell beendet. Zwischenzeitlich sind sogar Neustarts möglich.

Um einen Haltepunkt zu setzen, gehe wie folgt vor:

Wähle eine geeignete Stelle innerhalb der Task Sequenz für Deinen Haltepunkt (hier unter Custom Tasks), Füge über „Add“ – „General“ – „Run Command Line“ einen neuen Unterknoten hinzu.

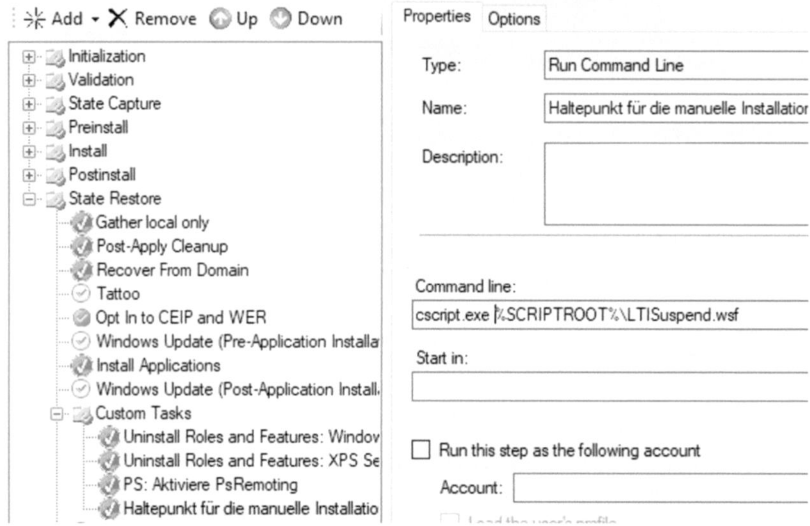

Abbildung 3.63: Einfügen eines Haltepunkts

Benenne ihn eindeutig (hier: Haltepunkt für die manuelle Installation von <Anwendung>“). Trage unter „Command line:“ die Syntax für den Haltepunkt ein. Sie lautet: „cscript.exe %SCRIPTROOT%\LTISuspend.wsf“.

Kommt während des Deployments die Task Sequenz an diesen Punkt der Installation, dann erhältst Du ein Benachrichtigungsfenster mit dem Inhalt, dass die Task Sequenz angehalten wurde und sie erst weiterläuft, wenn Du die Desktop-Verknüpfung ausführst.

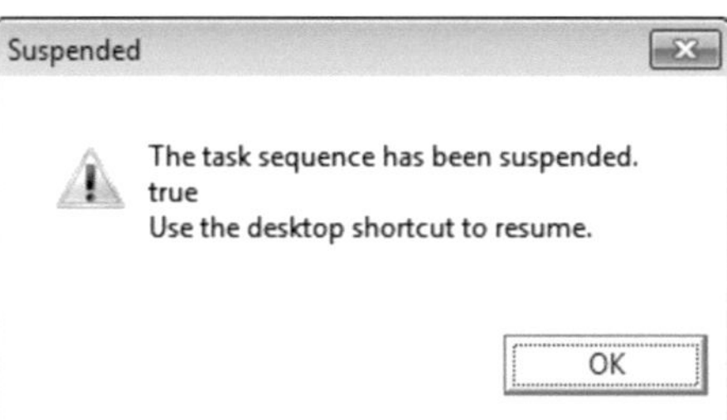

Abbildung 3.64: Der Haltepunkt ist erreicht

Führe jetzt alle Arbeiten am System durch die sich schwer oder gar nicht automatisieren lassen. Nach Abschluss aller Installationen und Konfigurationen klicke einfach die Verknüpfung am Desktop doppelt und die Task Sequenz wird bis zum Schluss weiterlaufen.

Abbildung 3.65: Die Verknüpfung auf dem Desktop

3.9 Die Konfigurationsdateien

Neben den Task Sequenzen sind die beiden INI-Dateien, „Bootstrap.ini“ und „CustomSettings.ini“, zentrale Steuerungselemente und wichtige Dateien. Mit den Dateien steuerst Du beim Boot-Vorgang die Verbindung zum Server und Deployment Share, sowie alle Parameter für den Installations-Assistenten. Die beiden nächsten Abschnitte gehen etwas näher auf die einzelnen Dateien und interessante Parameter ein. Beide Dateien kannst Du entweder über die Eigenschaften des Deployment Shares oder direkt im Filesystem mit einem Editor Deiner Wahl bearbeiten. Im Dateisystem findest Du die Dateien im Deployment Share innerhalb des Ordners „Control“.

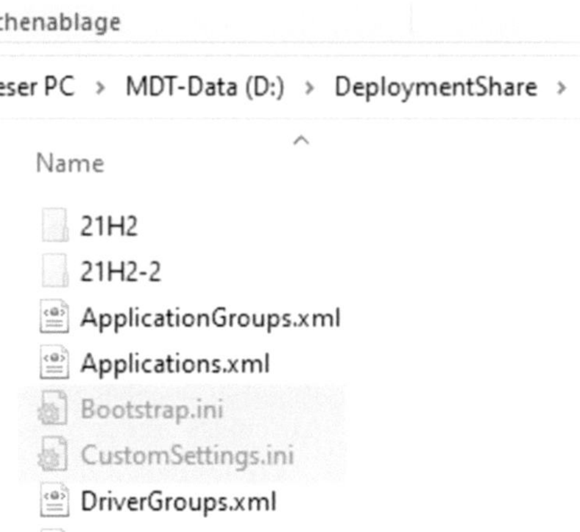

Abbildung 3.66: Die Dateien im Dateisystem

Über die Eigenschaften des jeweiligen Deployment Shares kommst Du zu den beiden Dateien unter dem Reiter „Rules“. Die Einträge, die Du gleich beim Aufruf des Reiters siehst, entsprechen dem Inhalt der CustomSettings.ini. Die „Bootstrap.ini“ rufst Du über die zusätzliche Schaltfläche „Edit Bootstrap.ini“ unten rechts auf.

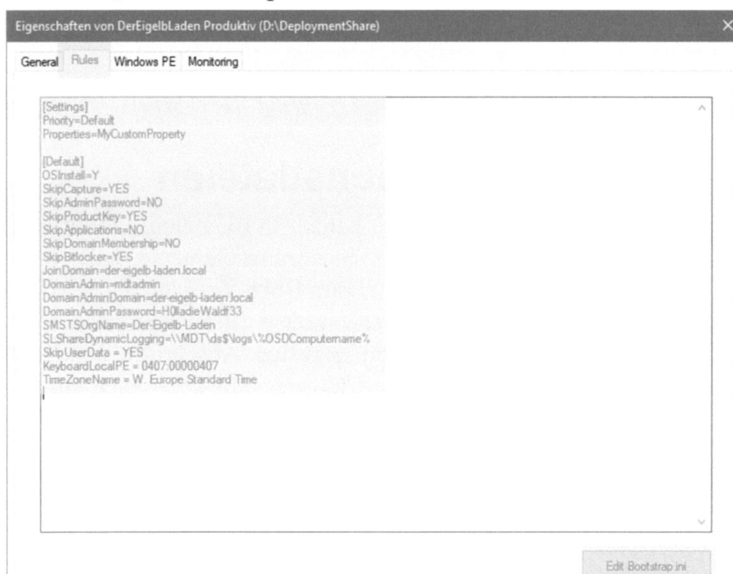

Abbildung 3.67: Die Dateien über den Deployment Share

3.9.1 Bootstrap.ini

Die „Bootstrap.ini“ enthält alle notwendigen Einstellungen und Informationen damit der Client bei einer Neuinstallation über das Boot-Image von einem USB-Stick oder per PXE-Boot den MDT-Server und den richtigen Deployment Share findet. Wichtige Parameter sind:

- SkipBDDWelcome=YES/ NO
- DeployRoot=<UNC-Pfad zum Deployment Share>
- KeyboardLocalePE= <Tastatur-Layout>
- UserID= <Benutzer der Zugriff auf den Deployment Share hat>
- UserDomain= <Deine Domäne>

Wenn Du den Startbildschirm abschalten möchtest, dann setze „SkipBDDWelcome=YES“.

HINWEIS:
Schreibe alle Steuerungsparameter „YES“ oder „NO“ stets in Großbuchstaben. Achte ebenfalls auf die korrekte Schreibweise. Falsch geschriebene Parameter werden nicht verarbeitet!

In der „Bootstrap.ini“ kannst Du Pfade nur als UNC-Pfade angeben. D.h. für die Option „DeployRoot“ ist der Wert Deines Deployment Shares in dieser Form anzugeben: „DeployRoot=\\<MDT-SERVER>\Deployment-BuildLab$“.

Das Standard-Tastatur-Layout ist die amerikanische Tastatur „en-US“. Für das deutsche Tastaturlayout füge im Abschnitt „[Default]“ den Eintrag „KeyboardLocalePE=0407:00000407“ hinzu. Sollten weitere Tastaturlayouts benötigt werden, dann findest Du eine hervorragende Liste bei Microsoft.[15] Hätte Deine Firma also einen Standort in Grönland, so könntest Du die Kollegen dort auch mit einem Layout für „Inuktitut (Latein)“ beglücken.

---

[15] https://docs.microsoft.com/en-us/previous-versions/windows/it-pro/windows-vista/cc766503(v=ws.10) (aufgerufen 2021-11-16, 08:51 Uhr)

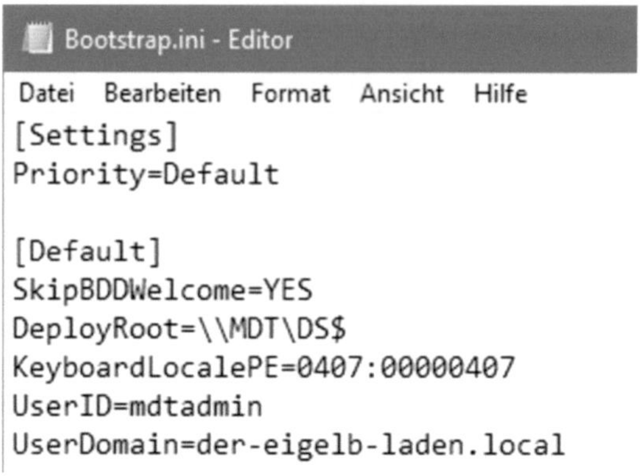

```
Bootstrap.ini - Editor
Datei  Bearbeiten  Format  Ansicht  Hilfe
[Settings]
Priority=Default

[Default]
SkipBDDWelcome=YES
DeployRoot=\\MDT\DS$
KeyboardLocalePE=0407:00000407
UserID=mdtadmin
UserDomain=der-eigelb-laden.local
```

Abbildung 3.68: Einfache Bootstrap.ini

Mit UserID und UserDomain legst Du fest, welches Domänen-Benutzerkonto für den Zugriff auf den Deployment Share verwendet werden soll. Durch die Verwendung von „UserPassword“ könntest Du dich automatisch auf den angegebenen Deployment Share verbinden. Allerdings steht das Passwort dann im Klartext in der INI-Datei.

PRAXIS-TIPP:

Durch das Weglassen der Variablen UserPassword bleibt die Installation an dieser Stelle stehen, bis das entsprechende Passwort eingegeben wird. Damit verhindert man ebenso, dass Anwender sich versehentlich/absichtlich den Rechner neu installieren.

WICHTIG:

Wenn Du Änderungen an der „Bootstrap.ini“ vornimmst, dann ist es zwingend notwendig, jedes Mal auch die Boot-Images neu zu erzeugen. Mehr zum Update des Deployment Shares im Abschnitt 3.10 über „Boot-Images“.

3.9.2 CustomSettings.ini

In der „CustomSettings.ini“ werden die Regeln eingetragen, die das MDT verarbeiten soll. Deshalb ist der Reiter auch „Rules" benannt. Die Werte dieser Regeln heißen Eigenschaften (Properties) und sind die Variablen für das MDT.

Das Microsoft Deployment Toolkit stellt zwei Arten von Eigenschaften zur Verfügung. Die Standardeigenschaften, die bereits innerhalb des MDT definiert sind und die benutzerdefinierten Eigenschaften, die Du später einmal selbst festlegen kannst.

```
[Settings]
Priority=Default
Properties=MyCustomProperty

[Default]
OSInstall=Y
SkipCapture=YES
SkipAdminPassword=NO
SkipProductKey=YES
SkipApplications=NO
SkipDomainMembership=NO
SkipBitlocker=YES
JoinDomain=der-eigelb-laden.local
DomainAdmin=mdtadmin
DomainAdminDomain=der-eigelb-laden.local
DomainAdminPassword=H0lladieWaldf33
SMSTSOrgName=Der-Eigelb-Laden
SLShareDynamicLogging=\\MDT\ds$\logs\%OSDComputername%
SkipUserData = YES
KeyboardLocalPE = 0407:00000407
TimeZoneName = W. Europe Standard Time
```

Abbildung 3.69: Eine CustomSettings.ini mit einigen Basiseinträgen

Eine „CustomSettings.ini“ hat zwei Abschnitte in der Grundkonfiguration: „Settings" und „Default".

Die Einträge im Abschnitt „[Settings]" beinhaltet die Einträge

„Priority" mit dem Standardwert „Default" und

„Properties" mit dem Standardwert „MyCustomProperty".

Grundsätzlich solltest Du an dieser Stelle erstmal keine weiteren Einträge machen müssen. Wenn Du später einmal mit der MDT-Datenbank arbeiten willst, dann trägt der Assistent die notwendigen Werte an dieser Stelle ein. Mehr Informationen dazu im Abschnitt 3.15 „MDT-Datenbank“. Manueller Eingriff ist beim Linked Deployment notwendig. Dazu aber mehr in Abschnitt 3.14.

Die Priorität (Priority) legt fest, in welcher Reihenfolge die einzelnen Sektionen der CustomSettings.ini abgearbeitet werden sollen. Hier ist nur der Eintrag „Default“ vorhanden. Deshalb werden die Regeln der Sektion „[Default]“ für das Deployment verarbeitet und übergeben.

In Abschnitt unterhalb von „[Default]" stehen alle Variablen, die das MDT mitbringt. In diesem Abschnitt hast Du bisher alle Einträge gemacht, wie z.B. SkipBitlocker=NO oder OSInstall=YES. Diese Einträge kamen über den Assistenten bei der Einrichtung des Deployment Shares.

Grundsätzlich kannst Du mit den Regeln jede einzelne Seite des Assistenten ausblenden und jeden Wert an der dafür vorgesehenen Stelle über Eigenschaften (Property) in der CustomSettings.ini vorab eintragen. „*SkipBitlocker*“, „*SkipApplications*“ und „*SkipAdminPasswort*“ sind drei Beispiele für Regeln über die Du Assistentenseiten ein- oder ausschalten kannst. Die Werte, die Du den „Skip“-Parametern mitgeben kannst sind „YES“ oder „NO“ (beachte die Groß-Schreibweise!).

„*SkipApplications=YES*“ blendet bei einem Deployment die Assistentenseite mit der Auswahl für die Anwendungen aus. „*SkipApplications=NO*“ hingegen zeigt Dir die Assistentenseite.

Je mehr Du bereits durch Regeln und Werte vorgibst, desto automatisierter wird Deine Installation. Bei manchen „Skip“-Parametern sind weitere Eigenschaften konfigurierbar und manchmal auch notwendig.

Nehmen wir an Du möchtest Deinen Rechner immer der Domäne beitreten lassen. Warum solltest Du Dich deshalb durch die Assistentenseite mit dem Domänenbeitritt klicken und jedesmal die Angaben dazu machen? Die Eigenschaft, die das Verhalten steuert ist: „*SkipDomainMembership*“. Trage also in die CustomSettings.ini „*SkipDomainMembership=YES*“ ein.

Damit Du dennoch die notwendigen Einträge bereitstellen kannst, sind die weiteren Eigenschaften „*JoinDomain*“, „*DomainAdmin*“, „*DomainAdminDomain*“ und „*DomainAdminPassword*“ samt Werten in die CustomSettings.ini einzutragen. Somit benötigt die Datei hier noch folgende Zeilen.

- JoinDomain=der-eigelb-laden.local
- DomainAdmin=mdtadmin
- DomainAdminDomain=der-eigelb-laden.local
- DomainAdminPassword=H0lladieWaldf33

Nun hast Du mit diesen fünf Zeilen die Assistentenseite für den Domänenbeitritt ausgeblendet und die fehlenden Eigenschaften mit konkreten Werten vorbelegt. Es wird nur nach dem Rechnernamen gefragt.

Einige der Eigenschaften benötigen andere Werte als „YES/ NO“. So ist beispielsweise bei der Angabe zu Deinem firmeninternen WSUS ein URL notwendig: WSUSServer=http://wsus.der-eigelb-laden.local:8530.

PRAXIS-TIPP:
Probiere gleich während Deiner Tests mit den verschiedenen Anwendungen auch die einzelnen Möglichkeiten aus, um ein vernünftiges Gleichgewicht zwischen Automatisierung und Flexibilität zu finden.

Natürlich kannst Du auch den anderen Weg gehen. Du blendest die jeweilige Assistentenseite nicht aus, belegst aber die einzelnen Eigenschaften schon mit Werten. So hast Du ein annehmbares Gleichgewicht zwischen Automatisierung und Flexibilität.

- SkipDomainMembership=NO
- JoinDomain=der-eigelb-laden.local
- DomainAdmin=mdtadmin
- DomainAdminDomain=der-eigelb-laden.local
- DomainAdminPassword=H0lladieWaldf33

Du findest in Anhang B eine vollständige Liste der Eigenschaften.

Einige interessante Eigenschaften siehst Du in der kleinen Übersicht:

Eigenschaft	Werte
_SMSTSOrgName=	Hier kannst Du Deinen Firmennamen eintragen. Z.B. Der Eigelb Laden. Beachte, dass hier keine Umlaute möglich sind
Home_Page=	Du kannst an dieser Stelle dem Internet Explorer die Firmen-Startseite mitgeben. Natürlich geht das später auch über eine Gruppenrichtlinie
WSUSServer=	http://<Pfad zu Deinem WSUS>. Das WSUSServer=http(s):// ist notwendig. Fehlt es, bricht die Installation ab
Applications00x=	Du kannst Anwendungen durch einen Eintrag in der CustomSettings.ini verpflichtend machen. In den Eigenschaften jeder importierten Anwendung findet man die dazugehörige GUID. Kopiere diese in die CustomSettings.ini und diese Anwendung wird ab dem nächsten Deployment automatisch mitinstalliert. Hier das Beispiel: Applications001={b29c6358-8ee3-0815-90fa-d4517da6feff}
SLShareDynamicLogging=	Wenn Du gern einen zentralen Ort für die Deployment-Logdateien hättest, dann erstelle einen Ordner „Logs“ in Deinem Deployment Share und gebe den UNC-Pfad dazu an. Die Log-Dateien werden danach zentral auf dem Server abgelegt. \\<MDT-Server>\DS$\Logs Um für jeden Rechner eine eigene Log-Datei zu erzeugen erweiterst Du die Variable zu: `SLShareDynamicLogging=\\<MDT-Server>\DS$\Logs\%ODSComputername%`

WICHTIG:
Beim deutschsprachigen Tastaturlayout in der Boot.ini heißt die Variable „KeyboardLocal**e**PE“, während sie in der Customsettings.ini lediglich „KeyboardLocalPE“ lautet. Hier fehlt das „e“ vor „PE“!

3.10 Boot-Images erzeugen

Die Erzeugung der Boot-Images ist kurz, bündig konfiguriert und annähernd vollautomatisiert. Die Erstellung dauert dann eine Weile.

EXKURS:

Bei früheren MDT-Builds hat die Anti-Viren-Lösung McAfee die Erstellung der Boot-Images verhindert. Der Workaround war vor Erzeugung der Boot-Images (= Updates des Deployment Shares) die folgenden Dienste anzuhalten und während des Updates zu deaktivieren: McAfee Framework-Dienst, McAfee McShield, McAfee Task Manager.

3.10.1 Erstellung der Images

Zur Erzeugung der Boot-Images klicke mit der rechten Maustaste auf den obersten Knoten des Deployment Shares und wähle die Option „Update Deployment Share“. Klicke Dich in guter, alter „Next, Next, Finish“-Manier durch den Assistenten und harre der Dinge. Die Erzeugung kann eine Weile dauern. Es ist Zeit für eine Kaffeepause, wenn der Assistent im „Progress“-Abschnitt ist.

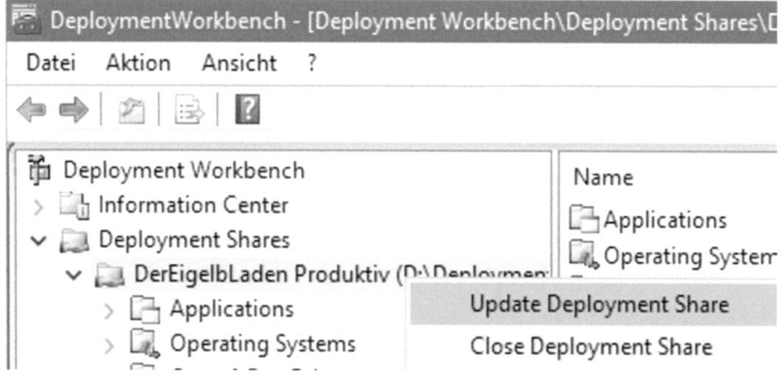

Abbildung 3.70: Start des Assistenten

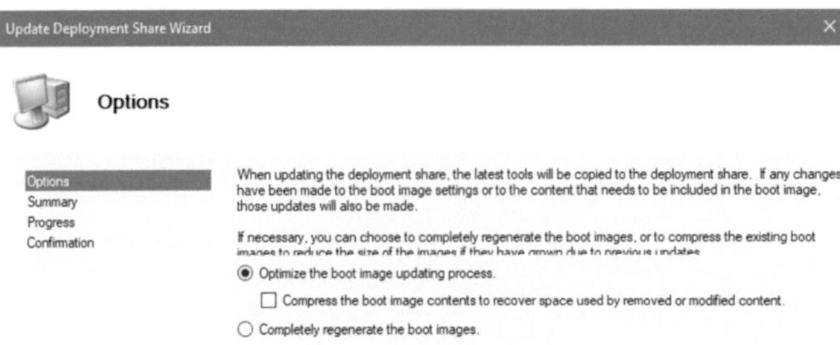

Abbildung 3.71: Standardoptionen belassen

Ignoriere später die Fehlermeldung zu Beginn eines Updates. Die besagt lediglich, dass der „Namensraum“ (= Namespace) bereits existiert.

Selbstverständlich siehst Du Dir den PowerShell-Code dazu an und speicherst diesen für später. Dadurch kann man die Erzeugung der Boot-Images per Aufgabenplanung auf eine Zeit legen, zu der auf dem Server wenig Last ist.

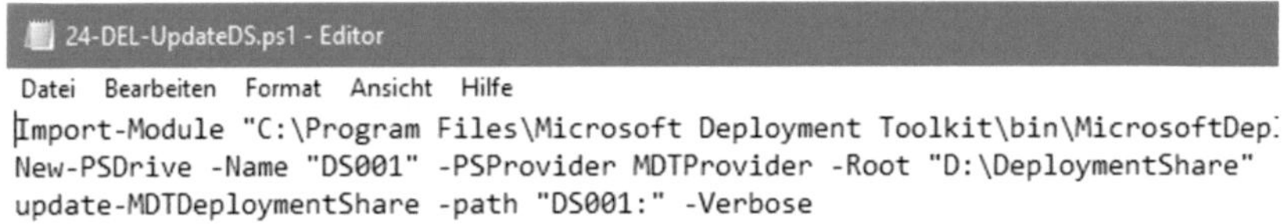

Abbildung 3.72: PowerShell-Code für das Update des Deployment Shares

Deine fertigen Images liegen im Dateisystem im Deployment Share im Ordner „Boot“. Darin liegen ISO- und WIM-Dateien zur weiteren Verwendung. Wie Du siehst, werden standardmäßig sowohl x86 als auch x64 Images erzeugt.

3.10.2 Individualisierung

An dieser Stelle wärst Du bereits in der Lage, Rechner per MDT zu installieren. Lass mich Dir noch zeigen, wie und wo Du das Ganze noch ohne großen Aufwand aufpeppen kannst. Öffne die Eigenschaften des Deployment Shares und wechsle auf den Reiter „*Windows PE*“.

Hier befinden sich im Reiter „*General*“ die Settings für die Images. Über „*Platform*“ wechselst Du zwischen x86 und x64 hin und her. Unter „*Lite Touch Boot Image Settings*“ kannst Du aussagekräftigere Namen für die Images vergeben. Statt „Lite Touch Windows PE (x86)“ vielleicht ein „Dein Firmenname Build Lab (x86)“? Im Menüpunkt „*Windows PE Customizations*“ besteht die Möglichkeit auch das Hintergrundbild individuell anzupassen. Als Hintergrundbild ist ein .bmp erforderlich.

> **PRAXIS-TIPP:**
> Ich hinterlege gern einen eigenen Hintergrund im Layout einer ggfs. Corporate Identity mit einer drastischen Warnung, wie „Achtung, Sie zerstören Ihre Windows-Installation“. Was durch das fehlende Passwort an diese Stelle zwar nicht passieren kann, aber der normale Anwender wird sich in der IT melden. ;-)

Abbildung 3.73: WinPE mit eigenem Hintergrund

Unter dem Reiter *„Driver and Patches“* benötigst Du nur die Treiber für die Netzwerkkarten und Datenträger[16] im Boot-Image.

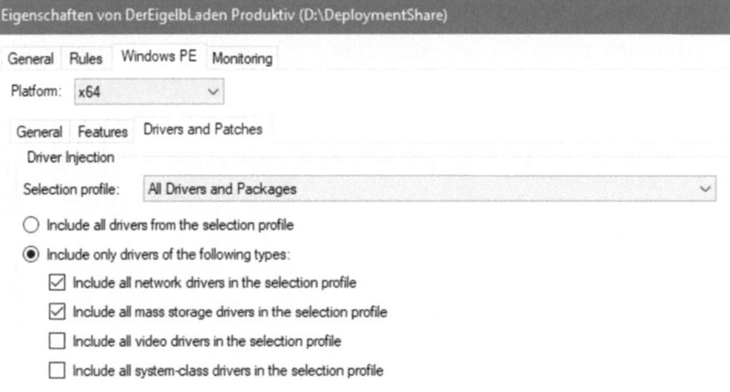

Abbildung 3.74: Treibereinbindung

Denke daran, beide Rechner-Architekturen bei der Individualisierung zu berücksichtigen. Über den Menüpunkt *„Platform“* kannst Du auf *„x64“* wechseln und die gleichen Einstellungen dort tätigen.

PRAXIS-TIPP:
Da neue Betriebssysteme kaum noch als 32 Bit Versionen angeboten werden, sind x86 Boot-Images eigentlich hinfällig und man kann die x86 Variante für eine Erstellung deaktivieren. Dadurch beschleunigt sich der Vorgang.

3.10.3 Bootbaren USB-Stick erzeugen

Du hast nun die Boot-Images als ISO- und WIM-Datei für x86 und x64 vorliegen. Wenn Du die Installationen über USB-Stick initialisieren möchtest, dann benötigst Du einen bootfähigen USB-Stick. Die Alternative, über das Netzwerk mittels PXE-Boot und dem Windows Deployment Server (WDS) zu booten, wurde in Kapitel 2 genauer erklärt. Entscheidest Du Dich für letzteres, dann lädst Du jetzt das MDT-Image am WDS hoch.

[16] Treiber z.B. für RAID-Controller. Manche Hersteller bieten eigene WindowsPE-Treiberpakete für Ihre Rechner an.

Manchmal braucht man dennoch den USB-Stick, wenn beispielsweise keine eingebaute Netzwerkkarte am Gerät vorhanden ist und der USB-Netzwerk-Adapter sich als inkompatibel herausstellt.

Der einfachste Weg zur Erzeugung des USB-Sticks ist über das Tool „Ventoy“.[17] Alternativ funktioniert ebenfalls Yumi[18]. Als ISO-Option wäre hier dann „Single WindowsPE“ zu wählen.

Der große Vorteil von Ventoy gegenüber Yumi ist, dass man später eine neue Version der ISO-Boot-Datei einfach auf den USB-Stick kopieren kann, statt den USB neu zu formatieren.

Stecke Deinen USB-Stick an Deinem Rechner an und warte, bis er vom Betriebssystem erkannt wurde.

Starte dann Ventoy und installiere es auf den Stick, der dabei formatiert wird. Da Du vermutlich nicht direkt am Server arbeitest, sondern an Deinem PC sitzt, kopierst Du das LiteTouchPE_x86.iso von der Deployment Freigabe vorab auf Deinen Rechner. Natürlich kannst Du den Deployment Share auch als Netzlaufwerk verbinden.

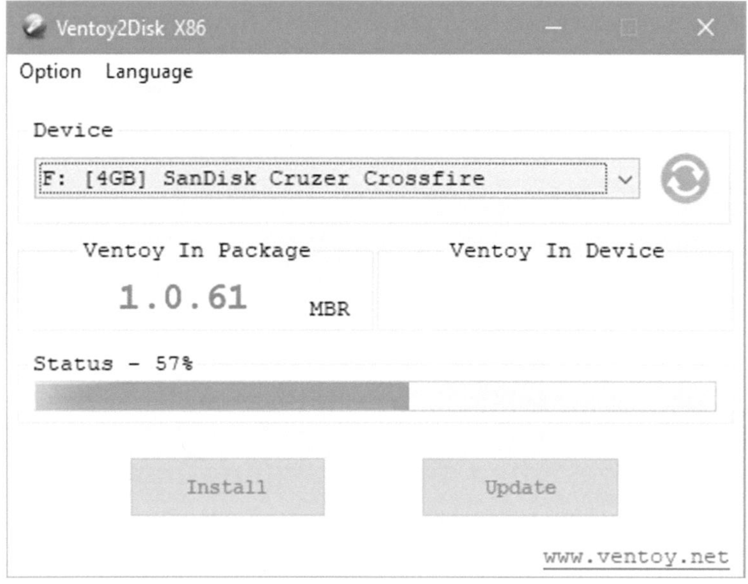

Abbildung 3.75: Installation von Ventoy auf den USB-Stick

[17] https://www.ventoy.net/en/download.html

[18] https://www.pendrivelinux.com/yumi-multiboot-usb-creator/

Ein weiterer Vorteil gegenüber Yumi: Ventoy erkennt automatisch neue Versionen und kann das Update auf dem Stick durchführen, ohne die Notwendigkeit die ISO-Dateien neu kopieren zu müssen.

Entferne jetzt den USB-Stick und Du bist bereit für erste Versuche. Falls Du eigene Programme zur Erstellung von bootfähigen Datenträgern verwendest, darfst Du diese natürlich auch nutzen. ;-).

PRAXISTIPP:

Beschrifte die erstellten USB Sticks sorgfältig (welches Boot-Image, Version, Datum, …) und aktualisiere diese nach jedem Update des Deployment Shares. Das spart im Ernstfall Zeit und vermeidet eventuell mehrfache Installationsversuche.

HINWEIS:

Falls Du das x64-ISO verwendest, dann siehst Du im MDT-Assistenten auch nur die hinterlegten x64-Images der Betriebssysteme. Mit dem x86-ISO siehst Du beide Architekturen. Du wärst damit flexibler. Ab Windows 11 gibt es allerdings nur noch 64 Bit Betriebssysteme.

3.10.4 Erste Tests

In diesem Kapitel wirst Du die Arbeiten der vorherigen Abschnitte in ersten Tests überprüfen und gegebenenfalls Feintuning oder Fehlerbehebung betreiben. Natürlich ist hier die virtuelle Welt ideal für die Testreihe. Die folgenden Beispiele laufen unter Microsoft Hyper-V. Für VMware oder alternative Produkte transferierst Du einfach die Beschreibungen und Anleitungen in Deine Umgebung.

3.10.5 Erstellen des virtuellen Clients

Erstelle einen neuen virtuellen Client über den Hyper-V-Manager. Die genaue Vorgehensweise wurde in Kapitel 2 schon beschrieben.

Wechsle nun zum Hyper-V-Manager, markiere die eben erstellte virtuelle Maschine und öffne die „Einstellungen“.

Stelle die Netzwerkkarte unter Netzwerk so ein, dass die VM mit Deinem Netzwerk und Deinem MDT-Server kommunizieren kann. Meine

Testumgebung kommuniziert nur im privaten Netzwerk. Hier sehen sich nur die virtuellen Maschinen untereinander. Deswegen steht das Netzwerk auf „Privat". Du stellst auf „DerEigelbLaden-Internet".

3.10.6 Betriebssystem-Test

Verbinde Dich über den Hyper-V-Manager mit der virtuellen Maschine und starte diese.

Warte einen Moment. Das eingehängte Boot-Image kontaktiert mit den Informationen aus der Bootstrap.ini den MDT Server (hier: auf dem virtuellen Switch „Privat").

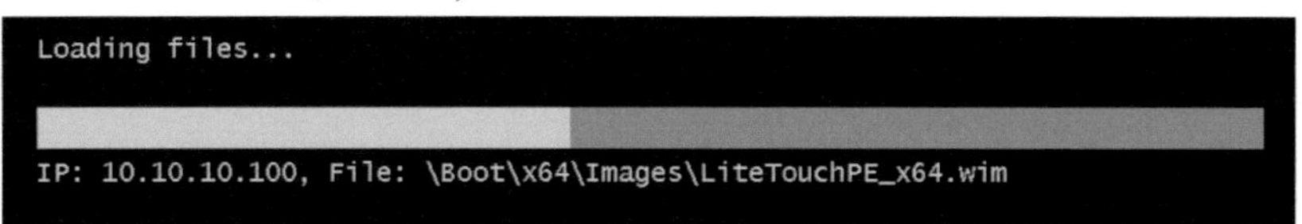

Abbildung 3.76: Das Boot-Image wird vom Server geladen

Da das Passwort für den Zugriff auf den Deployment Share nicht hinterlegt ist, wird es abgefragt.

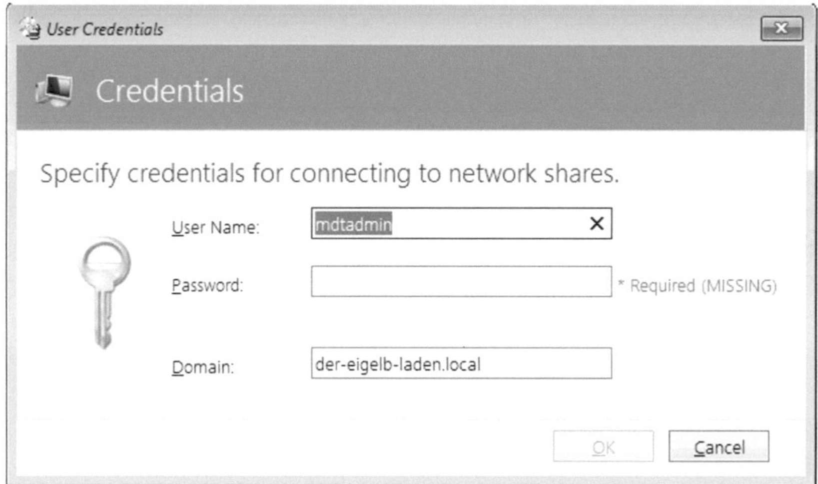

Abbildung 3.77: Erforderliche Passworteingabe

Nach erfolgreicher Verbindung wird die „CustomSettings.ini" verarbeitet. Wenn das geschieht, weißt Du, dass die Kommunikation mit dem MDT Server funktioniert, denn die „CustomSettings.ini" kommt direkt vom

Server. Damit gilt, als Merksatz zusammengefasst:

„Keine „CustomSettings.ini“, keine Kommunikation des Clients mit dem MDT Server“.

Eine gute Merkhilfe für die spätere Fehlersuche an dieser frühen Stelle.

Da nur die Standardeinträge in der CustomSettings.ini stehen, ist der Assistent relativ kurz gehalten. Für den ersten Test beschränken wir uns auf das Betriebssystem. Momentan ist nur ein Betriebssystem eingebunden.

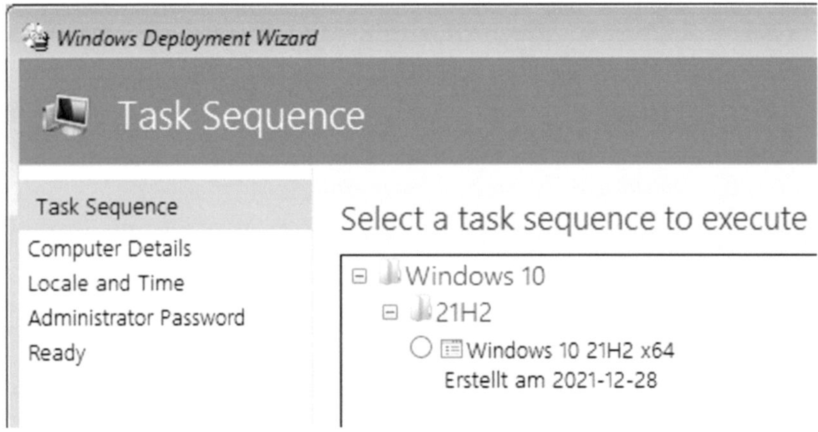

Abbildung 3.78: OS Auswahl

In der CustomSettings.ini hast Du die Möglichkeit eine bestimmte Task Sequenz als vorbelegten Standard zu hinterlegen. Die Variable dazu ist:

> „`TaskSequenceID=<ID Deiner gewünschten Task Sequenz>`“ (hier: „TaskSequenceID-21H2“).

Vergib den Rechnernamen und entscheide, ob der Rechner (hier: Client-001) automatisch Deiner Domäne oder nur einer Arbeitsgruppe (= Workgroup) beitreten soll.

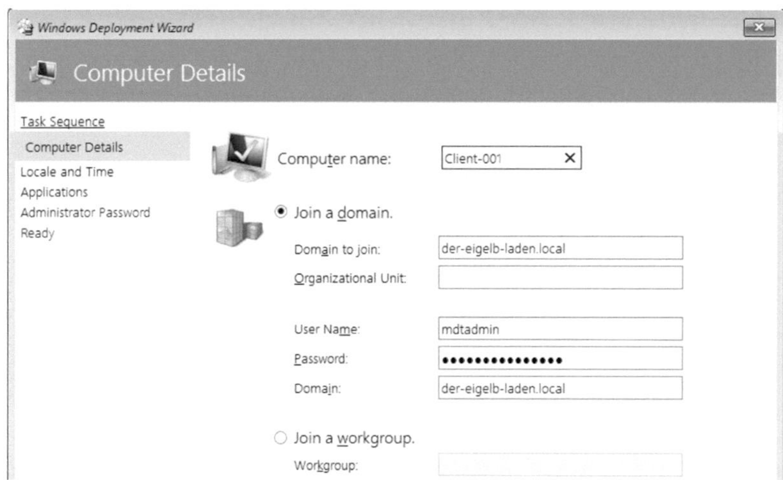

Abbildung 3.79: Vergabe des Rechnernamens

Stelle dann die Zeit- und Währungsformate auf „German (Germany) ein. Das Tastatur-Layout stellt sich dabei automatisch mit um. Ändere die Zeitzone auf *„(UTC+01:00) Amsterdam, Berline, Bern, Rome, Stockholm, Vienna*“. Beides sind auch Einstellungen in der „CustomSettings.ini“. Die Werte dazu wären für ein deutsches Tastaturlayout *„KeyboardLocalPE=0407:00000407“* und *„TimeZoneName=W. Europe Standard Time“.*

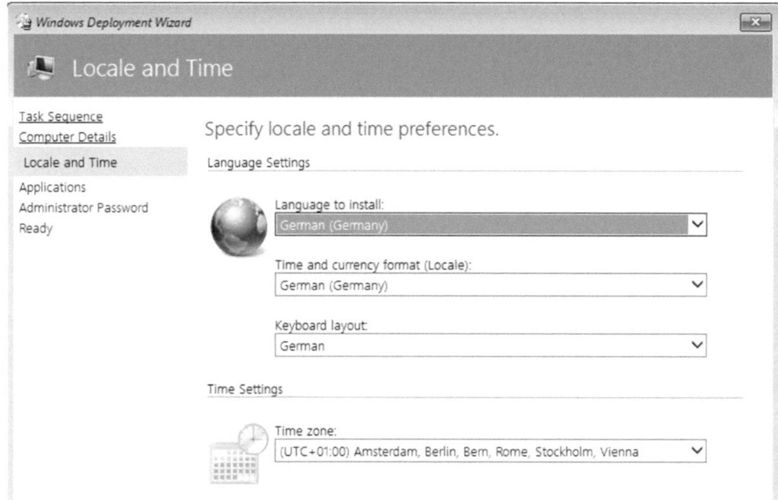

Abbildung 3.80: Formate festlegen

Da dies ein erster Test für das Betriebssystem ist, brauchst Du keine Haken bei den Applikationen setzen.

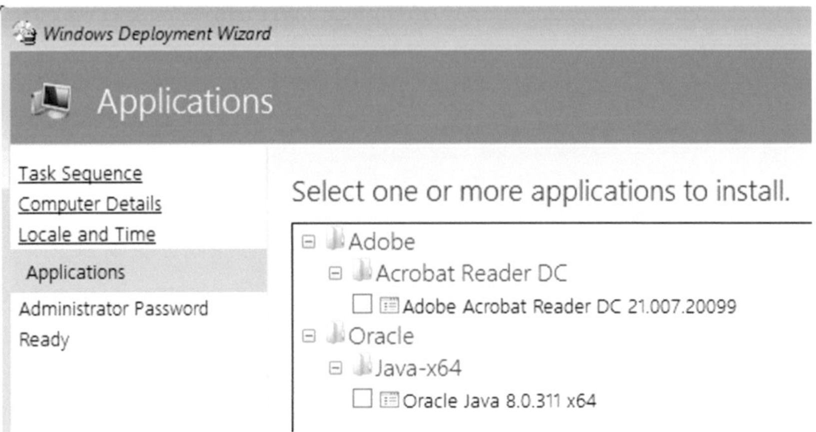

Abbildung 3.81: Ohne Anwendungen

Noch ein kurzer Klick auf „*Details*" und die ausführliche Zusammenfassung, bevor die Installation initialisiert wird.

Nun klicke auf „Begin" und lehne dich zurück. Die Installation wird nun über das MDT beginnen, das Betriebssystem über das Netzwerk auf den Rechner zu laden und dann zu installieren. Je nach vorhandenen Ressourcen dauert das zwischen 10 und 30 min inkl. der Updates.

Ein Fenster informiert Dich währenddessen über die Fortschritte des Installationsprozesses.

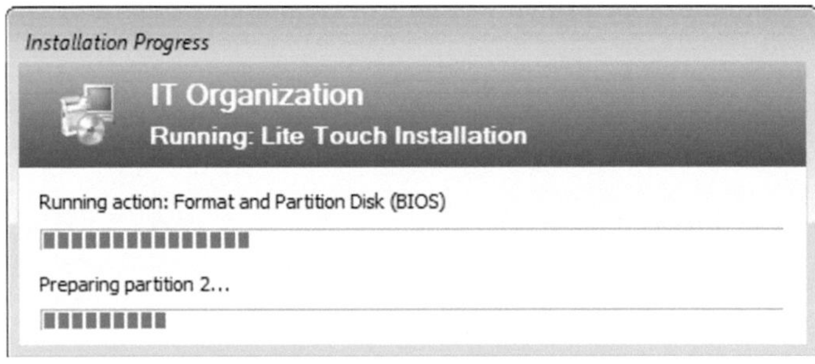

Abbildung 3.82: Partitionierung

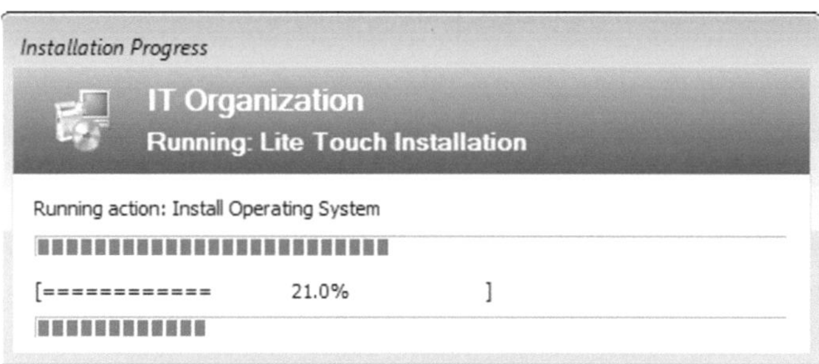

Abbildung 3.83: Installation des OS

Irgendwann kommt auch schon die Hardware-Erkennung von Windows 10.

Abbildung 3.84: Hardware-Erkennung

Nach gestoppten 27 min in der Testumgebung ist das bloße Betriebssystem fertig installiert. Du hast weniger als 5 min für den Bootvorgang und die notwendigen Eingaben benötigt und der Rest lief wie von Geisterhand zu Ende.

Auf dem Desktop siehst Du auch die Deployment-Zusammenfassung. In einer erfreulichen weißen Farbe siehst Du: keine Fehler, keine Warnungen. Für Dich bedeutet das an dieser Stelle:

Das Deployment Deines Betriebssystems Windows 10 ist fehlerfrei! Die Task Sequenz somit auch.

Operating system deployment completed successfully.

The computer is now ready to use.

During the deployment process, 0 errors and 0 warnings were reported.

Details ...

Abbildung 3.85: Erfolg!

Ein kurzer Blick auf den Domänen Controller zeigt, dass der Rechner auch sicher in der Domäne im Standard-Container „*Computers*" angekommen ist und somit ein Mitglied der Domäne ist. Solltest Du eine andere OU als „*Computers*" für Deine Rechner vorgesehen haben, dann kannst Du entweder mit „*redircmp*" eine alternative Standard-OU für neue Rechner in der Domäne dauerhaft festlegen[19] oder auf der Assistentenseite „*Computer Details*" die OU in der LDAP-Notation[20] angeben.

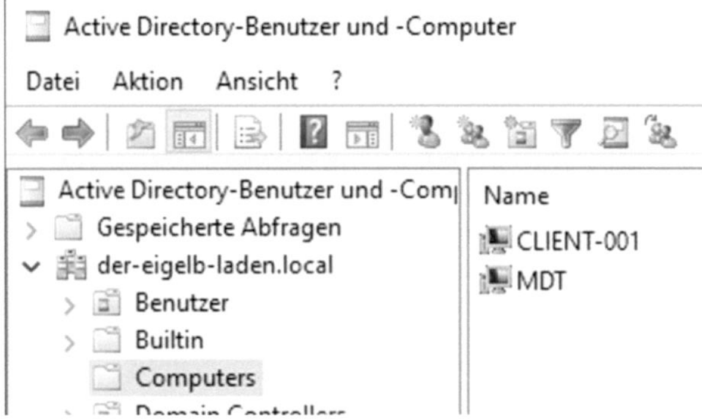

Abbildung 3.86: Rechner in der Domäne

[19] Du benötigst dafür mindestens die Berechtigung eines Domänen-Administrators.

[20] Z.B. OU=Neue-Rechner,DC=MDTDEPLOY,DC=PRI

3.10.7 Optimierung der CustomSettings.ini

Nachdem Du die Gewissheit hast, dass das Windows fehlerfrei installiert wird, kannst Du nun Verbesserungen an der „CustomSettings.ini“ durchführen. Durch einen kleinen Trick kannst Du die Verarbeitung der CustomSettings.ini innerhalb von wenigen Sekunden durchführen, statt eine komplette virtuelle Maschine auszurollen.

Aber zuerst die Verbesserungen.

Ergänze die CustomSettings.ini um die folgenden Zeilen:

```
SkipUserData = YES
KeyboardLocalPE = 0407:00000407
TimeZoneName = W. Europe Standard Time
WSUSServer = http://wsus.der-eigelb-laden.local:8530
JoinDomain = der-eigelb-laden.local
```

Passe die beiden unteren Optionen an Deine Umgebung an. Vergiss beim WSUSServer nicht die Angabe *„http(s)://“*. Fehlt diese, erhältst Du während des Deployments einen „hässlichen“ Fehler 0x80072EE6 bei der Ausführung des ZTIWindowsUpdate.wsf-Skripts. Die Angaben für den WSUS gelten nur während des Deployments. Danach setzt Du diese über Gruppenrichtlinien.

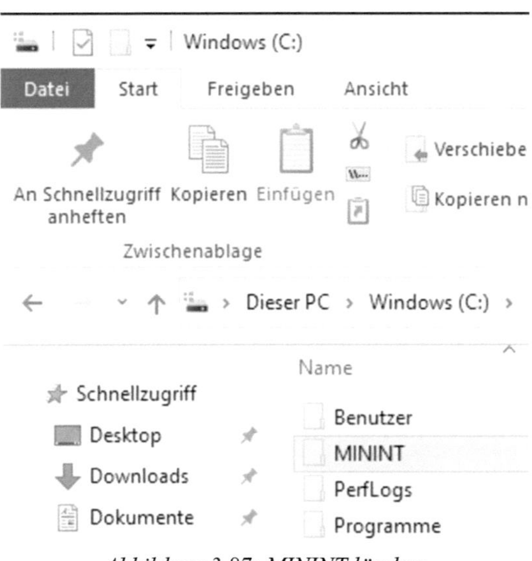

Abbildung 3.87: MININT löschen

Der kleine Kniff, um die geänderte „CustomSettings.ini“ ohne großen Aufwand zu testen, geht folgendermaßen. Wechsle zu dem eben erstellen Windows 10 Client und öffne den Windows Explorer. Suche auf C:\ den Ordner MININT und lösche diesen.

Öffne danach ein Command Prompt. Es muss kein Administrator Command Prompt sein, das Konto eines gültigen Domänen-Benutzers genügt.

```
Administrator: Eingabeaufforderung
C:\Users\Administrator>cscript \\mdt\ds$\Scripts\ZTIGather.wsf /inifile:\\mdt\ds$\control\customsettings.ini
```

Abbildung 3.88: Command prompt

Gib den folgenden Befehl, angepasst an Deine Umgebung, ein und drücke “Enter“:

```
Cscript \\<MDT-
Server>\ds$\scripts\ztigather.wsf
/inifile:\\<MDT-
Server>\ds$\control\customsettings.ini
```

Innerhalb weniger Sekunden wird die CustomSettings.ini geprüft und Du kannst etwaige Fehler schon im Vorfeld erkennen und beheben, statt das nächste Deployment anzustoßen. Auch wenn der Rollout „nur“ 30 Min dauert ist es im Vergleich zu wenigen Sekunden zu lang.

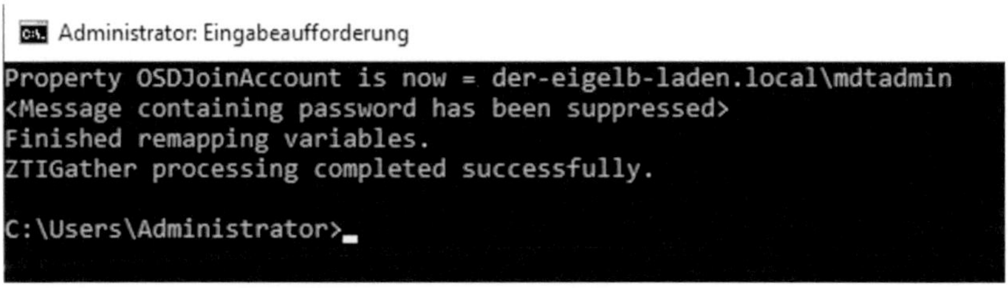

```
Administrator: Eingabeaufforderung
Property OSDJoinAccount is now = der-eigelb-laden.local\mdtadmin
<Message containing password has been suppressed>
Finished remapping variables.
ZTIGather processing completed successfully.

C:\Users\Administrator>_
```

Abbildung 3.89: Check der CustomSettings.ini

Die letzte Meldung lautet: „*ZTIGather processing completed successfully*“.

Wenn bei Dir etwas anderes steht, als „*completed successfully*“, dann lies die Fehlermeldungen aufmerksam durch. Die Lösung steht meistens schon in der Ausgabe.

Wenn Du den Fehler gefunden und behoben hast, dann lösche erneut den MININT-Ordner und starte das Skript erneut mit der „Pfeil-nach-oben“-

Taste und „Enter". Falls Du das öfter benötigst, dann kannst Du das Löschen des Ordners und die Ausführung des Skripts in eine kleine CMD-Batch-Datei schreiben und dann nur noch diese ausführen.

3.10.8 Anwendungstest

Nun müssen wir uns daran machen die einzelnen Anwendungen zu testen. Auch wenn das einer der zeitaufwendigsten Punkte der Testreihe ist, investiere diese Zeit für jede einzelne Anwendung. Letztendlich kostet es Dich „nur" die Zeit die virtuelle Maschine zu erstellen und das Deployment zu starten. Das sollte in fünf Minuten oder weniger erledigt sein. Die Installationszeit ist nicht verloren. Du kannst in der Zwischenzeit andere Dinge erledigen und abarbeiten. Nimm immer nur eine Anwendung auf einmal, so siehst Du gleich, welche Anwendung bei der Installation Probleme bereitet. Natürlich kannst Du auch mehrere Maschinen zeitgleich mit jeweils einer Anwendung laufen lassen und so simultan testen.

Man kann es nicht oft genug erwähnen und empfehlen: prüfe jede einzelne Anwendung in einer eigenen virtuellen Maschine. Prüfe hinterher auch das Zusammenspiel der einzelnen Applikationen miteinander. D.h. wenn das Betriebssystem einzeln fehlerfrei ist, dann nimm schrittweise eine Anwendung nach der anderen hinzu. Manchmal muss man eine gewisse Reihenfolge bei der Installation von Programmen einhalten. Das kannst Du dann jeweils über die Abhängigkeiten steuern. Es gibt nichts unangenehmeres, als beim Referenz-Image auf unerwartete Fehler zu treffen und dann erst mit der Suche zu beginnen. Diese Testreihen sind nicht unnütz. Sie decken (Flüchtigkeits-)Fehler auf, die ein erfolgreiches Deployment verhindern können. Es gibt kaum etwas Ärgerlicheres, als ein Dutzend neuer Client-Maschinen nicht installieren zu können, weil man zuvor einen Fehler im Ablauf suchen, finden und beheben muss. Bei meinem ersten produktiven MDT hatte ich ca. 36 Test-VMs gebraucht, bis alles lief, wie gewünscht.

3.11 Das Referenz-Image (RI)

Nachdem Du alle Deine Anwendungen importiert und getestet hast, wird es Zeit ein Referenz-Image zu erstellen. Dies ist hauptsächlich sinnvoll, wenn Du ein schnelles Deployment haben möchtest.

Das Referenz-Image stellt eine Basis aus Deinem Standard-Betriebssystem, Deinen Standard-Anwendungen und allen Windows-

Updates zu einem festen Zeitpunkt dar.

Mit diesem Referenz-Image kannst Du Deine Installationen beschleunigen. Statt der Installation des Betriebssystems, plus Updates und plus Anwendungen, hast Du ein fertiges Image mit allen Applikationen und Patches. Die Deployment-Dauer ist nur geringfügig länger als bei einem bloßen OS, die Erstellung muss auch nur einmal durchgeführt werden. Deployment, Capture, Sysprep und die neue WIM-Datei erzeugen wird automatisch von der Task Sequenz durchgeführt. Allerdings geht das zugunsten der Flexibilität. Zudem bleibt der regelmäßige Aufwand für neue Referenz-Images.

> **HINWEIS**:
> Achte darauf, dass nach dem Capture-Vorgang nichts mehr in der Task Sequenz steht, sonst endet es in einer Installationsschleife.

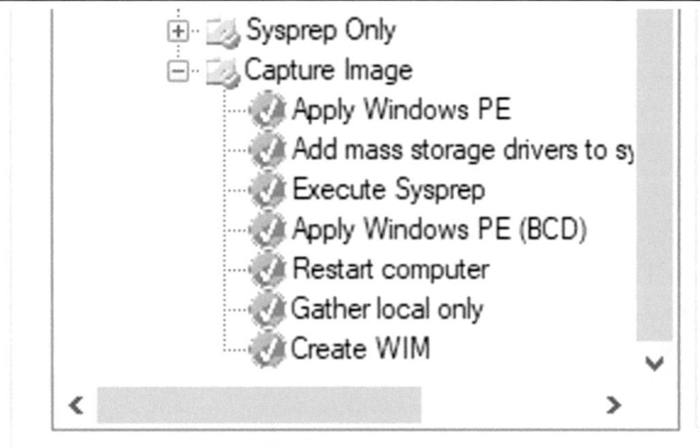

Abbildung 3.90: Keine weiteren Einträge nach „Capture“

3.11.1 Aufräum-Skript

Mikael Nystrom hat auf seinem Blog[21] ein Skript vor- und bereitgestellt, mit dem Du vor dem Capture-Vorgang alle unnötigen Dateien aus der Installation entfernen kannst. Damit sparst Du mitunter viel Zeit bei der

[21] Mikael Nystrom, "Nice to Know – Get rid of all junk before Sysprep and Capture when creating a reference image in MDT (updated for Windows 10)", http://deploymentbunny.com/2014/06/05/nice-to-know-get-rid-of-all-junk-before-sysprep-and-capture-when-creating-a-reference-image-in-mdt/, (aufgerufen 16.11.2021, 17.44 Uhr)

Erstellung und dem späteren Deployment sowie Platz, da die WIM-Datei kleiner ist. Das Skript entfernt unter anderem überflüssig gewordene Updates und löscht die Temp-Ordner. Hänge das Skript als letzten Schritt bei den „Customs Tasks“ ein.

3.11.2 Erstellung des Referenz-Images

Die Erzeugung des Referenz-Images kann prinzipiell mit der vorhandenen Task Sequenz durchgeführt werden, die bereits durch die Tests als funktionierend gilt. Du musst nur an einer Stelle beim Assistenten eine Änderung vornehmen. Bei der Assistentenseite „*Computer Details*“ wähle statt „*Join a domain*“ die Option „*Join a workgroup*“ und gib dort einen Namen für die Arbeitsgruppe an (hier: DEREIGELBLADEN). Es ist besser den Referenz-Rechner nicht in die Domäne aufzunehmen, da beim späteren Generalisieren des Rechners (Sysprep) immer Einträge der verwendeten Domänen-Benutzerkonten zurückbleiben und unter Umständen im realen Betrieb Probleme bereiten.[22]

Dadurch erhältst Du im Assistenten eine zusätzliche Option „*Capture Image*“.

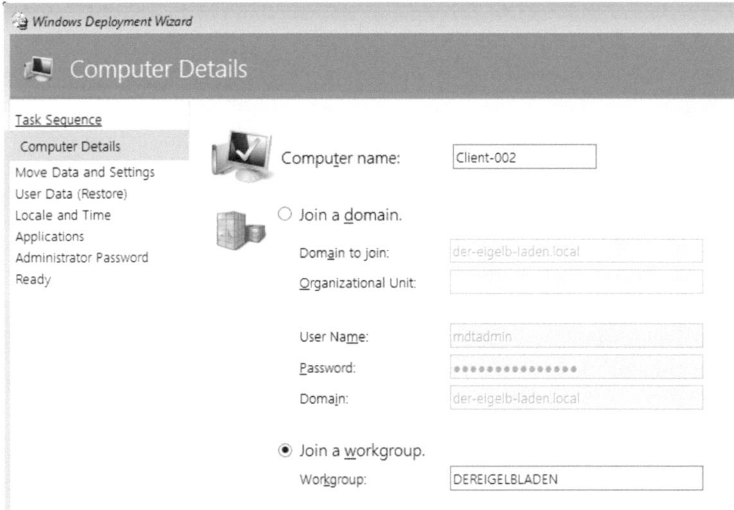

Abbildung 3.91: Arbeitsgruppe statt Domäne

[22] Aus diesem Grund solltest Du auch kein Office Produkt in dieser Phase starten.

Wähle alle Deine Applikationen aus, die Du benötigst und die bekanntermaßen funktionieren.

Wechsle im Menü „Capture Image“ zu der Option „*Capture an image of this reference computer.*“ Gib den UNC-Pfad zu dem aktuell verwendeten Deployment Share an (hier: \\<MDT-SERVER>\DS$\capture).

Dann vergib noch einen Namen für die zu erzeugende Datei (hier: 2021-12-31-referenz-Image-21H2.wim) und beginne das Deployment samt Capture.

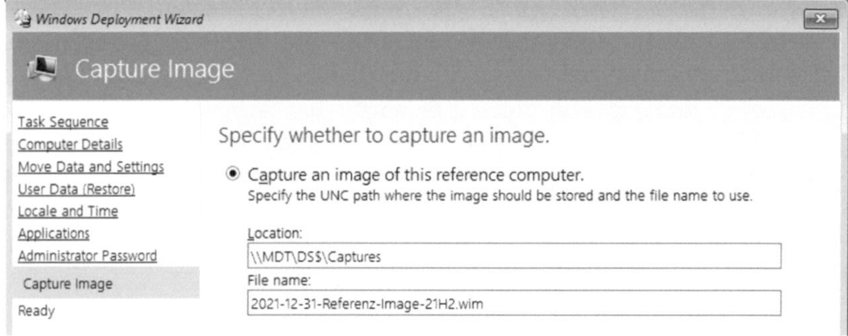

Abbildung 3.92: Capture Angaben

Dieser Vorgang wird natürlich deutlich länger dauern, als die Erstellung der bisherigen Test-VMs. Nach der Installation des Betriebssystems folgen die Updates, die Anwendungen, wieder die Updates und all Deine Modifikationen, die hinterher noch laufen.

Anschließend wird ein Sysprep des Systems durchgeführt, also die Generalisierung des Systems, bei dem alle systemspezifischen Informationen, wie beispielsweise Name und der Maschine spezifische Security Identifier (SID) entfernt werden. Abschließend wird das ganze System in eine eigene WIM-Datei gepackt und in das Capture-Verzeichnis auf dem Deployment Share kopiert.

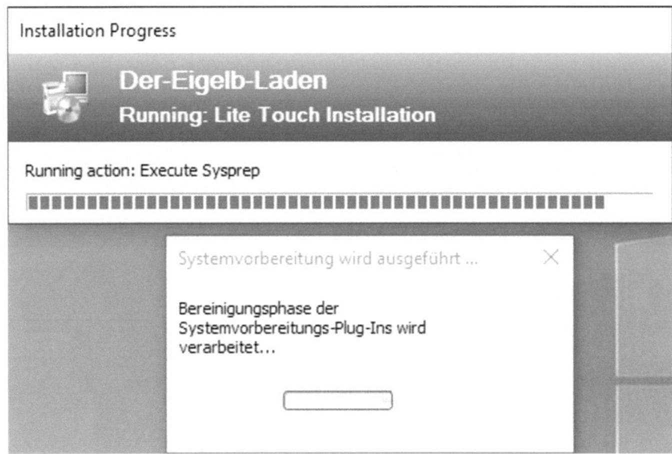

Abbildung 3.93: Sysprep wird durchgeführt

Die Erstellung der WIM-Datei schreitet voran.

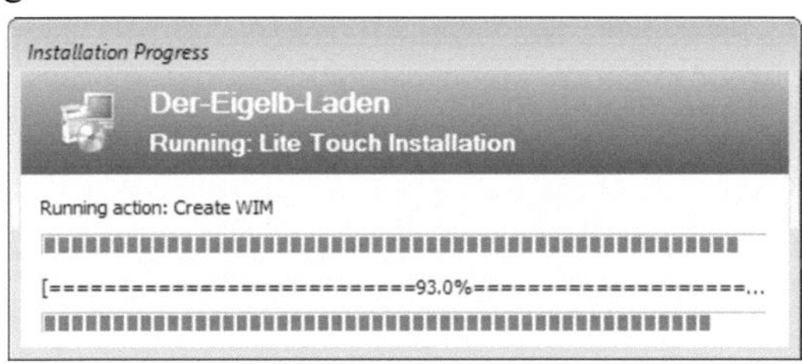

Abbildung 3.94: Erstelle WIM

Nach Abschluss des Vorgangs findest Du die neue WIM-Datei im angegebenen Deployment Verzeichnis.

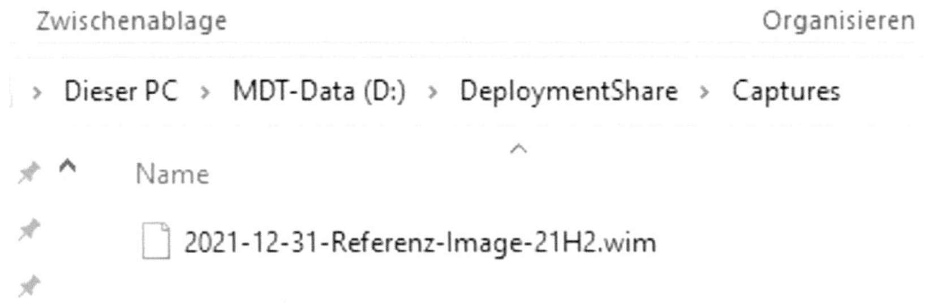

Abbildung 3.95: Die fertige WIM-Datei mit Referenz Image

HINWEIS:
Manchmal endet der Boot-Vorgang vor dem Capture in einer Schleife und schaltet die VM nach vier Versuchen ab. Hänge dann das aktuelle Boot-Image bei der Client-VM als DVD-Laufwerk ein. Damit läuft die Image-Erstellung bis zum Ende durch.

3.11.3 Import des Referenz-Images

Obwohl die Erstellung des Referenz-Images fehlerfrei war, ist ein vollständiger Test empfehlenswert. Deshalb importiere jetzt das Referenz-Image als Betriebssystem in den Test Deployment Share.

Starte den Assistenten erneut mit der rechten Maustaste unter „*Operating Systems – Windows 10 - 64bit*" und wähle „*Import Operating Systems*".

Wähle bei OS Type statt „*Full set of source files*" „*Custom image file*".

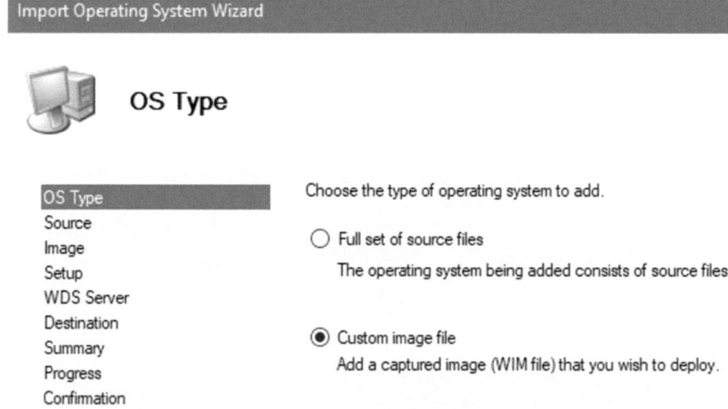

Abbildung 3.96: Ein benutzerdefiniertes Image

Im Menü „*Image*" wähle das erstellte Referenz-Image.

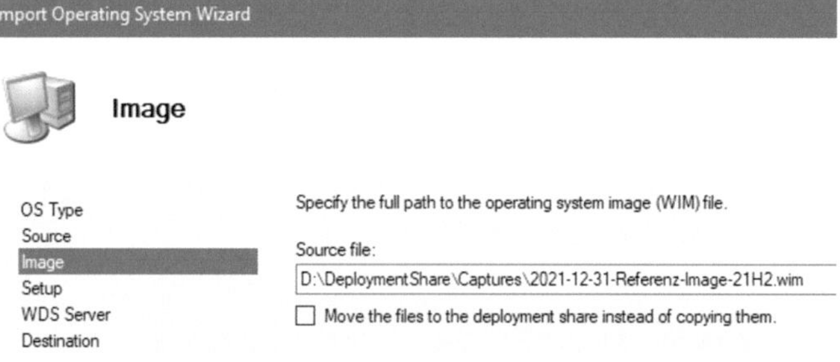

Abbildung 3.97: Auswahl des Referenz-Images

Du brauchst keine Setup-Dateien hinzufügen. Das Deployment funktioniert über das MDT auch ohne diese Dateien. Letztendlich werden nur die fehlenden Setup-Dateien[23] eines Windows-Datenträgers (DVD oder ISO-Datei) zusätzlich in den Betriebssystem-Ordner kopiert.

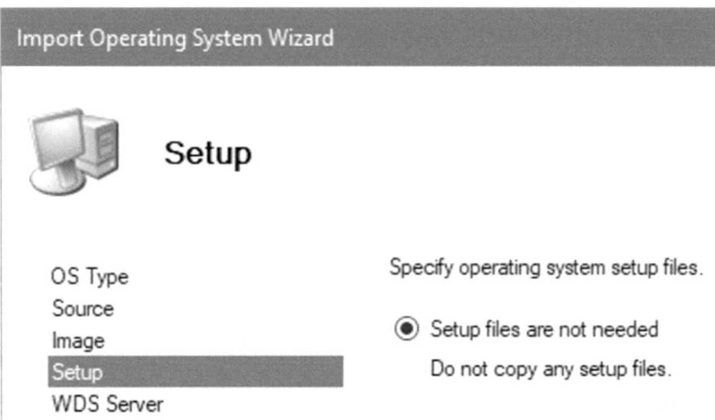

Abbildung 3.98: Import ohne Setup-Dateien

Gib einen Namen an.

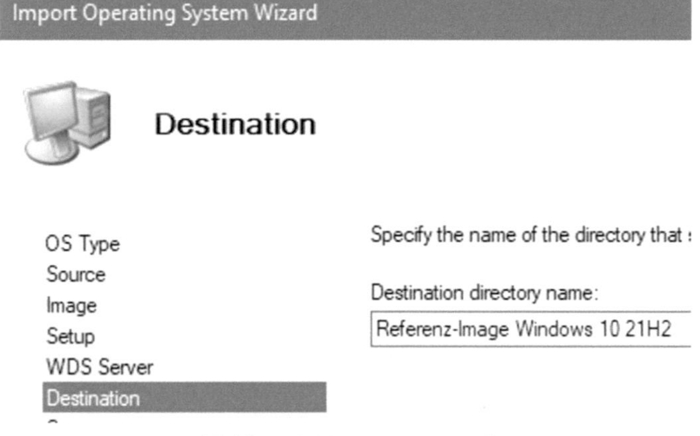

Abbildung 3.99: Namensvergabe

Der Rest des Assistenten ist wieder „Next, Next, Finish".

Wenn Du nun wieder zum Windows 10 Unterknoten wechselst, siehst Du

[23] Verzeichnisse boot, efi, sources, support, Dateien bootmgr, bootmgr.efi und setup.exe.

das importierte Referenz-Image. Auch in der Beschreibung (= Description) ist ein Unterschied. Da steht nun „*Windows IBS image*“.

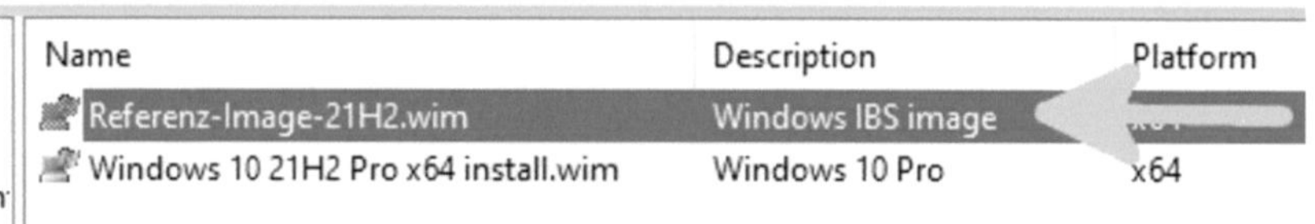

Abbildung 3.100: Importiertes Referenz-Image

3.11.4 Test des Referenz-Images

Für den Test des Referenz-Images benötigst Du eine neue Task Sequenz. Rufe den Assistenten dazu auf und klicke Dich bis zum Ende durch.

Wähle an der richtigen Stelle (Menüpunkt „*Select OS*“) das Referenz-Image aus.

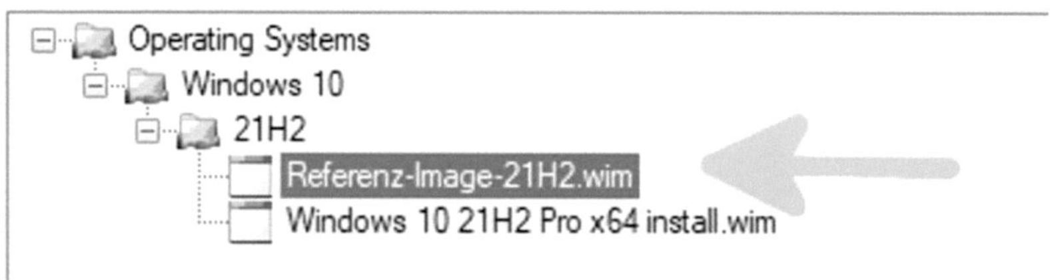

Abbildung 3.101: Auswahl des Referenz-Images

Richte hinterher die Task Sequenz wieder so ein, wie Du sie benötigst. Bereits installierte Software brauchst Du natürlich nicht mehr einbeziehen, aber solche Dinge, wie „Windows Fax and Scan“ kannst Du entfernen. Oder Du kannst WinRM über ein Skript aktivieren.

Starte ein (hoffentlich) letztes Deployment mit dem Referenz-Image. Ist es erfolgreich, dann ist es bereit für den produktiven Einsatz.

Jetzt ist der Zeitpunkt gekommen, am produktiven Deployment Share die Treiber und Anwendungen zu importieren. Das kannst Du mit „Kopieren und Einfügen“ erledigen.

Importiere hinterher das Referenz-Image und erstelle die dazugehörige Task Sequenz.

Gleiche die BootStrap.ini und CustomSettings.ini für den produktiven Deployment Share an.

Erstelle über „Update Deployment Share“ die Boot-Images und hinterher den bootfähigen USB-Stick.

Rolle den ersten produktiven Rechner über das MDT aus.

3.12 Der letzte Schliff

In diesem Abschnitt lernst Du ein paar weitere Möglichkeiten kennen, mit denen Du die Verwendung Deines Microsoft Deployment Toolkit Servers mit den Standardfunktionen noch ein wenig komfortabler machen kannst.

3.12.1 Einfaches Monitoring

Um während einer Installation über die Fortschritte informiert zu sein, kannst Du Dich entweder auf jeden einzelnen Client, der gerade installiert wird, mit Dritthersteller-Produkten verbinden oder die Monitoring-Funktion des MDT nutzen. Letztere Methode ist deutlich bequemer, weil Du dann an einem Ort alle laufenden Installationen sehen kannst.

Öffne dazu die Eigenschaften des Deployment Shares und wechsle zum Reiter „Monitoring“ und setze den Haken bei „*Enable monitoring for this deployment share*“.

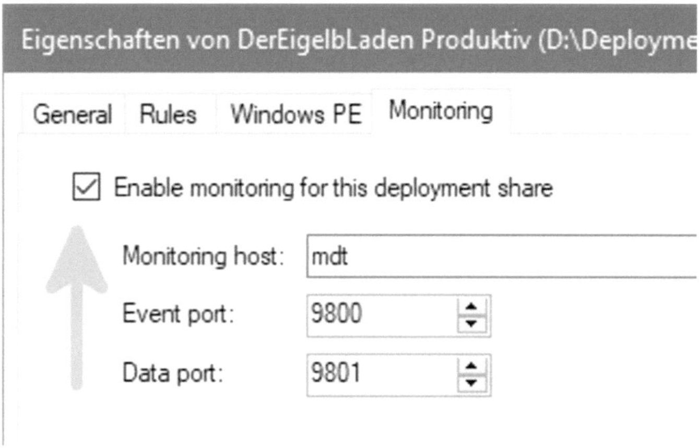

Abbildung 3.102: Aktivierung des Monitorings

Die Einrichtung dauert einen kleinen Moment.

Wenn Du nun auf den Knoten „*Monitoring*“ wechselst, dann siehst Du gerade nichts. Es läuft aktuell kein Deployment.

Mit dem Beginn des Images-Transfers vom MDT Server zum Client kannst Du den Verlauf der Installation(en) verfolgen. Im Kontrollfenster siehst Du den Namen des Rechners, den Status des Deployments, den Namen des Schrittes aus der Task Sequenz, die aktuelle Prozentangabe des Gesamtvorgangs, die bisher verstrichene Zeit, welcher Schritt der Task Sequenz gerade abgearbeitet wird und wie viele Schritte es insgesamt gibt.

Name	Status	Step Name	Percent Complete	Elapsed Time	Current Step	Total Steps
Client-004	Running	Format and Partition Disk...	28	00:00:10	28	95

Abbildung 3.103: Monitoring während eines Deployments

3.12.2 Monitoring Deluxe mit MDOP

Wenn Du einen Software Assurance Vertrag abgeschlossen hast, dann hast Du die Möglichkeit das Microsoft Desktop Optimization Pack (MDOP) zu nutzen. Das MDOP ist eine Tool-Sammlung, die das Client-Management vereinfacht.

HINWEIS:
Du darfst das MDOP schon nutzen, wenn Du einen einzelnen Windows Intune-Client besitzt. Für wenig Geld erhältst Du somit Zugriff auf das Microsoft Desktop Optimization Pack. In einer Windows 10 Enterprise Lizenz ist das Nutzungsrecht für das MDOP schon integriert.

Im MDOP sind folgende eventuell für Dich interessante Bestandteile enthalten:

- Microsoft Application Virtualization (App-V): zur Virtualisierung von Anwendungen
- Advanced Group Policy Management (AGPM): eine verbesserte Gruppenrichtlinien-Management-Konsole mit der Möglichkeit Gruppenrichtlinien zu sichern und zurückzuspielen
- Microsoft BitLocker Administration and Monitoring (MBAM): eine Verwaltungskonsole für die Datenträger-Verschlüsselung von Microsoft

- Microsoft User Experience Virtualization (UE-V): für konsistente Benutzerprofile über verschiedene Desktops und Geräte
- Microsoft Enterprise Desktop Virtualization (MED-V): Desktopvirtualisierung
- Diagnostic and Recovery Toolset (DaRT): für Diagnose und Datenrettung

Bestandteil dieses Buchs ist nur ein Teilaspekt des *Diagnostics and Recovery Toolsets (DaRT)*. Damit kannst Du schon vor dem Image-Transfer Monitoring betreiben.

Lade Dir das MDOP-ISO bei MSDN herunter und entpacke es. Kopiere das Verzeichnis „DaRT" auf Deinen MDT Server, navigiere über „DaRT – DaRT 10 - Installers – de-de - x64" zur letzten Version der MSDaRTxx.msi (hier: MSDaRT100.msi) und installiere diese.

> **HINWEIS**:
> Das Folgende funktioniert schon ab DaRT 8.1 und auf einem Windows Server 2012 (R2) als MDT Server.

Abbildung 3.104: DaRT 10

Navigiere zum Installationspfad. Diesen findest Du unter C:\Programme\Microsoft DaRT\v10\ Dort befinden sich zwei CAB-Dateien, Toolsx64.cab und Toolsx86.cab. Kopiere die Toolsx64.cab von hier in den Ordner des Deployment Shares „Tools – x64". Verfahre analog mit der Toolsx86.cab. Die gehört dementsprechend in den Ordner „Tools – x86".

Gehe wieder in die Eigenschaften des Deployment Shares auf den Reiter „*Windows PE*“ und wähle den untergeordneten Reiter „*Features*“. Scrolle im Fenster „*Feature Packs*:“ ganz nach unten und setze den Haken bei „*Microsoft Diagnostics and Recovery Toolkit (DaRT)*“. Wiederhole das auch für x64.

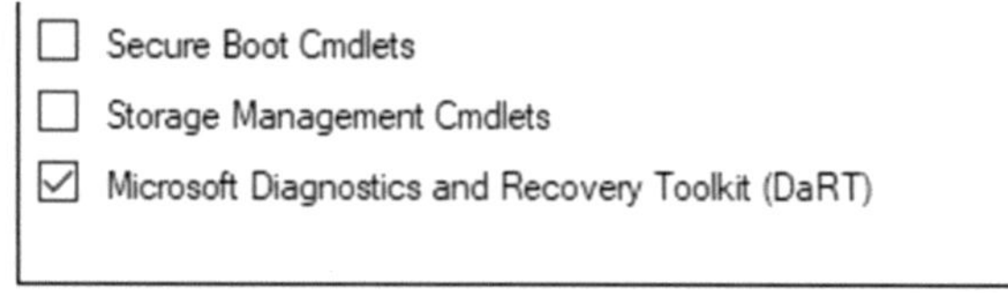

Abbildung 3.105: Aktivierung der DaRT Tools

HINWEIS:
Führe anschließend wieder ein Update des Deployment Shares durch. Die Boot-Images müssen dann auf Deinen USB-Sticks und dem WDS erneuert werden.

Nun kannst Du schon ab der Windows PE Phase eine Remote Sitzung auf den Rechner herstellen, der gerade installiert wird. In der linken unteren Ecke siehst Du jetzt ein zusätzliches Fenster. Das ist die Remote Verbindung.

Abbildung 3.106: Remote Verbindung

Wenn Du dieses Fenster vergrößerst, dann siehst Du die Verbindungsdaten mit Ticket Nummer, IP-Adresse und hinterlegtem Port.

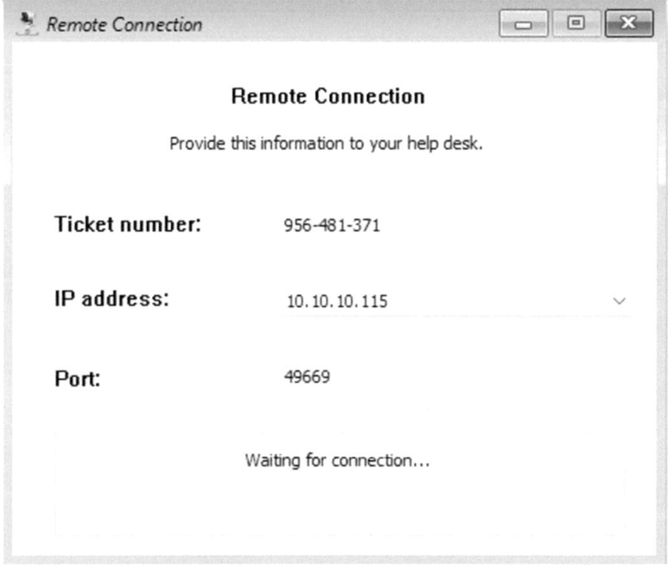

Abbildung 3.107: Verbindungsfenster

Wenn Du nun im Monitoring-Knoten einen der dort aufgeführten Rechnereinträge doppelklickst, siehst Du in der rechten unteren Ecke eine neue Schaltfläche „DaRT Remote Control“.

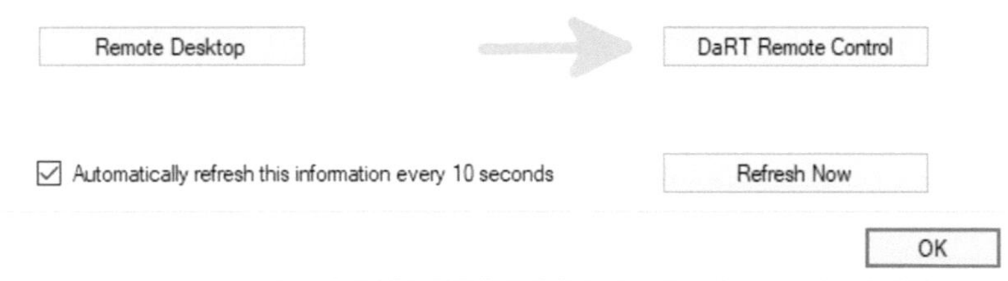

Abbildung 3.108: DaRT Remote Control

Wenn Du diese Schaltfläche benutzt, wirst Du auf den Rechner ohne weitere Bestätigung verbunden und Du kannst ihn mit Fernsteuerung übernehmen.

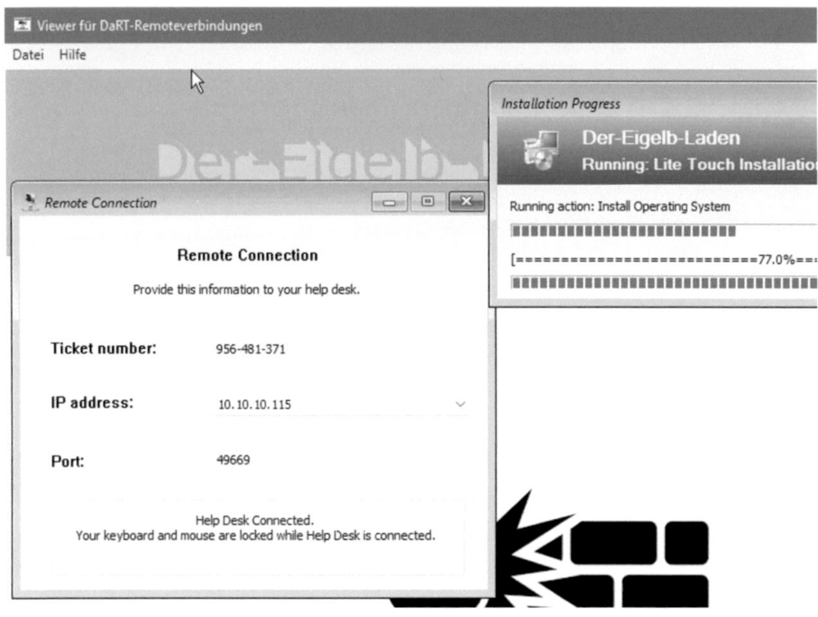

Abbildung 3.109: Fernsteuerung

3.12.3 Offline Medium

Das Offline Medium ist eine pfiffige Angelegenheit die MDT-Installation auch ohne eigenes Netzwerk (oder sehr langsamer WAN-Verbindung) zu nutzen. Es lässt sich als ISO-Datei einbinden oder mit einem hinreichend großen USB Stick nutzen. Die Größe einer solchen ISO-Datei kann durchaus 16 GB oder größer werden. USB3 ist von Vorteil, aber keine Voraussetzung. Behalte die maximale Dateigröße von 4 GB bei FAT32 formatierten Datenträgern im Hinterkopf.

ACHTUNG:
Der USB-Stick muss mit FAT32 formatiert sein, wenn Du auf UEFI basierende Hardware ausrollst, sonst gehen auch USB-Sticks mit NTFS.

Erstelle einen Ordner, der außerhalb des Deployment Share liegt (hier: D:\temp\offline_medium). Das ist sehr wichtig, sonst schlägt die Erstellung des offline Mediums fehl!

Wechsle in die MDT-Konsole zum Unterknoten *„Advanced Configuration – Media*“ und starte über die rechte Maustaste über *„New Media*“ den Assistenten.

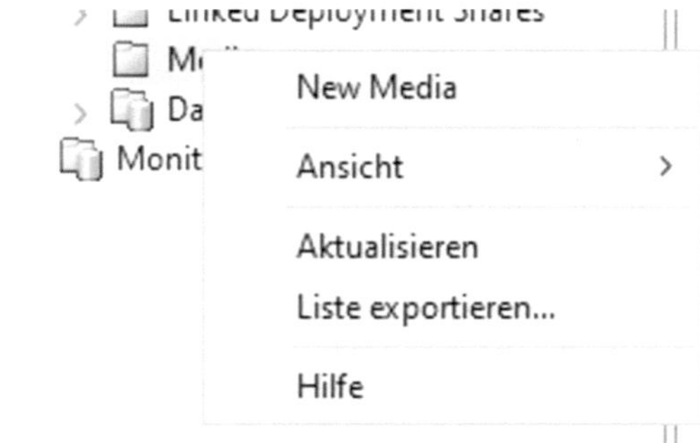

Abbildung 3.110: Start des Assistenten

Navigiere zum Pfad des jüngst erstellten Ordners. Belasse alle anderen Optionen, wie sie sind.

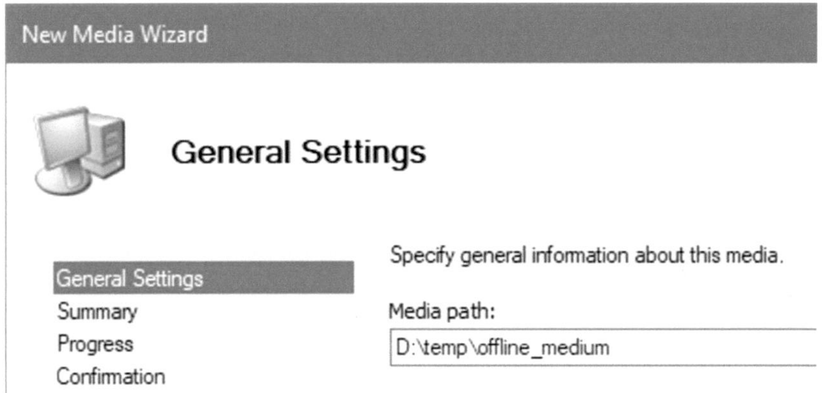

Abbildung 3.111: Pfadangabe zum Offline-Medien-Ordner

Beende den Assistenten in der bekannten „Next, Next, Finish“ Reihenfolge.

Wie auch an allen anderen Stellen, die Du zum ersten Mal benützt, solltest Du die Schaltfläche „View Script“ aufrufen, um die PowerShell-Syntax für einen späteren automatisierten Gebrauch zu speichern.

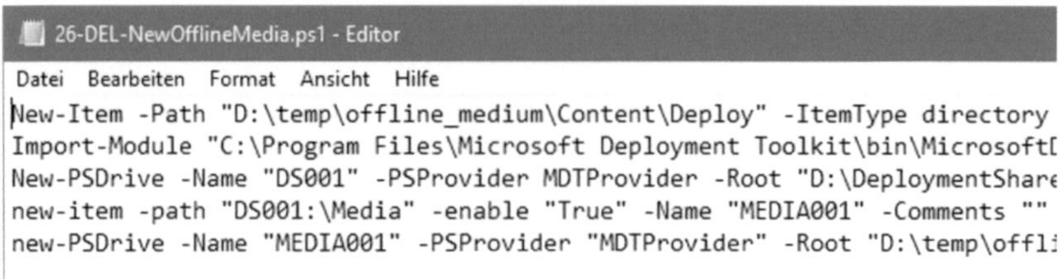

26-DEL-NewOfflineMedia.ps1 - Editor

Datei Bearbeiten Format Ansicht Hilfe

```
New-Item -Path "D:\temp\offline_medium\Content\Deploy" -ItemType directory
Import-Module "C:\Program Files\Microsoft Deployment Toolkit\bin\MicrosoftI
New-PSDrive -Name "DS001" -PSProvider MDTProvider -Root "D:\DeploymentShare
new-item -path "DS001:\Media" -enable "True" -Name "MEDIA001" -Comments ""
new-PSDrive -Name "MEDIA001" -PSProvider "MDTProvider" -Root "D:\temp\offli
```

Abbildung 3.112: PowerShell-Syntax

Rufe nun die Eigenschaften des eben erstellten Mediums MEDIA001 über die rechte Maustaste auf.

Abbildung 3.113: Aufruf der Medien Eigenschaften

Ändere im Reiter „*General*" den Namen des zu erzeugenden ISOs (hier: Offline_LTI_Media.iso). Belasse alle anderen Einstellungen.

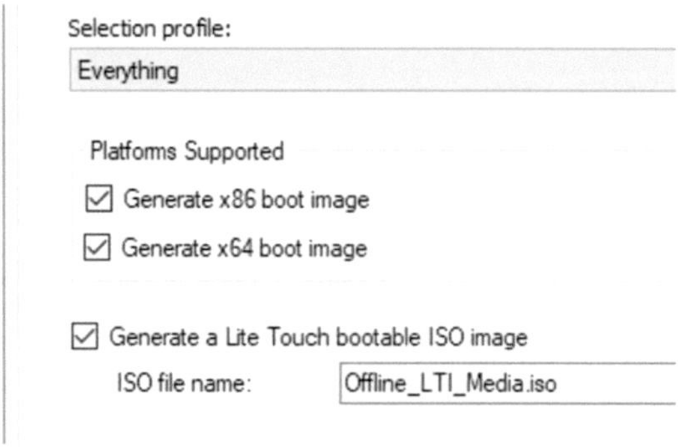

Selection profile:
Everything

Platforms Supported
☑ Generate x86 boot image
☑ Generate x64 boot image

☑ Generate a Lite Touch bootable ISO image
ISO file name: Offline_LTI_Media.iso

Abbildung 3.114: Reiter „General"

Kopiere die „Regel"-Einstellungen aus dem Deployment Share in dem Reiter „Rules" des Mediums. Denke daran, dass Du damit die Einstellungen der CustomSettings.ini aus Deinem Deployment Share übernimmst!

Eigenschaften von MEDIA001

General Rules Windows PE

```
[Settings]
Priority=Default
Properties=MyCustomProperty

[Default]
OSInstall=Y
SkipCapture=NO
SkipAdminPassword=NO
SkipProductKey=YES
SkipApplications=NO
SkipDomainMembership=NO
SkipBitlocker=YES
JoinDomain=der-eigelb-laden.local
DomainAdmin=mdtadmin
DomainAdminDomain=der-eigelb-laden.local
DomainAdminPassword=H0lladieWaldf33
_SMSTSOrgName=Der-Eigelb-Laden
SLShareDynamicLogging=\\MDT\ds$\logs\%OSDComputername%
SkipUserData = NO
KeyboardLocalPE = 0407:00000407
TimeZoneName = W. Europe Standard Time
TaskSequenceID=21H2
EventService=http://mdt:9800
;_SMSTSOrgName=Wende %TaskSequenceID% bei %OSDComputername% an
```

Abbildung 3.115: Kopie der CustomSettings.ini

Im Reiter „*Windows PE*" kannst Du wieder individuelle Einstellungen vornehmen, wie z.B. das Hintergrundbild so ändern, so dass Du auf den ersten Blick sehen kannst, dass Du die Installation mit dem offline Medium durchführen.

Bleibt nur noch ein Update des Medien Inhalts (Media Content) durchzuführen. Mit der rechten Maustaste auf „MEDIA001" geht es los.

Abbildung 3.116: Update des Media Contents

Erwartungsgemäß ist es wieder Zeit für Kaffee.

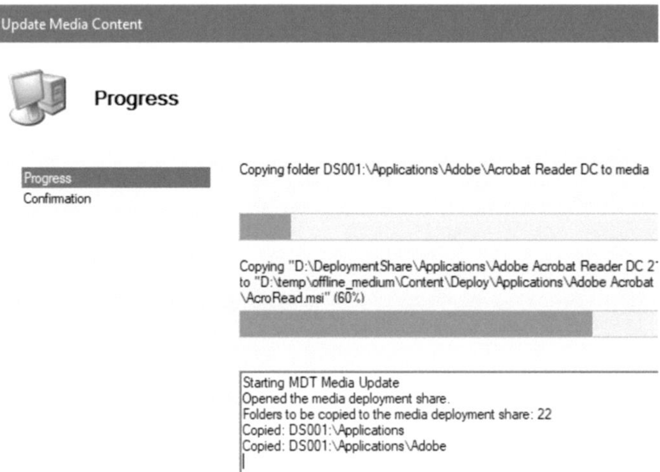

Abbildung 3.117: Fortschritt während der Erstellung

Speichere, wie Du inzwischen gewohnt bist, die PowerShell-Syntax für einen späteren Gebrauch.

27-DEL-GenerateOfflineMedia.ps1 - Editor

Datei Bearbeiten Format Ansicht Hilfe

```
Import-Module "C:\Program Files\Microsoft Deployment Toolkit\
New-PSDrive -Name "DS001" -PSProvider MDTProvider -Root "D:\D
Update-MDTMedia -path "DS001:\Media\MEDIA001" -Verbose
```

Abbildung 3.118: Die PowerShell-Syntax

> **HINWEIS**:
> Achte auf genug freien Plattenplatz auf dem betreffenden Laufwerk, sonst bricht die Erstellung der ISO-Datei ab.

Schon hast Du eine ISO-Datei. Jetzt muss nur noch der USB-Stick groß genug sein. ;-)

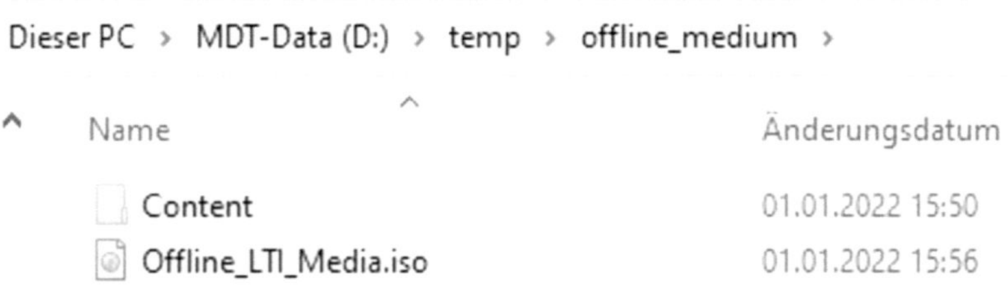

Abbildung 3.119: ISO im Dateisystem

3.12.4 Entferne Standard Apps

Falls Du Windows 10 einsetzt, dann hast Du Dich sicher schon über die „sehr sorgfältige“ (langsame) Profilerstellung bei der jeweils ersten Anmeldung eines Benutzers aufgeregt?

Du kannst jetzt ein Standardprofil erstellen, in dem Du alle Apps löschst, die unnötig sind. Dann alle Einstellungen so machen, wie das Basis-Profil in Deinem Unternehmen vorgegeben ist, ein Sysprep durchführen, das Standardprofil dabei überschreiben und dann in das Logon-Verzeichnis kopieren.

Alternativ erledigst Du den Teil mit der Apps-Deinstallation automatisch über ein klein wenig PowerShell und das MDT, praktisch verpackt in einer Task Sequenz. Das folgende Skript ist aus der Technet.[24] Es wurde lediglich „Write-Host“ gegen „Write-Verbose“ ausgetauscht.[25] (Write-Host gibt Meldungen auf dem Bildschirm aus und steht damit einer Automatisierung entgegen.)

```
$AppsList = "microsoft.windowscommunicationsapps",
"Microsoft.BingFinance","Microsoft.BingMaps",
"Microsoft.BingWeather", "Microsoft.ZuneVideo",
"Microsoft.ZuneMusic",
"Microsoft.Media.PlayReadyClient.2",
"Microsoft.XboxLIVEGames",
"Microsoft.HelpAndTips","Microsoft.BingSports",
"Microsoft.BingNews",       "Microsoft.BingFoodAndDrink",
"Microsoft.BingTravel",   "Microsoft.WindowsReadingList",
"Microsoft.BingHealthAndFitness",
"Microsoft.WindowsAlarms",            "Microsoft.Reader",
"Microsoft.WindowsCalculator",   "Microsoft.WindowsScan",
"Microsoft.WindowsSoundRecorder", "Microsoft.SkypeApp"
ForEach ($App in $AppsList)
{
$Packages = Get-AppxPackage | Where-Object {$_.Name -eq
$App}
if ($Packages -ne $null)
{
Write-Verbose "Removing Appx Package: $App"
foreach ($Package in $Packages)
{
Remove-AppxPackage -package $Package.PackageFullName
}
```

[24] Ben Hunter, „Removing Windows 8.1 Built-in Applications”, http://blogs.technet.com/b/deploymentguys/archive/2013/10/21/removing-windows-8-1-built-in-applications.aspx, (aufgerufen 15.11.2015, 7.30 Uhr)

[25] Don Jones, „ 2012 Scripting Games Commentary: STOP USING WRITE-HOST!”, http://powershell.com/cs/blogs/donjones/archive/2012/04/06/2012-scripting-games-commentary-stop-using-write-host.aspx, (aufgerufen 14.11.2015, 22.30 Uhr)

```
}
else
{
Write-Verbose "Unable to find package: $App"
}

$ProvisionedPackage = Get-AppxProvisionedPackage -online
| Where-Object {$_.displayName -eq $App}
if ($ProvisionedPackage -ne $null)
{
Write-Verbose "Removing Appx Provisioned Package: $App"
Remove-AppxProvisionedPackage -online -packagename
$ProvisionedPackage.PackageName
}
else
{
Write-Verbose "Unable to find provisioned package: $App"
}
}
```

Kopiere den Quellcode von der angegebenen Seite in eine neue Textdatei. Speichere diese als „DEL-R*emoveBuiltinApps.ps1*". Kopiere die Datei auf den MDT-Server in das Verzeichnis „Scripts" des Deployment Shares.

Öffne nun die Task Sequenz, mit der Du Windows 10 steuerst. Gehe zum Knoten „*State Restore*". Füge zwischen „*Tattoo*" und „*Opt In to CEIP and WER*" einen neuen Sequenz-Schritt hinzu. „*Add – General – Run PowerShell Script*".

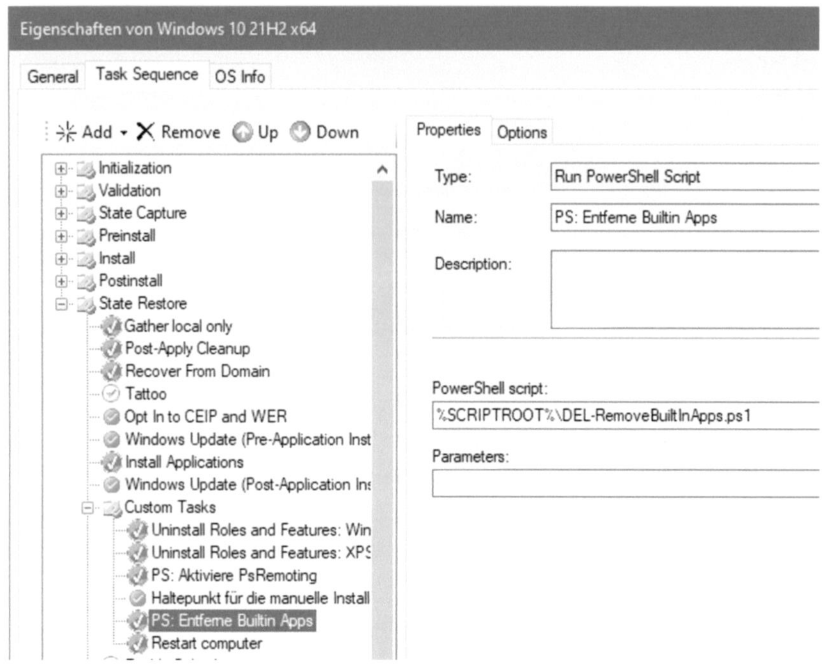

Abbildung 3.120: Sequenz-Schritt hinzufügen

Ändere den Namen des Schritts. Gib den Pfad zum Skript an (hier: %SCRIPTROOT%\DEL-RemoveBuiltinApps.ps1). Speichere die Sequenz. Füge nach diesem Schritt einen Neustart ein (Add – General – Restart Computer).

3.12.5 Vollautomatisches Referenz-Image

Johan Arwidmark, einer der bekanntesten europäischen Windows Deployment Spezialisten, hat auf der nordamerikanischen TechED 2014 ein PowerShell-Skript vorgestellt, mit dem man ein Referenz-Image vollautomatisch erstellen kann. Das geht über die Erzeugung der virtuellen Maschinen im Hyper-V, über die Installation des Referenz-Images, das Capturing, das Kopieren der WIM-Datei und abschließender Löschung der VMs. Du findest das Skript als Blog-Eintrag auf seiner Webseite.[26]

---

[26] Johan Arwidmark, „Deploying a reference image (VM) fully unattended", http://www.deploymentresearch.com/Research/tabid/62/EntryId/172/Deploying-a-reference-image-VM-fully-unattended.aspx

Du findest dort auch eine spezielle CustomSettings.ini und Bootstrap.ini. Du solltest diese selbstverständlich noch an einigen Stellen an Deine Umgebung anpassen.

Lies auch die Blog-Kommentare. Ein Eintrag beschäftigt sich mit der automatisierten Erstellung unter VMware.

3.13 Migrationsszenarien

EXKURS:

In früheren Versionen war Migration ab Windows 7 (mittlerweile seit zwei Jahren aus dem Support) und neueren Windows Versionen ein größeres Thema.

Mit dem „Media Creation Tool“ von Microsoft funktioniert die Migration zu Windows 10 deutlich komplikationsloser (siehe Kapitel 1). Ein zusätzlicher Vorteil ist, dass alle Anwendungen mitgenommen werden. Zudem entfällt die ganze (mühsame) Arbeit mit den XML-Dateien mit dem User State Migration Tool.

3.14 Linked Deployment Shares

Linked Deployment Shares sind eine Möglichkeit, um in einer größeren Umgebung mehrere MDT-Server an räumlich getrennten Standorten zu betreiben und zu verwalten. Da die MDT-Server miteinander verknüpft sind, müssen Änderungen nur an einer Stelle durchgeführt werden. Die Modifikationen lassen sich dann an andere MDT-Server übertragen.

Eine zweite Option ist es, den Test-Deployment-Share mit dem Produktiv- Deployment-Share zu verknüpfen. Somit kannst Du neue Software, Betriebssystem und Treiber ausgiebig in der Testumgebung ausprobieren und anschließend in den Produktiv-Zweig replizieren.

3.14.1 Einrichtung des Linked Deployment Shares

Prinzipiell benötigt man nur einen Server mit einer Netzwerkfreigabe an einem anderen Standort. Es funktioniert selbst mit einem Windows 10 Rechner, der die gleiche Menge freien Festplattenplatz benötigt, wie sie der MDT-Server hat. Dort ist weder ein Assessment und Deployment Kit oder ein MDT-Server erforderlich. Es ist ebenfalls kein zweiter Deployment Share erforderlich, wenn Du die Replikation von Test- zu Produktiv-Share planst.

Abbildung 3.121: Freigabe auf dem fernen Server/ Client

Öffne jetzt die Workbench Deines MDT-Servers und navigiere zu „Advanced Configuration“ – „Linked Deployment Shares“ der zu verknüpfenden Deployment-Freigabe. Rufe mit der rechten Maustaste das Kontextmenü auf und wähle „New Linked Deployment Share“ aus.

Abbildung 3.122: Erstellung eines Linked Deployment Shares

Gib auf der ersten Seite des Assistenten den UNC-Pfad zum Ziel-Server an (hier: \\PC-1000\ld$). In der Sektion „Selection Profile" ist bereits „Everything" (Alles) vorausgewählt. Die anderen Einstellungen kannst Du an dieser Stelle so belassen, denn bei einem leeren Ziel-Deployment-Share wird automatisch alles übertragen.

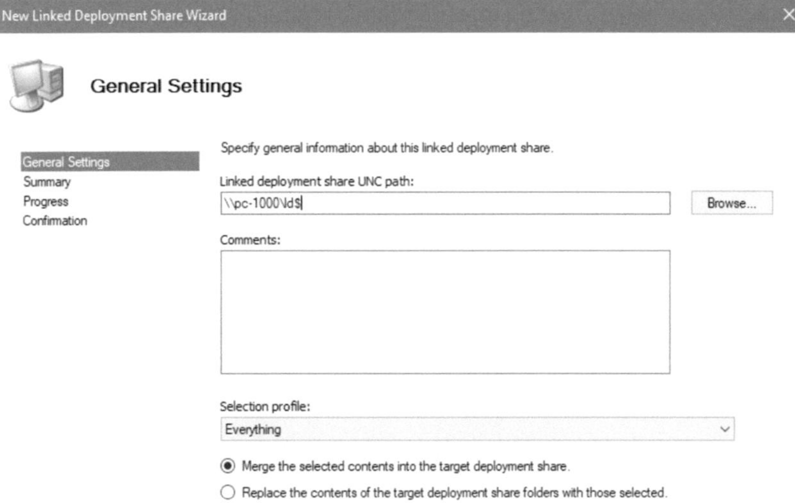

Abbildung 3.123: Angabe des Zielservers über den UNC-Pfad

Die Erstellung geschieht so schnell, dass man nicht einmal einen Screenshot davon anfertigen kann. :-)

Danach erscheint die eingerichtete verknüpfte Freigabe als „LINKED001" in der Übersicht der Linked Deployment Shares.

Name	Root	SelectionProfile
LINKED001	\\pc-1000\ld$	Everything

Abbildung 3.124: Erster eingerichteter Linked Deployment Share

3.14.2 Replikation vom Quell-Server

Markiere „LINKED001“ und rufe mit der rechten Maustaste das Kontextmenü auf. Starte die Replikation zum Ziel-Server.

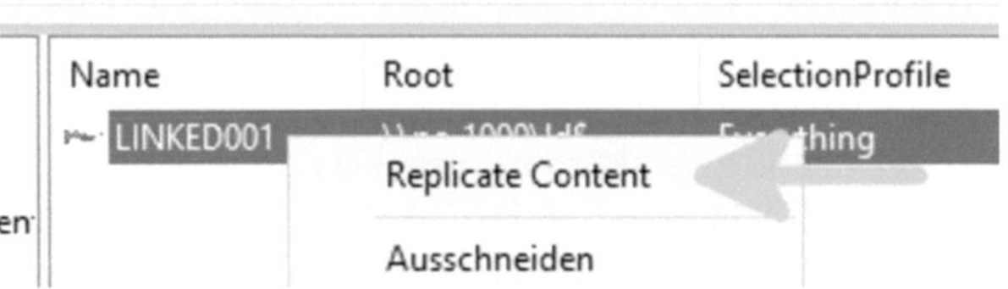

Abbildung 3.125: Start der Replikation

Dies dauert eine gewisse Zeit, je nach Größe und Umfang des Quell-Deployment-Shares, sowie der Verbindung zum anderen Standort.

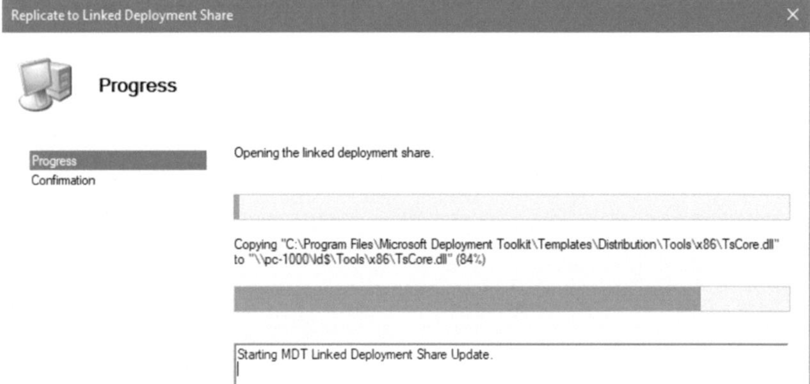

Abbildung 3.126: Der Replikationsvorgang

3.14.3 Anpassung an der Boot.ini bei verschiedenen Standorten

Für den Fall, dass Du „Linked Deployment“ über mehrere Standorte verteilt einsetzen möchtest, ist es notwendig die „Boot.ini“ zu modifizieren. Der Grund dafür ist, dass die Rechner am jeweiligen Standort ausschließlich die lokale MDT-Kopie nutzen sollen. Es sollen nicht die kompletten Daten über die WAN-Leitung transferiert werden.

Die bisherige Boot.ini sieht so aus:

```
[Settings]
Priority=Default

[Default]
SkipBDDWelcome=YES
KeyboardLocalePE=0407:00000407
DeployRoot=\\<MDT-Server>\DS$
UserID=mdtadmin
UserDomain=dereigelbladen.local
```

Die Anpassung geschieht für die Variable „Deployroot“. Dazu wird zunächst unter dem Bereich „Settings“ die Priorität um den Punkt „DefaultGateway“ erweitert. Dieser wird vor dem Default-Eintrag eingetragen.

```
[Settings]
Priority=DefaultGateway, Default
```

Als nächste Erweiterung der Boot.ini wird der Bereich „DefaultGateway“ eingeführt. In diesem werden die einzelnen Standorte mit ihren jeweiligen Default Gateways der Standorte hinterlegt. Hier ist das Default Gateway in Farchant 10.10.10.254 und in Funzlitz 10.10.12.254.

```
[DefaultGateway]
10.10.10.254=Farchant
10.10.12.254=Funzlitz
```

Die einzelnen Standorte bekommen jeweils einen eigenen Eintrag. Dort wird die IP-Adresse des lokalen MDT-Servers, respektive der Kopie hinterlegt. Die dazugehörige Variable ist „Deployroot“.

```
[Farchant]
DeployRoot=\\10.10.10.15\ds$
```

[Funzlitz]

DeployRoot=\\10.10.12.15\ds$

Unter „Default" wird der Eintrag für Deployroot gelöscht. Verbliebe der Eintrag an dieser Stelle, würde er den darüber gesetzten Wert überschreiben. Das Resultat wäre dann, dass der Rechner des anderen Standortes die Daten trotzdem vom originalen MDT-Server ziehen würde. Der Rest bleibt unverändert.

[Default]

SkipBDDWelcome=YES

KeyboardLocalePE=0407:00000407

UserID=mdtadmin

UserDomain=dereigelbladen.local

WICHTIG!:
Nachdem Du gespeichert hast, ist es zwingend erforderlich die Boot-Images neu zu erzeugen und am Windows Deployment Server zu ersetzen sowie die USB-Sticks damit zu aktualisieren.

Ab dem nächsten Deployment wird der MDT-Server verwendet, der in der Nähe des Clients steht.

3.15 MDT-Datenbank

Die Verwendung der MDT-Datenbank ermöglicht es Dir die Automatisierung noch ein Stück weiter voran zu treiben. Du hast die Möglichkeit eine große Anzahl von Rechnern schon vor der eigentlichen Installation dem MDT bekannt zu machen. Beim Start der Installation über USB-Stick oder PXE wird das System dann anhand der vorab in der Datenbank hinterlegten MAC-Adresse[27] der kabelgebundenen Netzwerkkarte erkannt und gemäß der Vorgaben installiert.

[27] Die WLAN-Infrastrukturen von Firmen sollten nicht offen sein und deshalb erst nach einer Installation mittels Gruppenrichtlinien und Zertifikaten zur Verfügung stehen.

3.15.1 Installation der Datenbank

Im aktuellen ADK ist die Möglichkeit weggefallen, eine MSSQLEXPRESS Datenbank hinzuzufügen.

Du kannst aber auch einen vorhandenen MSSQL Server für das MDT verwenden, die zusätzliche Last sollte gering sein. Die Einrichtung unterscheidet sich dann von dem beschriebenen Weg. Ziehe dafür ggfs. Deinen Datenbankadministrator hinzu.

Lade stattdessen eine aktuelle Version (Stand: 2022: SQLExpress 2019) und gleich auch das SQL Server Management Studio (SSMS) herunter. Installiere beide Anwendungen mit den Standardeinstellungen.

Abbildung 3.127: SQL Express als Standardinstallation

3.15.2 Konfiguration der Datenbank

Bevor Du die Datenbank nutzen kannst, sind noch einige Arbeiten an dem SQL Server, der Firewall (falls Du diese intern verwendest und aktiv hast) und dem MDT zu erledigen.

Aktivierung der „Named Pipes“[28]

Starte den SQL Server Configuration Manager. Erweitere den Knoten „SQL Server-Netzwerkkonfiguration“ und aktiviere über die rechte Maustaste das Kontextmenü „Named Pipes“. Der Status ändert sich dabei von „Deaktiviert“ (disabled) auf „Aktiviert“ (enabled).

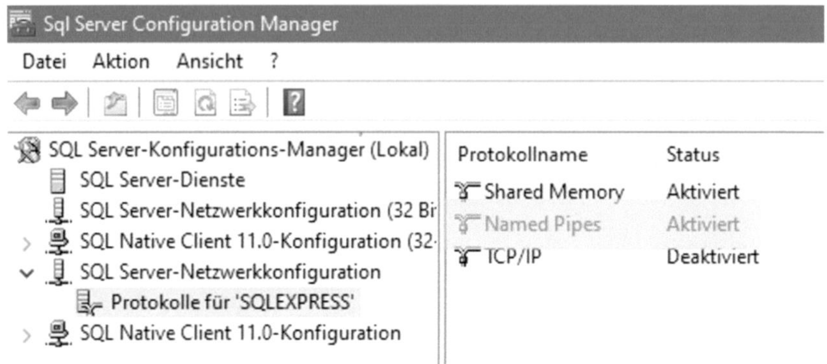

Abbildung 3.128: Aktivierung der „Named Pipes“

Du wirst aufgefordert, den SQL Server Dienst neu zu starten, damit die Änderungen aktiv werden. Wechsle dazu zum Knoten „SQL Server-Dienste“. Rufe mit der rechten Maustaste das Kontextmenü auf und wähle „Neu starten“ (Restart).

Erstellung einer Firewall-Regel

Solltest Du intern die Windows Firewall verwenden, dann ist nun der richtige Zeitpunkt, eine Firewall-Regel für den eingehenden Datenverkehr auf dem Server zu erstellen, der die MDT-Datenbank installiert hat. Du benötigst eine Freigabe für eingehende Verbindungen TCP auf Port 1433 und UDP Port 1434. Starte die „Windows-Firewall mit erweiterter Sicherheit“ als Administrator und richte die beiden Regeln über den Assistenten ein.

[28] „Named Pipes“ sind Server-Client-Datenströme, die sich einen gemeinsamen Namensraum teilen, aber unabhängig voneinander agieren können. Sie sind auch einfacher zu konfigurieren als die TCP/ IP Verbindung.

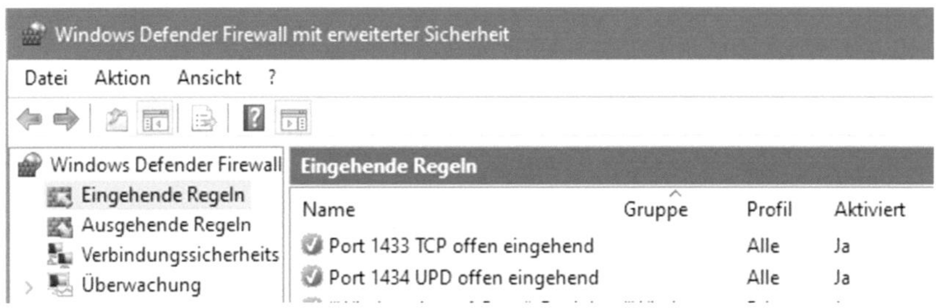

Abbildung 3.129: Freigabe der relevanten Ports

Starte an dieser Stelle zur Sicherheit einmal den MDT-Server neu, damit die Firewall die Änderungen aktiv abarbeitet und umsetzt.

3.15.3 Erstellung der MDT-Datenbank

Richte nun die Verbindung zwischen dem Microsoft Deployment Toolkit und der SQL Datenbank ein. Öffne dazu nach dem Server-Neustart wieder die Workbench und navigiere über die Deployment Shares zu dem Knoten „Advanced Configuration - Database". Rufe mit der rechten Maustaste das Kontextmenü auf und wähle „New Database".

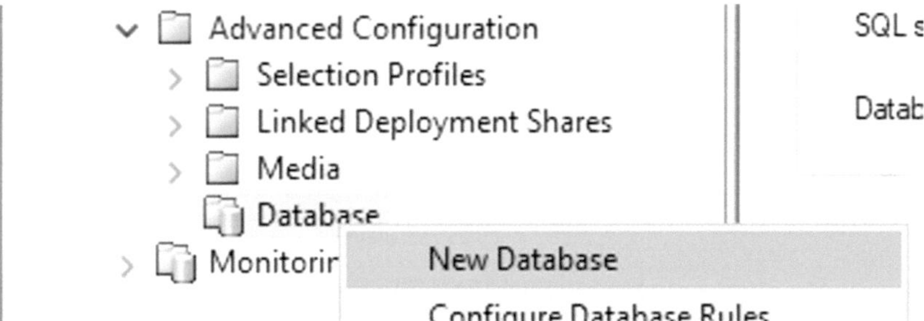

Abbildung 3.130: Erstellen der neuen Datenbank

Trage den Namen des SQL-Servers ein (hier: MDT). Gebe darunter als Instanz „SQLEXPRESS" an. Prüfe, ob unter „Network Library" die „Named Pipes" eingestellt sind. Klicke „Next".

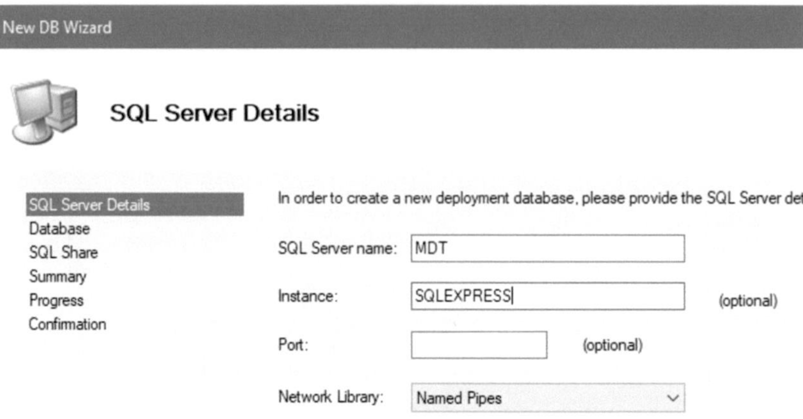

Abbildung 3.131: Einstellungen

Erstelle eine neue Datenbank („Create a new database“) und benenne diese idealerweise „MDT“. Klicke „Next“.

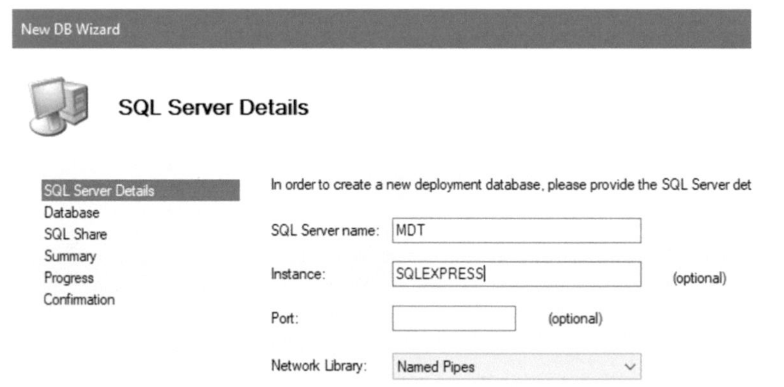

Abbildung 3.132: Erstellung einer neuen Datenbank

Gib den Namen Deines Deployment Shares an (hier: DS$), damit eine sichere Verbindung zwischen dem SQL-Server und Windows PE über die vorhandene Freigabe aufgebaut werden kann. Klicke „Next“.

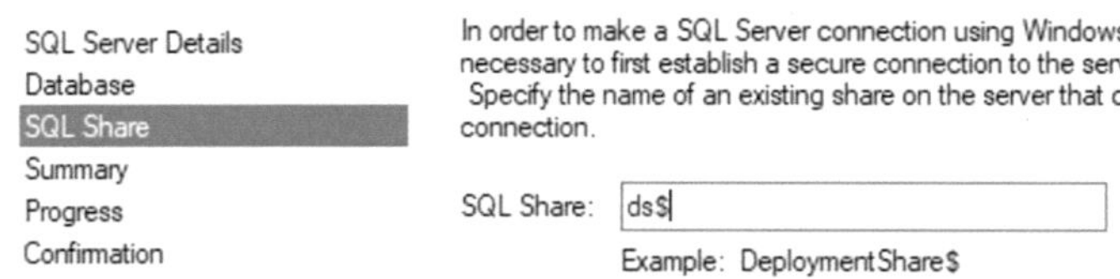

Abbildung 3.133: Angabe des Deployment Shares

Beende den Assistenten mit „Next, next, finish". Vergiss nicht die PowerShell-Syntax wegzusichern.

Wenn Du jetzt den Datenbank-Knoten erweiterst, siehst Du vier neue Einträge (Computers, Roles, Locations, Make and Model). Damit ist die Datenbank erfolgreich erstellt und bereit zur weiteren Verwendung.

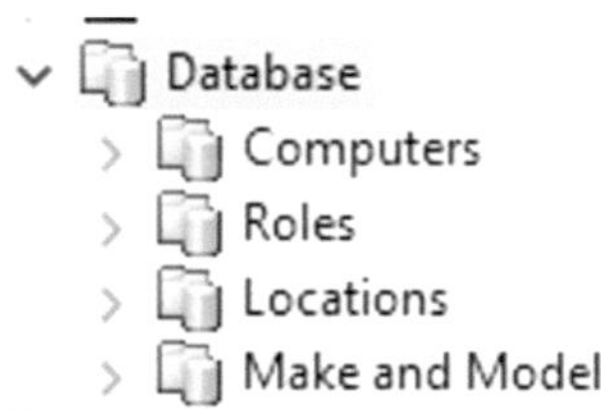

Abbildung 3.134: Erweiterter Knoten „Database"

Zwei häufige Fehler

Solltest Du bei der Erstellung der Datenbank auf die Fehlermeldung „Error: 26" treffen, dann überprüfe deine SQL-Konfiguration. Sehr wahrscheinlich hast Du versehentlich einen Schritt, wie den Dienst neu zu starten, ausgelassen. Prüfe auch, ob der „SQL Server-Browser"-Dienst läuft.

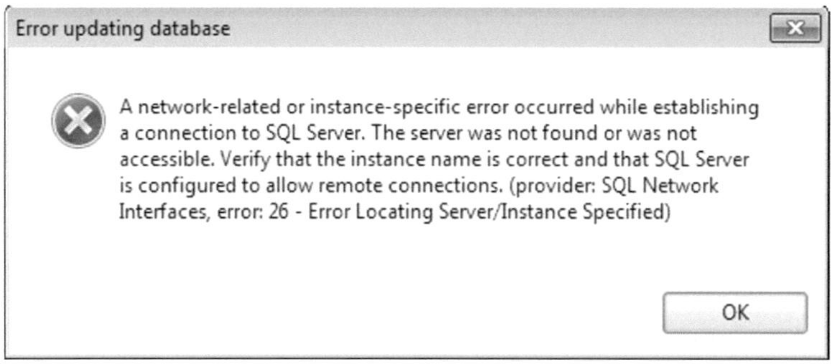

Abbildung 3.135: Error 26

Bei gleicher Fehlermeldung allerdings mit „provider: Named Pipes Provider, error: 40 – Could not open a connection to SQL Server“ ist Dir entweder ein Fehler bei der Firewall-Konfiguration unterlaufen oder Du hast einen Tippfehler bei der Instanz auf der ersten Assistentenseite.

3.15.4 Konfiguration der CustomSettings.ini

Damit Du die Datenbank mit einem erfolgreichen Deployment verwenden kannst, benötigst Du zusätzliche Regeln in der „CustomSettings.ini“. Glücklicherweise stellt das MDT dafür einen Assistenten zur Verfügung. Rufe das Kontextmenü des Database-Knotens auf und wähle „Configure Database Rules“.

Im folgenden Assistenten legst Du fest, welche der vier Unterknoten „Computers“, „Roles“, „Locations“ und „Make and Model“ Du zusammen mit der Datenbank verwenden willst. Mehr dazu im weiteren Verlauf dieses Abschnitts. Mache Dir an dieser Stelle bewusst, dass der Rechner mit jedem ausgewählten Haken während der WindowsPE-Phase des Deployments ein eigenes für diesen Zweck hinterlegtes Skript aufruft und verarbeiten muss. Das bedeutet eine Verlängerung der Initialisierungsphase bis zum eigentlichen Installationsvorgang. Es soll Setups geben, bei denen dieser Vorgang zwischen 20 und 40 min dauert[29]. Auf der anderen Seite erhöht sich Deine Flexibilität bei der automatisierten Installation.

Die ersten Optionen betreffen den **Computer**. Die fünf Skripte fragen Computer-Einstellungen (computer-specific settings), zugewiesene Rollen (roles assigned to the computer), zu installierende Anwendungen (applications to be installed), zu installierende SCCM-Pakete (früher: SMS, SMS packages to be installed) und zugewiesene Administratoren (administrators to be assigned) ab.

[29] Ich konnte es bisher nie in dieser Größenordnung beobachten.

Computer Options
Location Options
Make/Model Options
Role Options
Summary
Progress
Confirmation

Several computer-related queries can be added. Specify which should be configured.

☑ Query for computer-specific settings.

☑ Query for roles assigned to this computer.

☑ Query for applications to be installed on this computer.

☑ Query for SMS packages to be installed on this computer.

☑ Query for administrators to be assigned to this computer.

Abbildung 3.136: Computer-Optionen

Die nächsten Optionen beziehen sich auf den **Standort des Rechners**. Die sechs Skripte fragen das Gateway (location for names based on default gateway), die standortspezifischen Einstellungen (location-specific settings), die zugewiesenen Rollen des Standorts (roles assigned to this location), zu installierende Anwendungen (applications to be installed), zu installierende SCCM-Pakete (früher: SMS, SMS packages to be installed) und zugewiesene Administratoren (administrators to be assigned) ab.

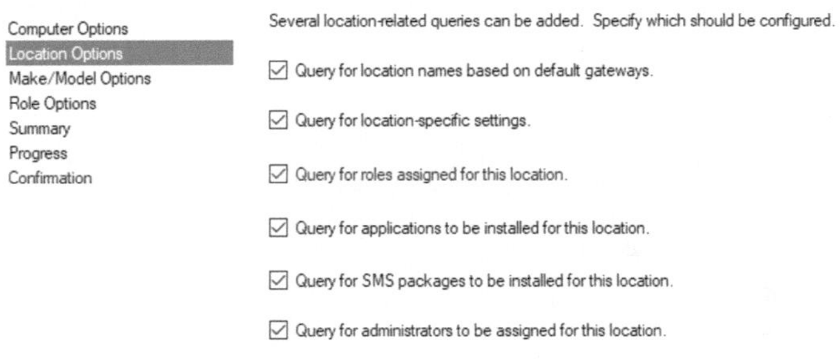

Abbildung 3.137: Location Options

Bei den **Make and Model** Optionen (das entspricht Hersteller und Modell) fragen die fünf Skripte die Modell-spezifischen Einstellungen (model-specific settings), die zugewiesenen Rollen des Standorts (roles assigned to computers with this make and model), zu installierende Anwendungen (applications to be installed on computers with this make and model), zu installierende SCCM-Pakete (früher: SMS, SMS packages to be installed on computers with this make and model) und zugewiesene Administratoren (administrators to be assigned to machines with this make and model) ab.

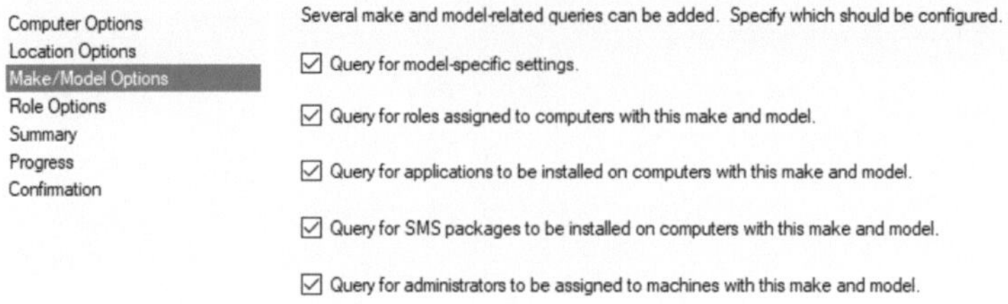

Computer Options
Location Options
Make/Model Options
Role Options
Summary
Progress
Confirmation

Several make and model-related queries can be added. Specify which should be configured.

☑ Query for model-specific settings.

☑ Query for roles assigned to computers with this make and model.

☑ Query for applications to be installed on computers with this make and model.

☑ Query for SMS packages to be installed on computers with this make and model.

☑ Query for administrators to be assigned to machines with this make and model.

Abbildung 3.138: Modell-Optionen

Im letzten Abschnitt **Rollen Optionen** (role options), fragen die vier Skripte die rollen-spezifische Einstellungen (role-specific settings), zu installierende Anwendungen (applications to be installed for this role), zu installierende SCCM-Pakete (früher: SMS, SMS packages to be installed for this role) und zugewiesene Administratoren (administrators to be assigned for this role) ab.

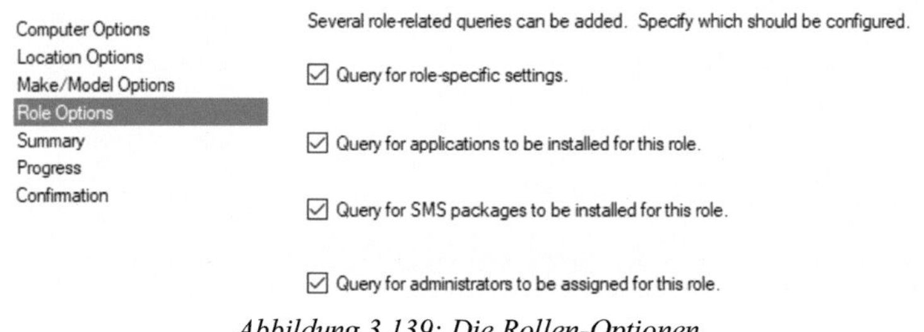

Abbildung 3.139: Die Rollen-Optionen

Beende den Assistenten mit „Next, next, finish".

Wenn Du hinterher die „CustomSettings.ini" öffnest, siehst Du, dass der Assistent viele neue Regeln eingetragen hat, beginnend über die Daten zum SQL-Server (Sektion „[CSettings]"), bis zu den Regeln der einzelnen Unterknoten (Sektion „[RAdmins]").

PRAXIS-TIPP:

Erneuere jetzt unbedingt die Boot-Images über das Kontextmenü des Deployment Shares: „Update Deployment Share". Vergiss nicht diese ebenfalls am WDS zu ersetzen, wenn Du PXE-Boot einsetzt.

Eigenschaften von DerEigelbLaden Produktiv (D:\DeploymentShare)

General | Rules | Windows PE | Monitoring

```
TaskSequenceID=21H2
EventService=http://mdt:9800
;_SMSTSOrgName=Wende %TaskSequenceID% bei %OSDComputername% an
SkipAdminPassword=YES

[CSettings]
SQLServer=MDT
Instance=SQLEXPRESS
Database=MDT
Netlib=DBNMPNTW
SQLShare=ds$
Table=ComputerSettings
Parameters=UUID, AssetTag, SerialNumber, MacAddress
ParameterCondition=OR

[CPackages]
SQLServer=MDT
Instance=SQLEXPRESS
Database=MDT
Netlib=DBNMPNTW
SQLShare=ds$
Table=ComputerPackages
Parameters=UUID, AssetTag, SerialNumber, MacAddress
ParameterCondition=OR
Order=Sequence
```

Abbildung 3.140: Die modifizierte CustomSettings.ini (Ausschnitt)

Jetzt hast Du die Möglichkeit, eine (große) Anzahl an Rechnern schon vorab in die Datenbank einzupflegen (engl. prestaging) und dort die notwendigen und gewünschten Informationen zu hinterlegen. Beispielsweise den Rechnernamen, welche Software installiert werden soll, ob der Rechner der Domäne beitreten soll oder welche Benutzer in der Gruppe der lokalen Administratoren sein sollen. Der Rechner wird über die MAC-Adresse identifiziert, da diese quasi einzigartig ist.

3.15.5 Prestaging in der Praxis

Nun wird es Zeit sich die Ärmel hochzukrempeln und einen Test mit der MDT Datenbank durchzuführen. Erstelle eine weitere virtuelle Maschine und notiere Dir die MAC-Adresse. Erweitere den Deployment Share über „Advanced Configuration“ – „Database“ zu „Computers“ und rufe mit der rechten Maustaste das Kontextmenü auf. Wähle „New“.

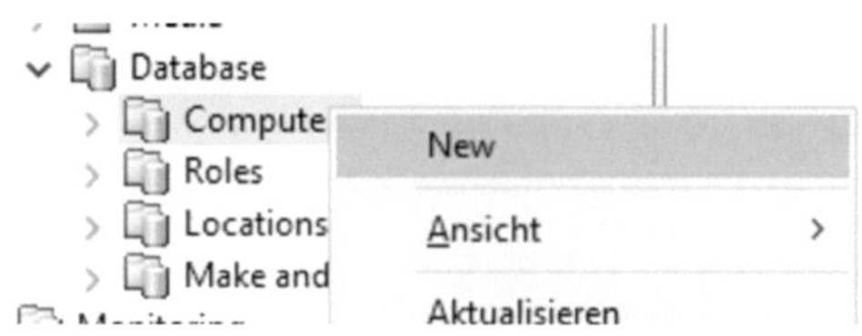

Abbildung 3.141: Start eines Prestaging

Trage im Reiter „Identity“ unter „MAC address“ die MAC-Adresse der Netzwerkkarte ein. Die großen PC-Hersteller haben häufig einen entsprechenden Aufkleber am Gehäuse bzw. schreiben die MAC-Adresse mit auf den Lieferschein und/ oder die Rechnung (Teilweise sogar mit Barcode).

MAC address: 66:AA:EE:00:00:00

Abbildung 3.142: Die eingetragene MAC-Adresse

Wechsel danach zum Reiter „Details“.

Scrolle zur Sektion „Domain and Workgroup“. Trage dort neben „DomainAdmin“, „DomainAdminDomain“ und „DomainAdminPassword“ die Werte für Deine Umgebung ein. Trage bei „JoinDomain“ die Domäne ein (hier: der-eigelb-laden.local). Denke daran, dass Du für den Domänenbeitritt und -Berechtigungen einen eigenen Benutzer samt Gruppe im Active Directory erstellt hast. Verwende diesen Benutzer auch bei den Angaben in der Datenbank. Wie Du siehst, gibst Du hier die Einträge aus der „CustomSettings.ini“ schon in der Datenbank an.

Navigiere etwas weiter nach unten und trage im Abschnitt „Identification“ neben „OSDComputerName“ den gewünschten Computernamen ein (hier: Perkele-001).

Property	Value
DNSZones0Update	
Domain and Workgroup	
DomainAdmin	mdtadmin
DomainAdminDomain	der-eigelb-laden.local
DomainAdminPassword	********
JoinDomain	der-eigelb-laden.local
JoinWorkgroup	
MachineObjectOU	
Identification	
ComputerName	
FullName	
OrgName	
OSDComputerName	Perkele-001
Miscellaneous	
_SMSTSORGNAME	Eigelb-Laden-Datenbank

Abbildung 3.143: Erste Einträge unter „Details“

Weiter unten findest Du die Sektion „Miscellaneous“. Füge die TaskSequenceID des gewünschten Betriebssystems hinzu (hier: 21H2). Die Werte für den zu installierenden Benutzer samt Daten folgen als nächstes.

TaskSequenceID	21H2
UserDomain	der-eigelb-laden.local
UserID	mdtadmin
UserPassword	********

Abbildung 3.144: Eintrag der Task Sequenz und Benutzerdaten

Als letztes in diesem Reiter kannst Du noch unter „Regional and Local Settings“ die Einträge für die korrekte Zeitzone[30], das Tastatur-Layout sowie Währungs- und Zeitformate einstellen.

[30] Eine Übersicht über die korrekten Werte findest Du hier: https://msdn.microsoft.com/en-us/library/ms912391(WinEmbedded.11).aspx

Property	Value
InputLocale	de-DE
KeyboardLocale	de-DE
LongDistanceAccess	
SystemLocale	de-DE
TimeZone	
TimeZoneName	W. Europe Standard Time
UILanguage	
UserLocale	de-DE

Abbildung 3.145: Lokalisierungseinträge

Gehe nun zum letzten Reiter „*Administrators*“. Hier fügst Du über „*Add*“ die Benutzer oder Gruppen Deiner Domäne ein, die auf der Maschine lokale Administratoren sein sollen (hier: client-mdtadmin). Dadurch brauchst Du später nicht noch einmal Hand anlegen.

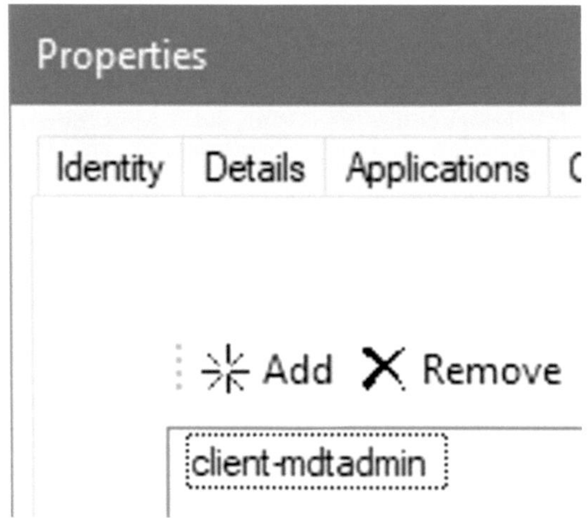

Abbildung 3.146: client-mdtadmin wird lokaler Administrator

Beende den Assistenten mit „OK“.

3.15.6 Test einer Installation mit der MDT-Datenbank

Starte in Deiner Testumgebung nun die vorgesehene virtuelle Maschine. Prüfe, ob die „Ältere Netzwerkkarte" die feste MAC-Adresse hat, die Du eben in der Konfiguration vergeben hast.

Starte anschließend die Installation. Während der WindowsPE-Phase sieht man, wie die einzelnen Skripte aufgerufen und die darin stehenden Regeln verarbeitet werden.

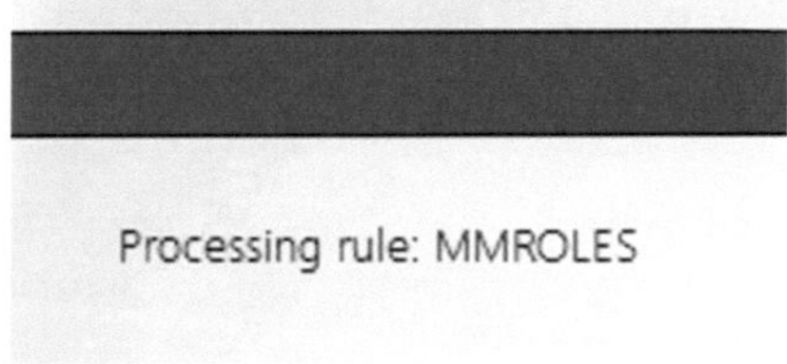

Abbildung 3.147: Verarbeitung der Regeln

Im Weiteren wirst Du Deine Einträge aus der Datenbank wiederfinden, so dass Du diese nur bestätigen musst. Die Task Sequenz ist bereits eingetragen (hier: 21H2).

Der schon festgelegte Computernamen (hier: Perkele-001) samt Beitrittsdomäne und dem dazugehörigen Benutzer sind ebenfalls schon eingetragen.

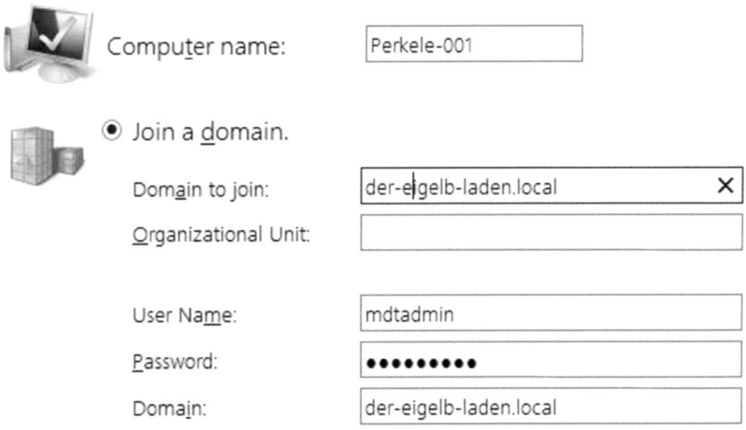

Computer name: Perkele-001

Join a domain.

Domain to join: der-eigelb-laden.local

Organizational Unit:

User Name: mdtadmin

Password: •••••••••

Domain: der-eigelb-laden.local

Abbildung 3.148: Rechnername und Beitrittsdomäne

Auch die Formateinstellungen sind gesetzt.

Warte die Installation ab und kontrolliere im Computermanagement, ob client-mdtadmin bereits in der Gruppe der lokalen Administratoren ist.

Abbildung 3.149: client-mdtadmin ist lokaler Administrator

Somit haben alle Deine Einstellungen in der Datenbank hervorragend funktioniert.

Durch kleinere Änderungen an den Datenbankeinträgen hast Du jetzt die Möglichkeit die Automatisierung zu optimieren.

Trägst Du beispielsweise im Reiter „*Details*“ im Abschnitt „Wizard Control“ bei „*SkipComputerName*“, „*SkipDomainMembership*“ und „*SkipTaskSequence*“ jeweils daneben ein „YES“ ein, werden Dir diese Seiten des Deployment-Assistenten gar nicht mehr angezeigt. Die Werte kommen fehlerfrei aus der Datenbank, sofern sie dort korrekt eingetragen wurden. Teste das alles auch mit einem echten Rechner.

3.15.7 Prestaging mittels PowerShell-Skript

Mit etwas PowerShell und dem dazugehörigen Modul von M. Niehaus[31] hast Du die interessante Möglichkeit große Mengen von Rechnern über eine CSV-Datei automatisiert in die MDT-Datenbank zu importieren.

Lade Dir das Modul herunter und entpacke das Zip-Archiv. Speichere den Ordner an einem zugänglichen, profilunabhängigen Ort am Server. Mehr ist erst einmal nicht notwendig, da das Modul über das PowerShell-Skript beim Aufruf importiert wird und dann alle notwendigen Commandlets zur Verfügung stehen werden.

Erstelle nun die CSV-Datei für den Massenimport. Du benötigst den zukünftigen Rechnernamen und die MAC-Adresse der Netzwerkkarte als minimale Informationen, mehr wäre nicht notwendig. Benenne die einzelnen Spalten der CSV-Datei am besten nach den Feldnamen der Datenbank (hier: OSDComputerName, macaddress und serialnumber). Grundsätzlich könnte alles über Felder in der CSV-Datei importiert werden, was als Eigenschaft im MDT festgelegt ist.

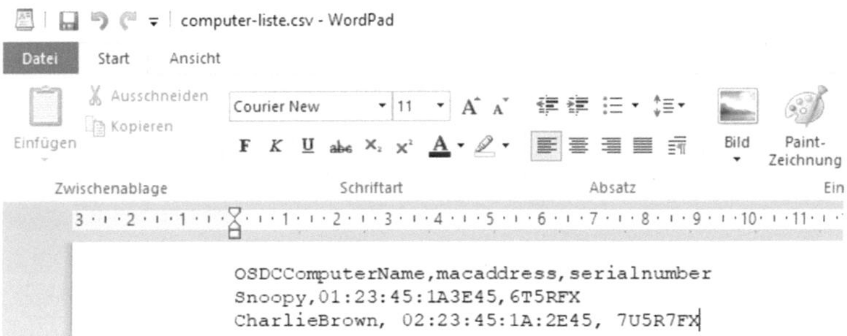

Abbildung 3.150: Beispiel einer CSV-Datei

Öffne nach der Erzeugung der CSV-Datei die PowerShell ISE, um das Skript zu erstellen.

Zuerst wird das MDT-Datenbank-Modul, das Du heruntergeladen hast, in die PowerShell-Sitzung importiert. Dies erreichst Du über das Cmdlet „*Import-Module*“.

[31]M. Niehaus, „Manipulating the Microsoft Deployment Toolkit database using PowerShell”, https://docs.microsoft.com/en-us/archive/blogs/mniehaus/manipulating-the-microsoft-deployment-toolkit-database-using-powershell, (aufgerufen 2021-11-17, 13:11 Uhr)

Import-Module -Name <Pfad zu MDTDB.psm1>

(Hier: Import-Module -Name 'D:\Deploymentshare_produktiv\Scripts\MDTDB\MDTDB.psm1')

Danach wird eine Verbindung zur MDT-Datenbank aufgebaut. Dies erledigt „*Connect-MDTDatabase*“ für Dich. Falls Du die Buchangaben bisher übernommen hast, dann ist die Syntax dafür:

Connect-MDTDatabase –sqlServer <MDT-SERVER> –instance ADK –database MDT

Es folgt der Import der CSV-Datei.

$import = @(Import-csv -Path c:\temp\computer-list.csv)

Über eine kleine Schleife[32] und das Commandlet „New-MDTComputer” werden alle Zeilen aus der CSV-Datei als neue Rechner in der MDT-Datenbank angelegt. In der geschweiften Klammer um den Parameter „-settings“ kannst Du weitere Eigenschaften hinterlegen. Im vorliegenden Beispiel werden UserID, UserDomain, UserPassword und JoinDomain zusätzlich als Eigenschaften samt Werte angegeben.

```
For ($rechner=0; $rechner -le ($import.count-1); $rechner ++)
{
New-MDTComputer -macaddress $import[$rechner].macaddress -serialNumber $import[$rechner].serialnumber -settings { OSInstall='YES';OSDComputerName=import[$rechner].OSDComputerName;UserID='Administrator';UserDomain='mdtdeploy'; Userpassword='P@ssw0rd';JoinDomain='YES'}
}
```

```
Administrator: Windows PowerShell ISE
File Edit View Tools Debug Add-ons Help
Untitled1.ps1* | MDTDB.psm1
$test = @(Import-Csv -Path C:\Users\Administrator\Documents\computer-liste.csv)

For ($i=0; $i -le ($test.count-1); $i++)
{
new-mdtcomputer -macaddress $test[$i].macaddress -serialNumber $test[$i].serialnumber`
-settings @{OSInstall='YES'; OSDComputerName=$test[$i].OSDComputername ;UserID='Administrator';`
UserDomain='mdtdeploy';UserPassword='P@ssw0rd';JoinDomain='YES'}
}
```

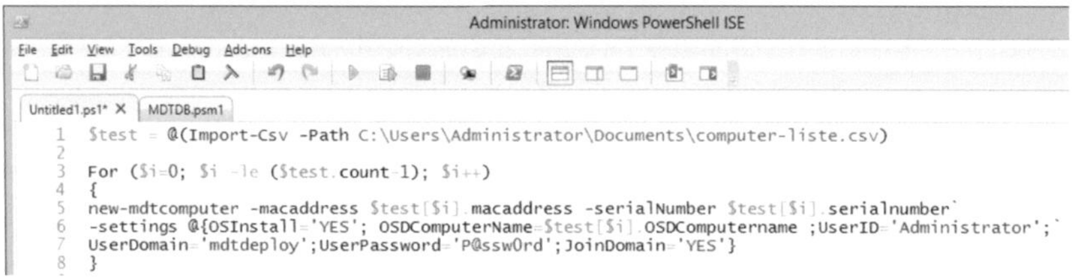

Abbildung 3.151: Das PowerShell-Skript für den Massenimport

[32] Mit freundlicher Genehmigung von Mitch Tulloch:

Tulloch, Mitch, "Bulk populating the MDT Database using PowerShell" der Artikel-Reihe "Deploying Windows 7" (4. Mai 2010) unter https://techgenix.com/Deploying-Windows-7-Part22/ (abgerufen 2021-11-17, 15:12 Uhr))

Nachdem Du das Skript mit F5 ausgeführt hast, befinden sich alle Rechner aus der Liste in der MDT-Datenbank und leichter zugänglich in der Übersicht in der Workbench Konsole unterhalb des Knotens „*Advanced Configuration – Database –Computers*“. Später kannst Du das gespeicherte Skript auch über die PowerShell-Konsole aufrufen, es muss lediglich die CSV-Datei in einer neueren Version vorliegen.

Der nächsten großen Deployment-Welle steht nichts mehr im Weg.

3.16 Troubleshooting

In diesem Abschnitt geht es um die Fehlersuche. Es läuft nicht immer alles, wie gewünscht. Leider sind auch die Fehlermeldungen nicht so aussagekräftig, wie man das gern hätte. Aber Du bekommst hier ein paar Tipps, die helfen, den Problemen schneller auf die Spur zu kommen. Manchmal braucht es allerdings fast schon detektivisches Gespür, um dem Fehler auf die Schliche zu kommen. ;-)

3.16.1 Log-Dateien

Das Microsoft Deployment Toolkit schreibt während der Installation eines Rechners alles in eine Log-Datei namens „BDD.log“. Diese Log-Datei findest Du zu unterschiedlichen Zeitpunkten der Installation an unterschiedlichen Orten. Bevor das Betriebssystem auf der Festplatte installiert ist, findest Du das BDD.log in dem RAM-Drive unter X:\MININT\SMSOSD\OSDLOGS.

Wenn das Betriebssystem bereits installiert ist, wird die Log-Datei auf die C-Partition des Clients kopiert. Der Pfad dazu lautet dann C:\MININT\SMSOSD\OSDLOGS.

Nach Abschluss des Deployments wird BDD.log dann nach C:\WINDOWS\temp\Deploymentlogs verschoben. Solltest Du allerdings die zentrale Ablage gewählt haben, dann findest Du die Datei auf der von Dir definierten Server-Freigabe.

Die Log-Datei ist etwas unschön zu lesen. Benutze das Programm „CMTrace“ aus dem kostenlosen System Center 2012 R2 Configuration Manager Toolkit[33]. Dies ist die 32 Bit Version, welche die 64 Bit Version beinhaltet. Das Programm funktioniert auch unter Windows PE. Damit

[33] https://www.microsoft.com/en-us/download/details.aspx?id=50012 (aufgerufen 2021-11-17, 09:44 Uhr)

kannst Du es auch dem Windows PE hinzufügen. Lade das Manager Toolkit herunter und installiere es.

Die Installation ist eine altbekannte „Next, Next, Finish"-Reihenfolge.

Um an die 64 Bit Version zu kommen, muss man ein bisschen in die Trickkiste greifen. Du benötigst dazu die Sysinternals Suite von Microsoft. Genauer: den Process Explorer[34].

Starte auf einem 64 Bit Windows die CMTrace.exe.

Starte dann den Process Explorer und suche die CMTrace.exe im Prozessbaum. Der interessante Teil dabei ist der Unterprozess „TRAE48.tmp". Wie Du sehen kannst, ist das die 64 Bit Variante.

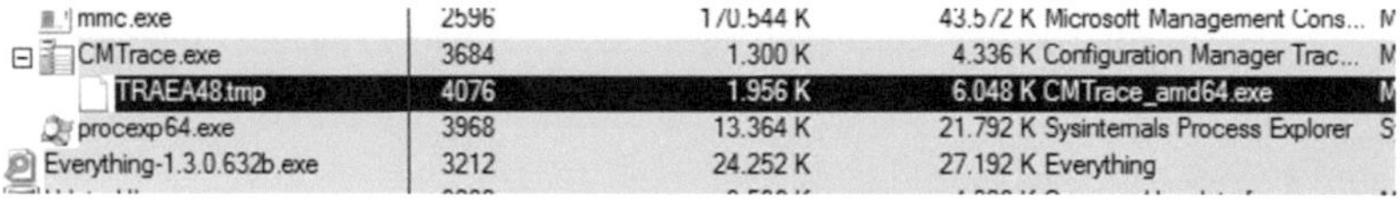

mmc.exe	2596	170.544 K	43.572 K Microsoft Management Cons...	M
CMTrace.exe	3684	1.300 K	4.336 K Configuration Manager Trac...	M
TRAEA48.tmp	4076	1.956 K	6.048 K CMTrace_amd64.exe	M
procexp64.exe	3968	13.364 K	21.792 K Sysinternals Process Explorer	S
Everything-1.3.0.632b.exe	3212	24.252 K	27.192 K Everything	

Abbildung 3.152: Unterprozess

Öffne die Eigenschaften des temporären Prozesses. Wechsle zum angegebenen Pfad dieser Datei.

Kopiere die TRAE68.tmp Datei und benenne diese zu CMTrace_x64.exe um.

Dupliziere die CMTrace.exe und die CMTrace_x64.exe in Deinen Deployment Share und Du hast ab diesem Moment einen Log-Reader auch während der Windows PE Phase, der sich sogar bei Änderung der Log-Datei von selbst aktualisiert.

[34] https://docs.microsoft.com/de-de/sysinternals/downloads/process-explorer (aufgerufen 2021-11-17, 09:41 Uhr)

3.16.2 Häufige Fehler

Die nächsten Abschnitte beinhalten eine kleine nicht vollständige Sammlung von sehr häufig auftretenden Fehlern und Problemen.

Failure (5616): 15299: VerifyBCDBootEx

Nicht unerwähnt bleiben sollte dieser Fehler. Dieser tritt unmittelbar beim Partitionieren der Festplatte auf. Ursache ist ein Bug im ADK 10 v2004, der BIOS-basierende Rechner irrtümlich als UEFI-basierende einstuft. Im Prinzip wurde das mittels Hotfix behoben. Mir ist der Fehler aber auch noch danach untergekommen.

Einen Workaround mit detaillierter Beschreibung findest Du auf Deployresearch.[35]

„Dirty Environment Found"

Ein häufiger Fehler ist die Meldung „*Dirty Environment Found*".

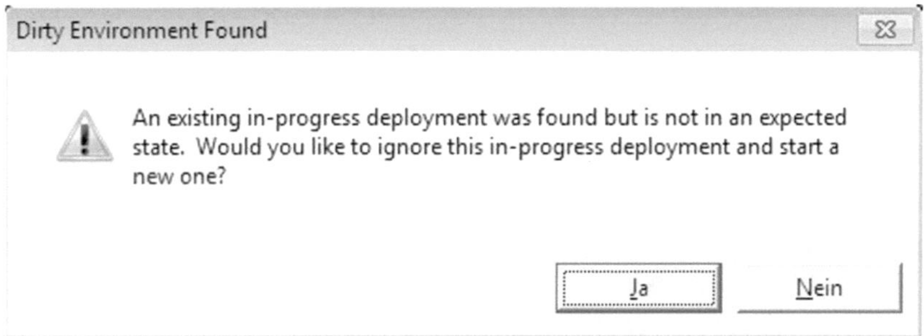

Abbildung 3.153: Dirty Environment

Die Ursache für diese Fehlermeldung liegt fast immer in einem unerwarteten Neustart. Überprüfe die Einstellungen Deiner Anwendungen. Hast Du vielleicht vergessen die Option „/norestart" in der Kommandozeilen-Syntax zu setzen? Oder hast Du den Haken bei „*Always Supress reboot*" beim Office Paket vergessen? Oder hast Du den Haken „*Reboot the computer after installing this application*" gesetzt? Dann verträgt sich der Neustart nicht mit dem weiteren Ablauf der Task

[35] https://www.deploymentresearch.com/making-mdt-work-with-windows-adk-2004-for-bios-machines/

Sequenz. Setze stattdessen einen extra Sequenz-Schritt mit einem Neustart ein.

„A connection to the deployment share“

Dieser Fehler tritt sehr früh während des Deployments auf, wenn Du über eine ISO-Datei oder einen USB-Stick bootest. Dann wurde die Bootstrap.ini abgearbeitet, aber der MDT-Server respektive der Deployment Share konnte nicht erreicht werden.

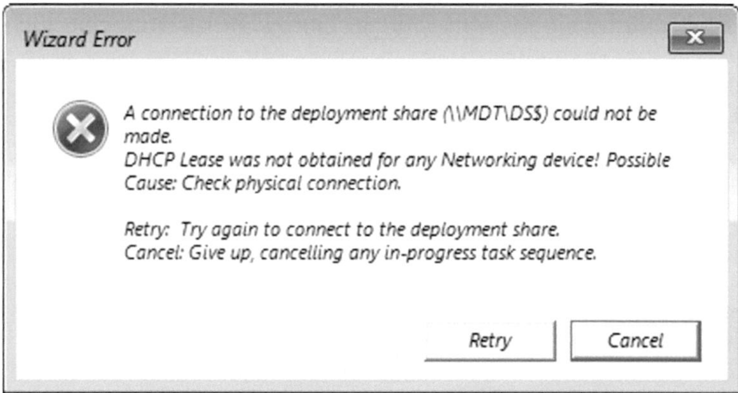

Abbildung 3.154: Keine IP

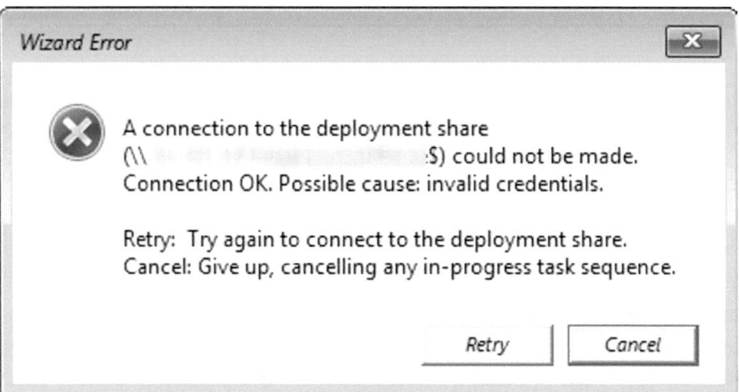

Abbildung 3.155: Fehlermeldung „Invalid credentials“

Die Fehlerquellen können hier vielfältig sein, auch wenn als mögliche Ursache „invalid credentials“, also ungültige Benutzerdaten, in der

Fehlermeldung angegeben wird.

Aus der Erfahrung ist das seltener die Ursache, als die Folgenden. Überprüfe dennoch im Active Directory, ob das verwendete Benutzerkonto gesperrt oder abgelaufen ist. Kontrolliere in der Bootstrap.ini die korrekte Schreibweise von Benutzernamen und Passwort, wenn Du das Passwort dort hinterlegt hast. Prüfe ebenfalls, ob das richtige Tastaturlayout aktiv ist, wenn Du das Passwort jedes Mal eingibst. Der Unterschied von amerikanischem und deutschem Layout ist nicht nur auf „Y“ und „Z“ beschränkt!

Hast Du evtl. vergessen bei der virtuellen Maschine eine „Ältere Netzwerkkarte“ hinzuzufügen? Oder hast Du vergessen, diese auf den richtigen virtuellen Switch zu setzen? Es macht schon einen Unterschied, ob die Netzwerkkarte „nicht konfiguriert“, „DerEigelbLaden-Internet“ („rede mit dem Netzwerk“), „Internal“ („rede mit anderen internen VMs und dem Host“) oder „Private“ („rede nur mit internen VMs“) steht.

Steht der DHCP-Server gerade nicht zur Verfügung? Oder ist der DHCP-Bereich gerade voll?

Wenn Dir diese Fehlermeldung über den Weg läuft, drücke die F8-Taste und führe klassisches Netzwerk-Troubleshooting durch: ipconfig, ping, tracert. Versuche mittels „net use“ und Deinen Benutzerdaten auf den Deployment Share zu kommen.

Eine APIPA-Adresse (169.254.x.x) ist immer ein deutliches Anzeichen für eine oder mehrere hier aufgeführten Ursachen.

```
Administrator: X:\windows\System32\cmd.exe
Microsoft Windows [Version 10.0.22000.1]
(c) Microsoft Corporation. All rights reserved.

X:\windows\system32>ipconfig

Windows IP Configuration


Ethernet adapter Ethernet:

   Connection-specific DNS Suffix  . :
   Link-local IPv6 Address . . . . . : fe80::dd98:7646:96e4:fa45%3
   Autoconfiguration IPv4 Address. . : 169.254.250.69
   Subnet Mask . . . . . . . . . . . : 255.255.0.0
   Default Gateway . . . . . . . . . :
```

Abbildung 3.156: APIPA-Adresse

„No DHCP or proxyDHCP“

Auch wieder ein Problem, das mehrere Ursachen haben kann.

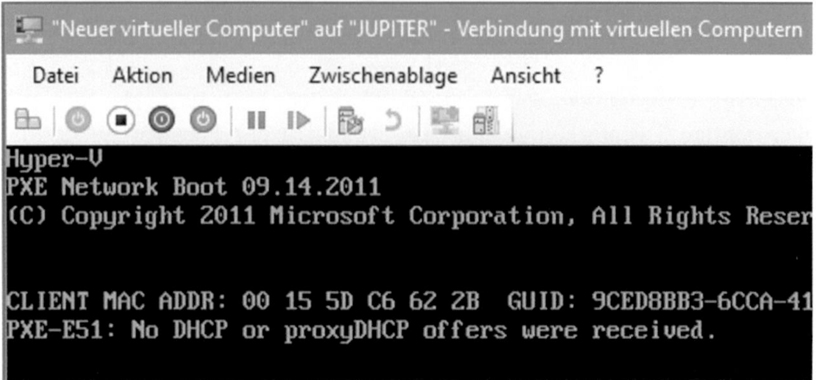

Abbildung 3.157: Falsche Einstellungen

Kontrolliere sorgfältig Deine Einstellungen am WDS und am DHCP. Ein Buchstabendreher wirkt sich fatal aus. Natürlich ein „Klassiker“: Du hast mehrere Subnetze in Deiner Netzwerkinfrastruktur und die Router/ Gateways lassen den DHCP-Broadcast nicht durch.

Monitoring Dienst funktioniert nicht mehr

Der Monitoring Dienst zeigt Dir während eines Deployments an, wie weit die Status der einzelnen Rechner sind (siehe auch Abschnitt 3.12.1). Gelegentlich beendet sich der Dienst auf dem Server von selbst. Allerdings erhältst Du eine sehr eindeutige Fehlermeldung.

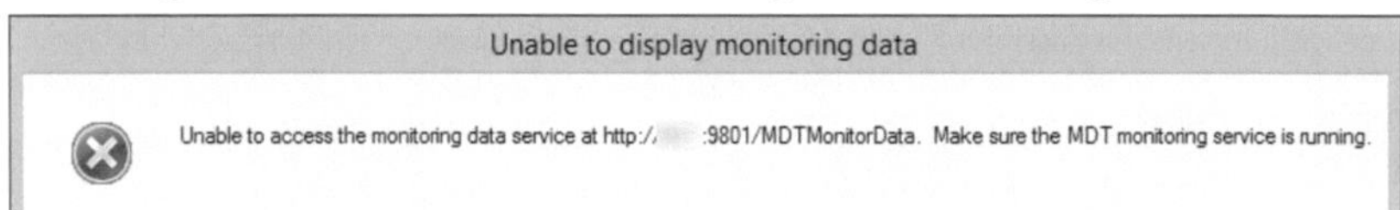

Abbildung 3.158: Monitoring Dienst läuft nicht

Unter Umständen ist der Dienst nicht mehr in der Services.msc Konsole vorhanden. Öffne dann die Eigenschaften des Deployment Shares und wechsle zum Reiter „*Monitoring*“. Entferne den Haken bei „*Enable monitoring for this deployment share*“ und klicke auf „*Apply*“. Warte ab bis die Änderung vollzogen ist. Setze den Haken anschließend wieder und klicke „*OK*“. Damit wird der Monitoring Dienst wieder installiert.

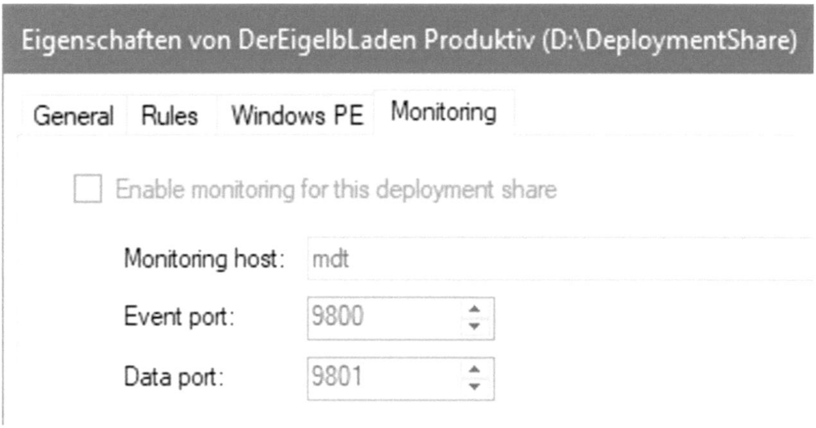

Abbildung 3.159: Haken raus, Haken rein, fröhlich sein

4 Dies und das

4.1 Update des ADKs

Zu einer neuen Windows-Version gibt es oft, aber nicht immer, nach 2-3 Wochen eine neue Version des ADKs. Unterm Strich ist beim Tausch der ADK-Version nicht viel zu beachten.

1. Alte ADK-Teile deinstallieren
2. Neue ADK-Teile installieren
3. Ein Update der Deployment Shares durchführen
4. Boot-Images am WDS und/ oder USB-Stick tauschen

4.2 Update des MDTs

Bei dem Update auf eine neue MDT-Version geht man am besten auch Schritt für Schritt vor.

- Kopiere Deinen ganzen Deployment Share auf ein anderes Laufwerk als Backup
- Starte den MDT-Server neu
- Falls zeitgleich neue ADKs veröffentlich wurden, dann arbeite Punkt 1 und 2 aus dem letzten Abschnitt 3.2.2 ab
- Installiere das neue MDT. Das alte wird automatisch deinstalliert
- Öffne die Workbench und führe ein Upgrade der Deployment Shares durch (Kontextmenü der einzelnen Shares)
- Führe anschließend ein Update der Deployment Shares durch
- Tausche die Boot-Images am WDS und/ oder den USB-Sticks

4.3 Systanddeploy

Systanddeploy.com ist der Blog von MVP Damien Van Robaeys[36]. Unter den Stichwort „MDT“ findest Du eine stattliche Anzahl von Beiträgen rund um das Tool, und GUI-Anpassungen für das MDT.

Ein besonders pfiffiger Artikel ist das MDT Monitoring. Damit kannst Du von Deinem Arbeitsrechner aus die laufenden Deployments kontrollieren und brauchst dazu nicht auf den Server.

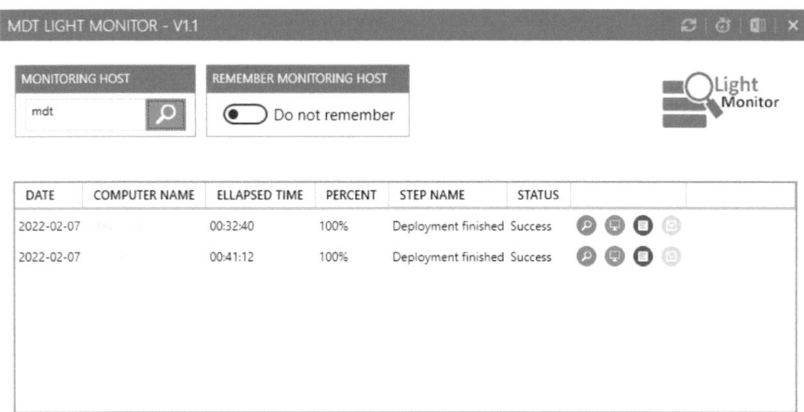

Abbildung 4.1: Monitoring vom Arbeitsplatz

4.4 Eigenes Hintergrundbild

Wer seinen Kollegen ein eigenes Standard-Hintergrundbild hinterlegen will oder muss, kann dies entweder mit Gruppenrichtlinien umsetzen oder der Anleitung von CCMEXEC[37] folgen. Die grundlegende Problematik ist, dass auf den Verzeichnissen mit den Hintergrundbildern die Ändern-Berechtigung für den „Trusted Installer“ gesetzt sind. Daher muss man vor dem Kopieren des Wunschbilds die NTFS-Rechte über ein Skript anpassen, bevor man die individuellen Bilder in den einzelnen Größen reinkopieren kann.

---

[36] https://mvp.microsoft.com/fr-fr/PublicProfile/5002500?fullName=Damien%20VAN%20ROBAEYS

[37] https://ccmexec.com/2015/08/replacing-default-wallpaper-in-windows-10-using-scriptmdtsccm/ (aufgerufen am 2022-02-07, 19:15 Uhr)

4.5 Praxis

Durch den bisherigen halbjährlichen Rhythmus von Windows 10 war alle sechs Monate eine neue Task Sequenz notwendig. Da Task Sequenzen mit importieren Betriebssystem verknüpft sind, benötigt man hier dann jeweils eine eigene Sequenz. Oder Du brauchst für verschiedene Abteilungen/ Standorte unterschiedliche Deployments, die Du über eigene TS steuerst.

Aus der Praxis heraus habe ich mir eine Textdatei erstellt, in der die einzelnen zusätzlichen Schritte gespeichert sind, die ich immer wieder verwende. Somit habe ich den Vorteil, dass ich zum einen keinen Schritt vergesse und zum anderen binnen weniger Minuten die Task Sequenz erstellt habe.

```
PS: Tausche Default Layout | %Scriptroot%\Change-T
PS: Deaktiviere Telemetrie-Daten | %Scriptroot%\Di
PS: Alle NICs auf Private | %Scriptroot%\Set-TS-NI
PS: Aktiviere PS-Remoting | %Scriptroot%\Enable-TS
PS: Stromsparmodus abschalten | %Scriptroot%\Set-T
PS: Aktiviere RDP-Verbindungen | %Scriptroot%\Enab
PS: RemoteRegistry-Dienst automatisch starten | %S
PS: Entferne doppelte Wechseldatentraeger im Explo
PS: Erstelle Temp           | %Scriptroot%\New-TS-
PS: Erstelle lokalen Benutzer Admin und fuege zur
PS: Automatische Windows Treiber deaktivieren | %S
CMD: Entferne Mail und People und vorgeschlagene A
#CMD: Entferne Edge-Verknuepfung | cmd.exe /c reg
CMD: Setze Execution Policy auf remotesigned | Pow
PS: Firebird ODBC Verbindungen anlegen | %Scriptro
```

Abbildung 4.2: Text-Datei mit Task-Sequenz-Schritten

4.6 Anwendungen nachträglich installieren

Das MDT bietet ebenfalls die Möglichkeit importierte Anwendungen nachträglich zu installieren. Allerdings lohnt sich das aus meiner Sicht zeitlich hauptsächlich, wenn es größere und/ oder mehr als drei Anwendungen sind. Interessant wird es, nachdem man viele der vorhandenen Anwendungen aktualisiert hat. Die „Nachteile“ bei diesem

Vorgang sind, dass man ihn quasi manuell an jedem Client vornehmen muss, statt die neue Version(en) einfach auszurollen, wie mit einem Endpoint Manager.

Erstelle als Erstes eine neue Task Sequenz (hier: APP).

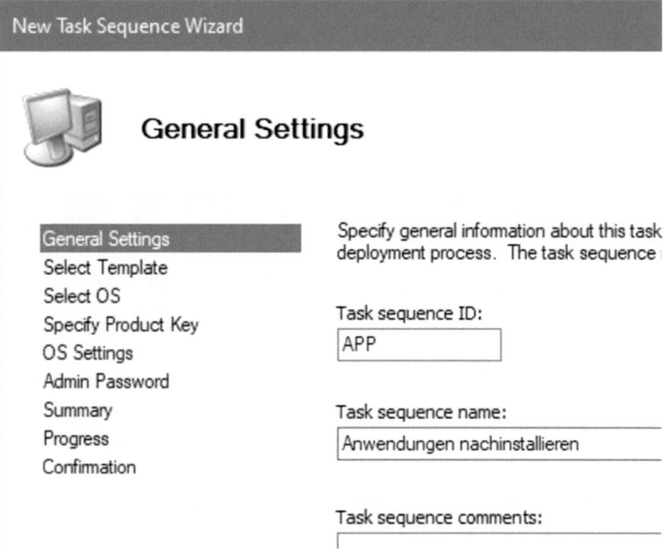

Abbildung 4.3: Eine weitere Task Sequenz

Die Vorlage ist dieses Mal eine benutzerdefinierte Task Sequenz (Custom Task Sequenz).

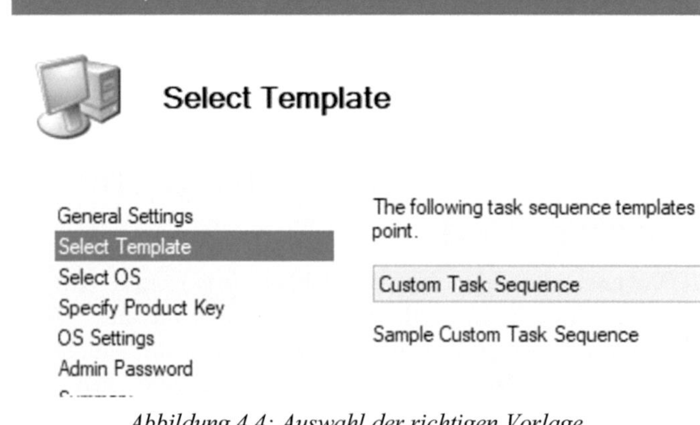

Abbildung 4.4: Auswahl der richtigen Vorlage

Beende den Assistenten á la „Next, next, finish".

In den Eigenschaften dieser neuen TS siehst Du als einzigen Schritt „Install Application".

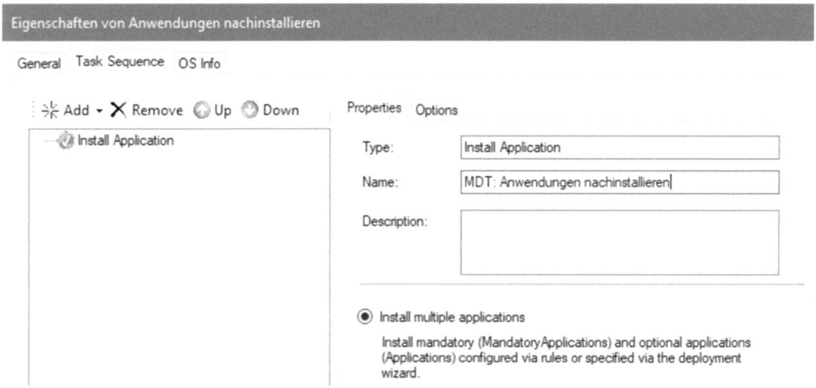

Eigenschaften von Anwendungen nachinstallieren

General | Task Sequence | OS Info

Add | Remove | Up | Down

Install Application

Properties | Options

Type: Install Application

Name: MDT: Anwendungen nachinstallieren

Description:

Install multiple applications

Install mandatory (MandatoryApplications) and optional applications (Applications) configured via rules or specified via the deployment wizard.

Abbildung 4.5: Die Eigenschaften der Task Sequenz

Die Option „Install multiple applications" ist bereits ausgewählt.

Für die nachträgliche Installation meldest Du Dich als ein Benutzer am gewünschten Rechner an, der sowohl lokaler Administrator ist, als auch Zugriff auf den Deployment Share hat. In meinem Fall verwende ich den Benutzer „mdtadmin".

Verbinde Dich jetzt über den UNC-Pfad mit dem Deployment Share (hier: \\mdt\ds$) und navigiere zur Datei „LiteTouch.vbs" im Ordner „Scripts".

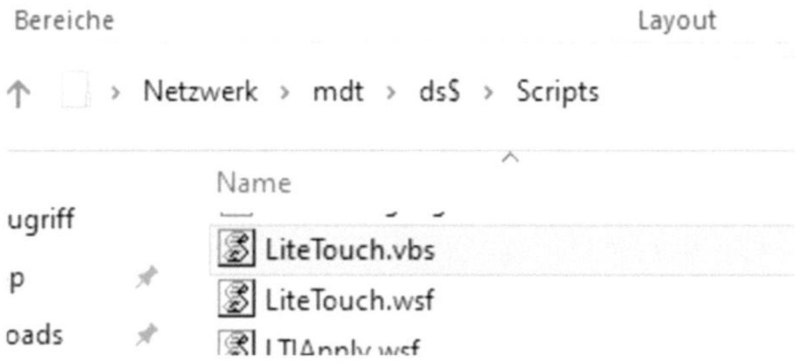

Abbildung 4.6: Verbindung zum Deployment Share

Starte die „LiteTouch.vbs" mit einem beherzten Doppelklick. Dadurch wird die CustomSettings.ini abgearbeitet und das bekannte MDT-Fenster erscheint. Wähle statt der vorbelegten Task Sequenz zu „Anwendungen nachinstallieren" und führe den Assistenten fort.

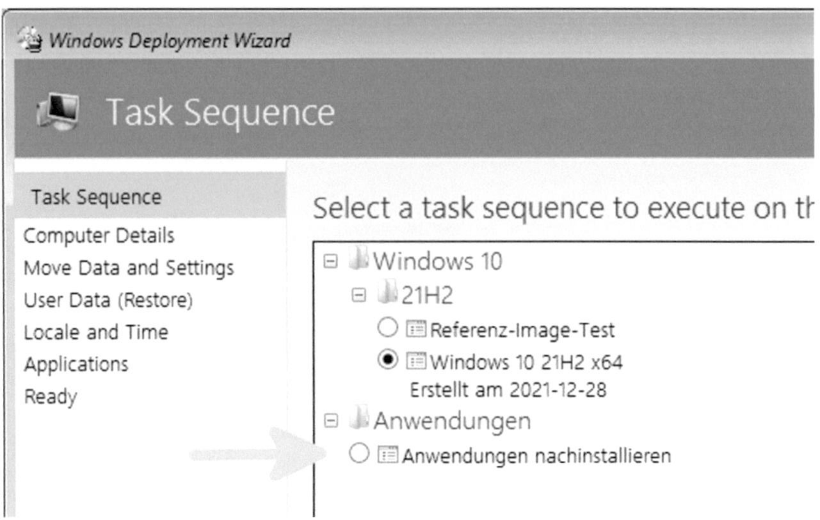

Abbildung 4.7: Anwendungen nachinstallieren

Setze den Haken bei den gewünschten Anwendungen und beende den Assistenten. Dabei wirst Du zur Eingabe des Passworts für den mdtadmin aufgefordert.

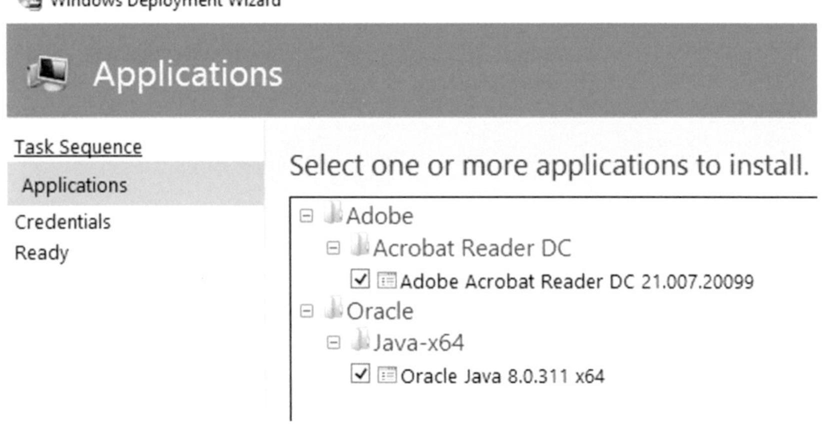

Abbildung 4.8: Ausgewählte Programme

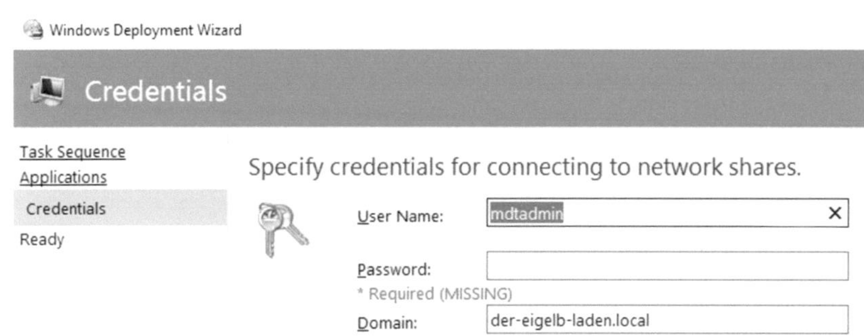

Abbildung 4.9: Sicherheit durch Passwortabfrage

Danach werden die gewünschten Anwendungen installiert und sind hinterher verfügbar und ggfs. aktualisiert.

Abbildung 4.10: Rollout der Anwendungen

4.7 Friends of MDT

Das Projekt „Friends of MDT“[38] (FoMDT) hat sich auf die Fahnen geschrieben, den Visual Basic-Unterbau des MDT komplett in PowerShell umzusetzen. Dabei sollen auch die graphischen Oberflächen und Assistenten ersetzt werden. Federführend dabei sind die schwedischen MVPs Johan Arwidmark and Mikael Nystrom. Weitere Projektziele sind der Umstieg zu http/ https als Transportprotokoll und der Einsatz von BranchCache bei Massen-Deployments.

[38] https://github.com/FriendsOfMDT/PSD

HINWEIS:
Stand März 2022 ist das Projekt noch in Arbeit. Viele Teile funktionieren schon, andere sind noch in der Entstehung. Auf alle Fälle sollte man das Projekt im Auge behalten. Wagemutige dürfen es auch jetzt schon produktiv einsetzen.

Offiziell getestet ist FoMDT auf Windows Server 2016/ 2019 mit dem ADK für Windows 10 1909/ 2004 und der MDT-Version 8456. Als Betriebssystem zur Installation wurden bisher Windows Server 2016/ 2019 sowie Windows 10 1903, 1909, 2004 getestet.

4.7.1 Einrichtung

Erstelle zunächst einen neuen Ordner auf dem Laufwerk, auf dem bereits Dein produktiver Deployment Share läuft (hier D:\FoMDT).

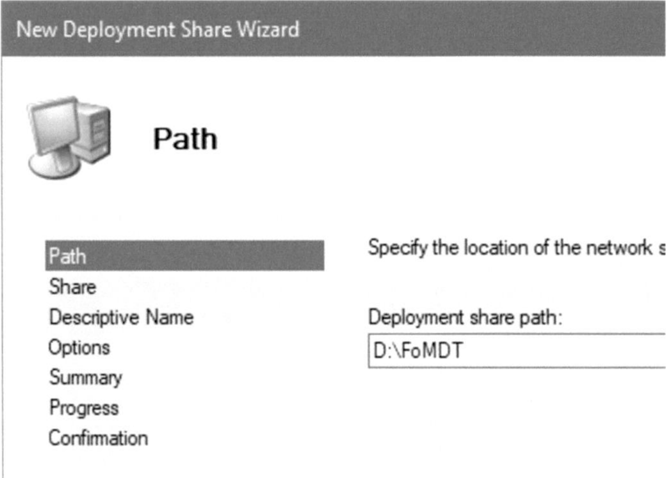

Abbildung 4.11: Erstellung des neuen Deployment Shares

Kopiere alles aus Deinem Produktiv-Deployment Share hinüber in den Ordner „FoMDT“.

Schließe die Workbench, sofern Du sie offen hast. Lade anschließend von GitHub die Quelldateien herunter und entpacke sie.

Öffne die PowerShell-Konsole als Administrator und navigiere zum Ordner, wo Du die Quelldateien entpackt hast.

HINWEIS:
Die Skripte sind auf englischsprachige Server ausgerichtet! Erhältst Du hier eine obskure Fehlermeldung, wie „*Zuordnungen von Kontonamen und Sicherheitskennungen wurden nicht durchgeführt*", dann liegt es daran, dass das Skript nach englischsprachigen Benutzern und Gruppen sucht. Ändere sie vorab auf die deutschsprachigen Bezeichnungen.

Für eine Neuinstallation ist folgende Syntax notwendig:

```
.\Install-PSD.ps1 -psDeplyomentFolder D:\fomdt
-psDeploymentShare fmodt$
```

Danach geht es weiter mit der Einrichtung des IIS (Internet Information Services).

Dazu führst Du nur zwei Skripte im „Tools"-Ordner aus.

Zuerst „New-PSDWebInstance.ps1" zur Installation einer Web-Instanz, gefolgt von einem Serverneustart.

Anschließend braucht es noch „Set-PSDWebInstance.ps1" zur Konfiguration des IIS. Hier musst Du den Deployment-Ordner und ein virtuelles Verzeichnis angeben.

```
.\Set-PSDWebInstance.ps1 -psDeploymentFolder
d:\fomdt -psVirtualDirectory fomdt
```

Für die Verwendung von HTTPS brauchst Du an dieser Stelle eine eigene Zertifizierungsstelle.

Praktischerweise liefern die Freunde des MDTs für eine **Test-Umgebung** (!) ein selbst-signiertes Zertifikat mit. Dazu ist das Skript „*New-PSDSelfSignedCert.ps1*" gedacht.

```
„.\New-PSDSelfSignedCert.ps1 -
psDeploymentFolder d:\fomdt -DNSName mdt.der-
eigelb-laden.local -ValidityPeriod 2 -
FriendlyName FoMDT"
```

Als nächstes braucht die Firewall offene Ports 80, 443 und 9080 (MDT-Monitoring). Leider sagt die Dokumentation nichts darüber, ob TCP und/ oder UDP. Deshalb habe ich beide Protokolle freigegeben.

Danach solltest Du die boot.ini und customsettings.ini auf den neuen Deployment Share anpassen, die Boot-Images neu erzeugen und schon kann das testen losgehen.

Progress:
Checking that we have at least 1.5 GB of RAM

Computer Info

Make:	Microsoft Corporation
Model:	Virtual Machine
Memory:	4096 MB

Network Info

IP Address:	10.10.10.103
Subnet Mask:	255.0.0.0
Default Gateway:	0.0.0.0
DNS Server:	10.10.10.10
DHCP Server:	10.10.10.10
MAC Address:	00-15-5D-C6-62-28
Network Card:	Microsoft Hyper-V Network Adapter

Abbildung 4.12: Test der FoMDT

Anhang A: Grundlagen PowerShell

„Learn PowerShell or learn to say „would you like fries with that?" - Don Jones[39]

Mittlerweile ist jedes neue Produkt von Microsoft fest mit der PowerShell assoziiert. Manche Produkte, wie Exchange, lassen sich an manchen Stellen ausschließlich über PowerShell konfigurieren. Selbst die dafür vorhandenen graphischen Oberflächen führen letztlich im Hintergrund PowerShell Commandlets (kurz Cmdlets) aus. Über Cmdlets lassen sich alle Einstellungen auch über die Kommandozeile konfigurieren. Somit ist die Möglichkeit gegeben, alle Konfigurationen zu automatisieren. Das gilt auch für die Active Directory Verwaltungskonsole (engl. Active Directory Administration Center = ADAC). Du kannst Dir darin die letzten durchgeführten Aktionen als PowerShell-Code anzeigen lassen.

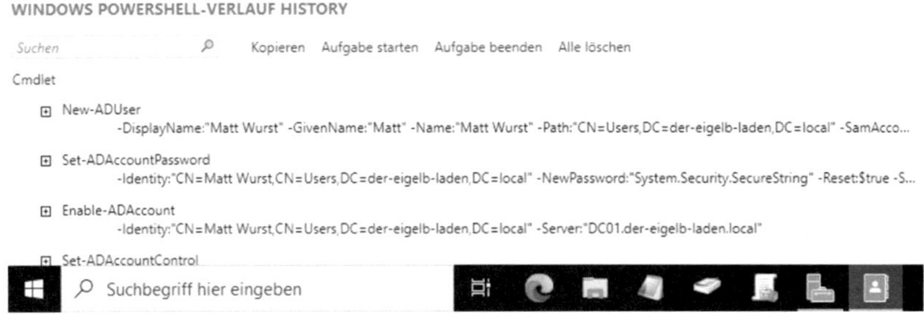

Abbildung 0.1: Anlegen eines Benutzers im ADAC durch Cmdlets

Aus diesem Grund sollte ein gewisses Basiswissen über die PowerShell Pflicht sein.

Dieser Anhang gibt Dir einen kleinen Überblick und fundamentales Knowhow über die Möglichkeiten der PowerShell.

[39] Don Jones ist langjähriger „Most valuable professional (MVP) PowerShell" und beliebter Redner auf Microsoft-Konferenzen.

Wenn Du tiefer in das Thema einsteigen möchtest, dann stehen Dir die Ressourcen der Microsoft Virtual Academy unentgeltlich mit entsprechenden Video-Kursen in englischer Sprache zur Verfügung.[40]

A.1 Bevor es los geht

Der Anhang A ist etwas zum Mitmachen. Probiere während des Lesens gleich die beschriebenen Commandlets Schritt für Schritt aus.

A.2 Voraussetzungen

Zum gegenwärtigen Zeitpunkt ist Windows PowerShell 5.x die aktuelle Version, die mit Windows 10/ 11 ausgeliefert wird. Um die Active Directory Commandlets (alles rund um das Thema Benutzer, Gruppen, OUs etc.) nutzen zu können, benötigst Du die „Remote Server Administration Tools (RSAT)“ für Dein Windows Betriebssystem und natürlich ein funktionierendes Active Directory. Mittlerweile ist PowerShell Open-Source und als PowerShell Core in Version 7.2 (Februar 2022) für Windows, Linux und MacOS auf GitHub verfügbar.[41]

A.3 Grundsätzliches

Mit Windows PowerShell erhältst Du neben der PowerShell Konsole auch die Integrated Scripting Environment Konsole (Kurz: ISE, englisch für „Integrierte Skript Umgebung“).

Abbildung 0.2: PowerShell Konsole

[40] Ein sehr gutes Buch, das leider auch nur auf Englisch verfügbar ist, wurde von Don Jones geschrieben: Learn Windows PowerShell 3 in a Month of Lunches, ISBN-13: 978-1617291081.

[41] https://github.com/PowerShell/PowerShell

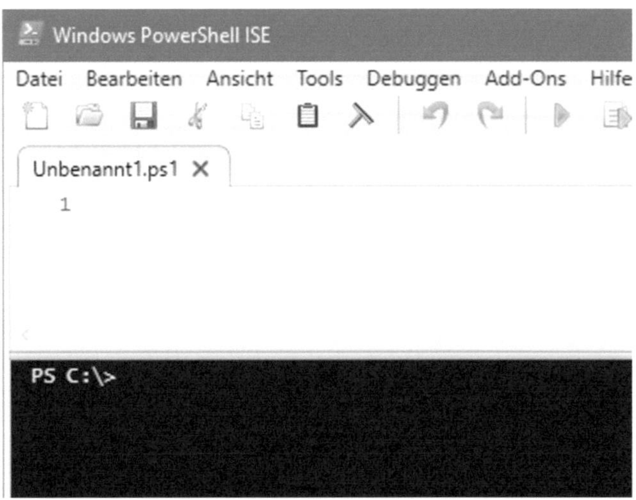

Abbildung 0.3: PowerShell ISE mit Skript- und Befehlsleiste

Die ISE ist eine einfache Entwicklungsumgebung für PowerShell-Skripte. Wie auch in Word werden fehlerhafte Elemente mit einer roten gekringelten Linie gekennzeichnet. Als zusätzliche Hilfe blendet Dir die ISE beim Schreiben der Commandlets die weiteren möglichen Parameter ein. Diese Funktion heißt IntelliSense.[42]

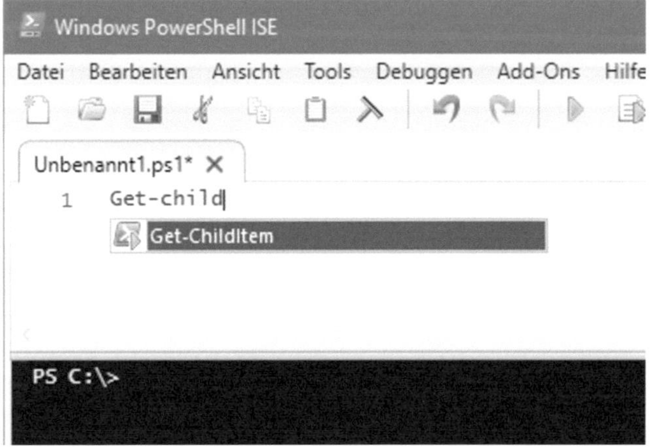

Abbildung 0.4: ISE mit Parameterauswahl durch IntelliSense

[42] Du kannst IntelliSense jederzeit mit STRG+ Leertaste erneut starten.

Eine weitere ISE-Funktionalität ist die farbliche Codierung der Cmdlets. Als Standard sind die Commandlets hellblau, Parameter dunkelblau und Parameterwerte lila. Variablen sind orange und Kommentare sind grün.

An dieser Farbgebung kannst Du Dich orientieren und nach etwas Übung siehst Du, was die ISE als nächstes von Dir als Eingabe erwartet. Eventuell möchte PowerShell an dieser Stelle einen Parameter oder einen Wert? Du liest dadurch auch fremde Skripte leichter. Oder später Deine Eigenen ;-).

PRAXIS-TIPP:

Gewöhne Dich früh an die Verwendung der Tab-Taste. Damit kannst Du die bereits getippten Commandlets automatisch vervollständigen. Dadurch hast Du zum einen weniger Tipparbeit. Zum anderen machst Du auch deutlich weniger Tippfehler. Aus „Invo“ und dreimal Tab-Taste wird „Invoke-Command“.

PRAXIS-TIPP:

Solltest Du ein kleines Skript mit der ISE schreiben, dann nutze unbedingt einmal die Tasten-Kombination STRG+J. Damit kannst Du Dir kleine PowerShell-Code-Fragmente (engl. Snippets) einblenden lassen und hast weniger Tipparbeit bei höherem Komfort. Die Snippets reichen von einem Funktionen-Grundgerüst über einen Kommentarblock zu den einzelnen Schleifenarten und Abfragen.

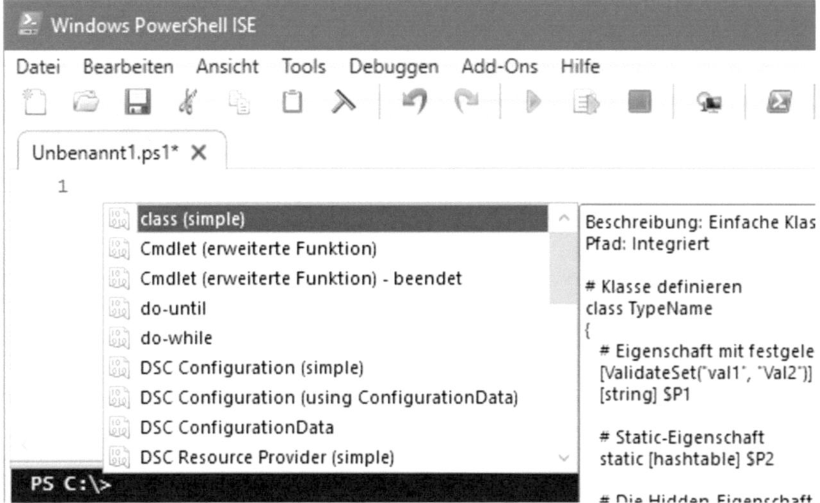

Abbildung 0.5: ISE mit Snippet-Auswahl

PRAXIS-TIPP:
Nutze zu Beginn Deines Lernprozesses ausschließlich die ISE!

NOCH MEHR PRAXIS-TIPPs:
Die ISE wird nicht mehr weiter entwickelt, ist aber zum Einstieg sehr gut. Ein sehr gutes alternatives Produkt ist Visual Studio Code.[43] Auch das ist für Windows, Linux und MacOS verfügbar.

[43] https://code.visualstudio.com/download

A.3.1 Welche Version hast Du?

Falls Du Dir nicht sicher bist, welche PowerShell Version Du aktuell auf Deinem Rechner/ Server hast, dann lässt sich das leicht überprüfen. Starte dazu eine PowerShell-Konsole. Unter Windows 10 drückst Du einfach den Start-Knopf und tippst „powers“ ein. Warte einen Moment, bis die Suche Dir auch „Windows PowerShell“ als Ergebnis zurückliefert, wähle dieses und drücke dann die Enter-Taste.[44]

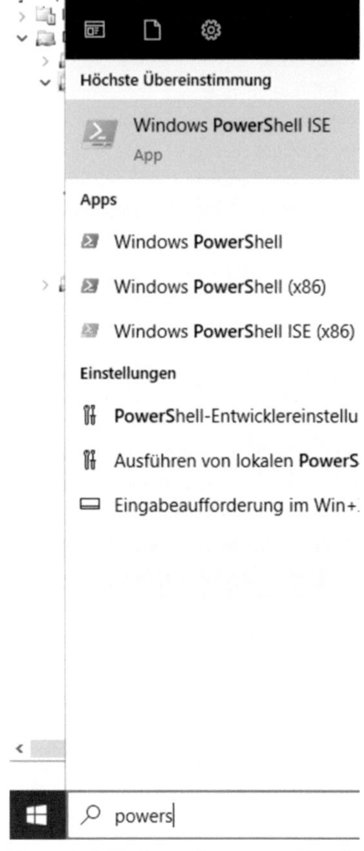

Abbildung 0.6: Suchergebnis unter Windows 10

[44] Windows 11 hat „Windows Terminal“ standardmäßig installiert. Es vereint sowohl die CMD, als auch PowerShell und mehr in einem Interface.

Ansonsten findest Du das Gewünschte über „Start – Windows PowerShell – Windows PowerShell“ oder mittels Kontextmenü auf das Windows-Symbol unten links.

Nachdem sich die PowerShell Konsole geöffnet hat tippst Du „`$psversiontable`“ ein und drückst die Enter-Taste (Schneller geht es mit „$psv + Tab-Taste“.).

Als Ergebnis erhältst Du eine kleine Tabelle, die Dir beim Eintrag „PSVersion“ verrät, welche PowerShell Version bei Dir installiert ist.

```
PSVersion                      5.1.19041.1320
PSEdition                      Desktop
PSCompatibleVersions           {1.0, 2.0, 3.0, 4.0...}
BuildVersion                   10.0.19041.1320
CLRVersion                     4.0.30319.42000
WSManStackVersion              3.0
PSRemotingProtocolVersion      2.3
SerializationVersion           1.1.0.1
```

Auf dem System ist also PSVersion 5.1 installiert. Es kann losgehen!

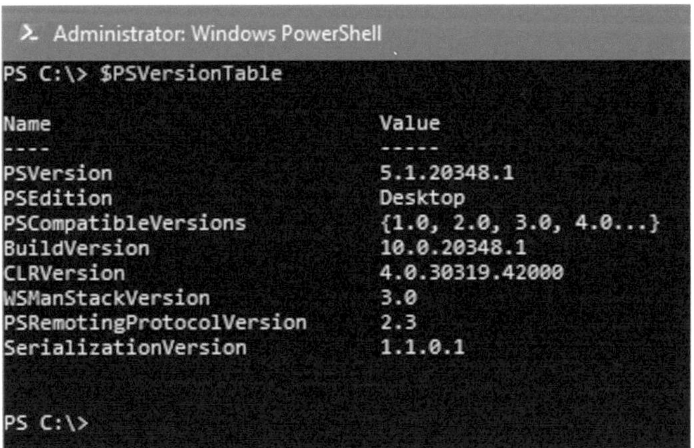

Abbildung 0.7: Abfrage der PowerShell Version

A.3.2 Benutzerdefinierte Anpassung

Sowohl die Konsole als auch die ISE lassen sich auf Deine individuellen Vorlieben farblich und schriftarttechnisch anpassen. Bei der Konsole erreichst Du das auf dem gleichen Weg wie beim normalen Kommandozeileninterpreter cmd.exe. Klicke einfach mit der rechten Maustaste auf die Titelleiste und rufe die Eigenschaften auf.

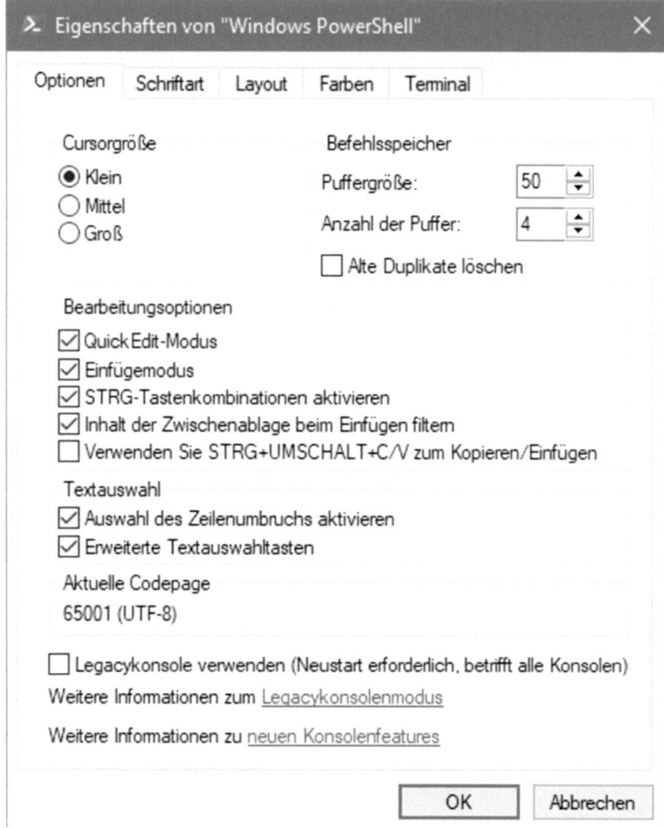

Abbildung 0.8: Konsoleneigenschaften

Danach kannst Du die Fenstergröße, Schriftart und –größe sowie die farblichen Einstellungen für Hinter und Vordergrund ändern.

In der ISE hast Du einen eigenen Menüpunkt unter Tools - Optionen. Hier sind sogar die einzelnen Syntaxfarben Deinen individuellen Farbwünschen anpassbar.

Abbildung 0.9: ISE-Eigenschaften

A.4 Commandlets direkt ausführen

Cmdlets führst Du grundsätzlich so aus, wie Du das von der cmd.exe gewohnt bist. Tippe den Befehl ein und führe ihn mit der „Enter“-Taste aus. Idealerweise nutzt Du zum Tippen die Tab-Taste zur automatischen Vervollständigung.

„Get-C + Tab-Taste“ vervollständigt zu „`Get-ChildItem`“. Jeder weitere Tastendruck der Tab-Taste führt Dich weiter in der Liste der PowerShell-Befehle, die mit „Get-C“ beginnen. Das nächste Cmdlet wäre demnach „`Get-CimAssociatedInstance`“. Einen Schritt zurück zu „`Get-ChildItem`“ kommst Du mit „Shift + Tab-Taste“. Zur Ausführung drückst Du einfach die „Enter“-Taste.

Je nach ausgeführtem Commandlet müssen noch weitere Parameter angegeben werden. Das sind dann Pflichtparameter.

A.5 Commandlets als Skript ausführen

Standardmäßig ist PowerShell so eingestellt, dass Du keine PowerShell-Skripte versehentlich ausführen kannst. Wenn Du eine Datei mit der Endung „.ps1“ doppelklickst öffnet sich Notepad mit dem im Skript enthaltenen Code. Der Code wird **nicht** ausgeführt. Du musst aktiv die PowerShell-Konsole oder ISE starten und von dort das Skript aufrufen. Diese Vorgehensweise gehört zu den Sicherheitsmechanismen von PowerShell.

Prüfe als nächstes, wie die Richtlinie zur Ausführung von Skripten auf Deinem Rechner eingestellt ist. Standardmäßig werden Skripte nicht ausgeführt, auch wenn Du diese aktiv über die Konsole oder ISE ausführen möchtest.

Starte die Konsole als Administrator und tippe „Get-Ex + Tab-Taste“. Die Vervollständigung zeigt Dir nun „`Get-ExecutionPolicy`“ an. Bestätige mit der „Enter“-Taste. Wenn Du als Ergebnis „Restricted“ zurück erhältst, dann gehört die Ausführungsrichtlinie geändert.

Mit „`Set-ExecutionPolicy RemoteSigned -force`“ erlaubst Du PowerShell-Skripte für selbst erstellte und digital signierte fremde Skripte, z.B. aus dem Internet. Jetzt funktioniert die Ausführung PowerShell-Dateien über die Konsole oder ISE.[45]

A.6 Struktur eines Commandlets

Schauen wir uns nun die Basis-Struktur eines Commandlets an.

Ein Cmdlet besteht im einfachsten Fall aus einem Verb, einem Bindestrich und einem Hauptwort.[46]

```
Get-ChildItem
```

Das Verb „Get“ gefolgt von einem Bindestrich **ohne** Leerzeichen und gefolgt vom Hauptwort „ChildItem“. Auch hier **ohne** Leerzeichen dazwischen. Das Hauptwort ist immer in der Einzahl. Es gibt z.B. „ChildItem“ und „Service“ usw. Auch wenn Du mit „`Get-ChildItem`“ alle Dateien in diesem Verzeichnis angezeigt bekommst, heißt das

[45] Sieh aus Sicherheitsgründen davon ab, bei der ExecutionPolicy die Option „Unrestricted“ zu wählen. Das ist ein Sicherheitsrisiko.

[46] Es hat sich so ergeben, dass man von der „Verb-Hauptwort“-Struktur redet, auch wenn „New“ kein Verb ist und „SqlAvailabilityGroupListenerStaticIp“ ein sperriges Hauptwort (= Nomen) ist.

Cmdlet nicht „Get-ChildItems“. Ebenso ist für den Anfänger zunächst verwirrend, dass im Sprachgebrauch der Bindestrich schlicht weggelassen wird. „`Get-ChildItem`“ wird „Get ChildItem“ ausgesprochen. Fragst Du also Deinen erfahrenen Kollegen nach dem Commandlet für eine neue Active Directory Gruppe, wird er Dir „`New ADGroup`“ antworten. Schreibst Du jetzt auf der Konsole den Befehl genau so, dann erhältst Du in freundlichen roten Lettern eine Fehlermeldung.

„new: Die Benennung "new" wurde nicht als Name eines Cmdlet, einer Funktion, einer Skriptdatei oder eines ausführbaren Programms erkannt. Überprüfen Sie die Schreibweise des Namens, oder ob der Pfad korrekt ist (sofern enthalten), und wiederholen Sie den Vorgang.

In Zeile:1 Zeichen:1

+ new adgroup

+ ~~~

+ CategoryInfo : ObjectNotFound: (new:String) [], CommandNotFoundException

+ FullyQualifiedErrorId : CommandNotFoundException

```
PS C:\> new adgroup
new : Die Benennung "new" wurde nicht als Name eines Cmdlet,
die Schreibweise des Namens, oder ob der Pfad korrekt ist (so
In Zeile:1 Zeichen:1
+ new adgroup
+ ~~~
    + CategoryInfo          : ObjectNotFound: (new:String) []
    + FullyQualifiedErrorId : CommandNotFoundException


PS C:\>
```

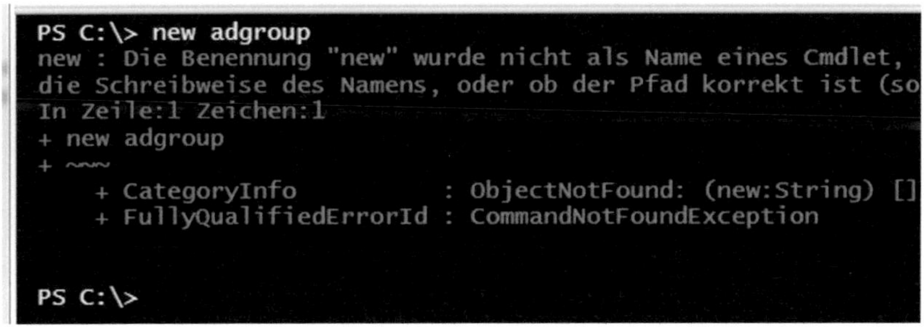

Abbildung 0.10: Fehlermeldung von „New ADGroup“ (Ausschnitt)

Aber anhand der farblichen Codierung der Syntax in der ISE an Deinem System siehst Du eigentlich schon, dass “new” blau ist, aber „ADGroup” die violette Wertefarbe besitzt. Es muss etwas „faul sein im Staate Dänemark“.

Danach folgen in einer korrekten Syntax die Parameter, die stets einen Bindestrich vorangestellt hat und mit einem Leerzeichen die einzelnen Werte zwischen Parameter und Wert. Die einzelnen Werte sind durch Kommata zu trennen.

Beispiele:

```
Get-ChildItem -Path c:\temp
Get-ChildItem -Path c:\temp -force -recurse
Get-ChildItem -Path c:\temp, c:\Windows -force -recurse
```

Beachte, dass Du viele Cmdlets ohne Parameter verwenden kannst. Manche allerdings brauchen zwingend einen oder mehrere Parameter. Wenn Du diese nicht angibst, dann wirst Du dazu aufgefordert diese nachträglich anzugeben. Sehen wir uns gleich ein Beispiel an. Tippe

„`Get-WmiObject`“ und schließe mit „Enter“ ab.

```
PS C:\Temp> Get-WmiObject
Cmdlet Get-WmiObject an der Befehlspipelineposition 1
Geben Sie Werte für die folgenden Parameter an:
Class:
```

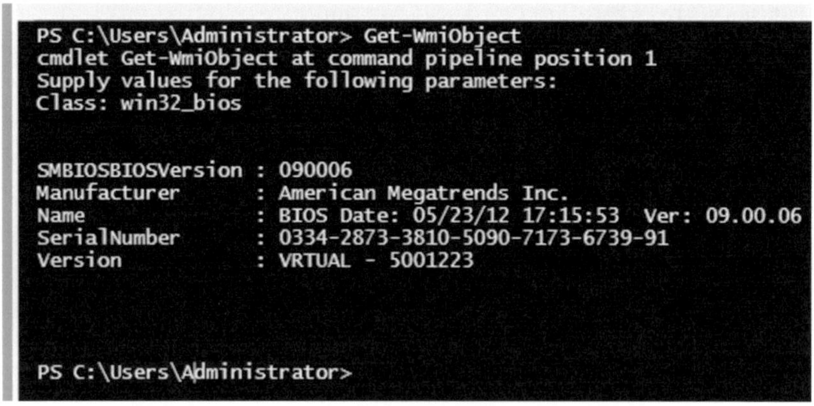

```
PS C:\Users\Administrator> Get-WmiObject
cmdlet Get-WmiObject at command pipeline position 1
Supply values for the following parameters:
Class: win32_bios


SMBIOSBIOSVersion : 090006
Manufacturer      : American Megatrends Inc.
Name              : BIOS Date: 05/23/12 17:15:53  Ver: 09.00.06
SerialNumber      : 0334-2873-3810-5090-7173-6739-91
Version           : VRTUAL - 5001223



PS C:\Users\Administrator>
```

Abbildung 0.11: Get-WmiObject ohne Parameter fordert die Klasse an

Hier ist also verpflichtend ein Parameter notwendig. Gib hier einmal als Klasse „win32_bios“ an. Als Ergebnis solltest Du diverse Angaben zur Bios Version, zum Hersteller (Manufacturer), zur Seriennummer etc. erhalten.

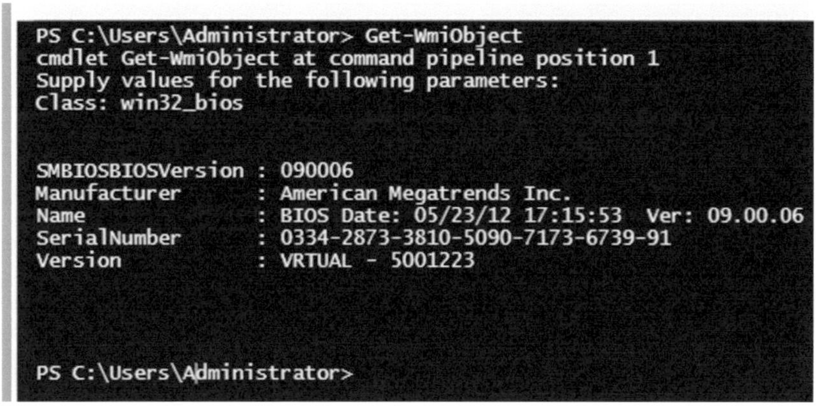

```
PS C:\Users\Administrator> Get-WmiObject
cmdlet Get-WmiObject at command pipeline position 1
Supply values for the following parameters:
Class: win32_bios


SMBIOSBIOSVersion : 090006
Manufacturer      : American Megatrends Inc.
Name              : BIOS Date: 05/23/12 17:15:53  Ver: 09.00.06
SerialNumber      : 0334-2873-3810-5090-7173-6739-91
Version           : VRTUAL - 5001223



PS C:\Users\Administrator>
```

Abbildung 0.12: Get-WmiObject mit class-Parameter „win32_bios"

A.7 Hilfe benutzen

Bisher war man mit den Hilfetexten innerhalb der Kommandozeile unter Windows nicht sehr verwöhnt.

```
c:\>net user /?
```

```
Die Syntax dieses Befehls lautet:
```

```
NET USER
[Benutzername [Kennwort | *] [Optionen]] [/DOMAIN]
      Benutzername {Kennwort | *} /ADD [Optionen] [/DOMAIN]
      Benutzername [/DELETE] [/DOMAIN]
      Benutzername [/TIMES:{Zeiten | ALL}]
```

Das hat sich unter PowerShell fast schon „dramatisch" geändert. Die Hilfeseiten sind sehr ausführlich und erinnern an die „Man-Pages" unter Linux/ Unix.

A.7.1 Aktualisierung der Hilfedateien

Die Hilfedateien sind seit PowerShell 4 nicht mehr standardmäßig vollständig mit dabei.

Um stets die aktuelle Version der Hilfedateien zu erhalten gibt es seit

PSVersion 3 ein extra Commandlet dafür: „Update-Help“. Um die Hilfedateien zu aktualisieren benötigst Du einen Internetzugang und ein paar Minuten Zeit.

Starte eine PowerShell-Konsole als Administrator und gib dort den Befehl „Update-Help“ ein. Die Hilfedateien laden sich dann bei einer bestehenden Internetverbindung innerhalb weniger Minuten herunter.

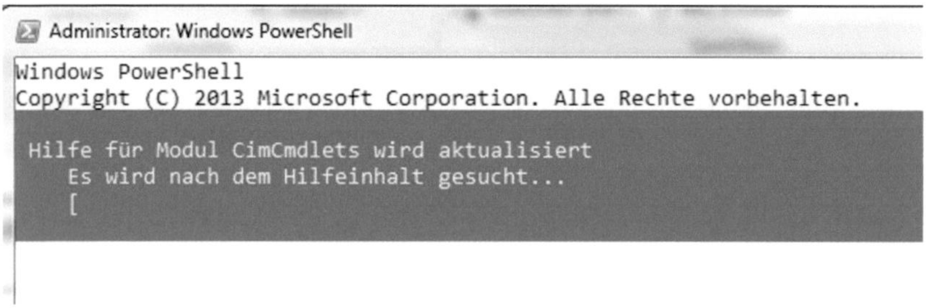

```
Administrator: Windows PowerShell
Windows PowerShell
Copyright (C) 2013 Microsoft Corporation. Alle Rechte vorbehalten.

 Hilfe für Modul CimCmdlets wird aktualisiert
    Es wird nach dem Hilfeinhalt gesucht...
    [
```

Abbildung 0.13: Aktualisierung der Hilfe als Administrator

Zeitgleich mit der Aktualisierung der Hilfedateien zum Herunterladen über den eben beschriebenen Weg, aktualisiert Microsoft zeitgleich auch die Online-Version. Wenn Du keine Administratoren-Berechtigungen auf dem System hast, aber einen Internet-Zugang besitzt, dann nutze die Option „-Online“ hinter dem Hilfe-Cmdlet: „Get-Help <Name des Commandlets> -Online“. Du bekommst damit die Hilfe direkt in Deinem Standard-Browser angezeigt.

A.7.2 Export der Hilfe-Dateien

Du kannst die einmal heruntergeladenen Hilfedateien exportieren und auf anderen Rechnern importieren, zum Beispiel auf Servern, die aus Sicherheitsgründen nicht mit dem Internet verbunden sind. Das Cmdlet dazu ist „Save-Help“. Zum Export musst Du einen Speicherort und optional die Sprachversion angeben. Die Parameter dazu sind „-DestinationPath“ und „-UICulture“. Der komplette Befehl lautet somit „Save-Help -DestinationPath C:\Temp\ps_help –UICulture „en-us“. Die Hilfe wird nun im Pfad C:\Temp\ps_help gespeichert.

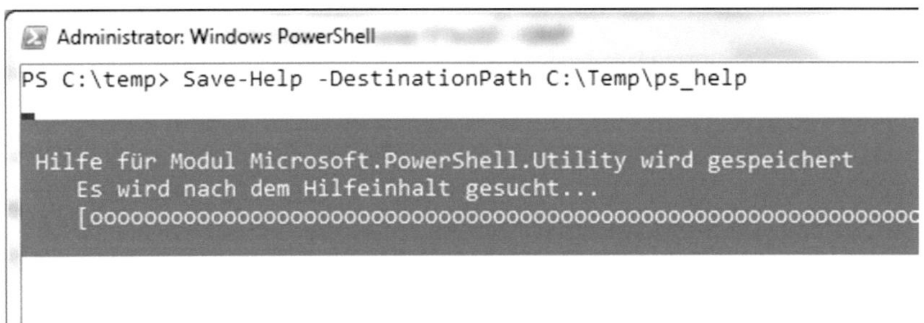

Abbildung 0.14: Export der Hilfedateien nach c:\temp\ps_help

Dieser Vorgang dauert einen Moment und Du findest die exportierten Hilfedateien anschließend im angegebenen Ordner.

(C:) OS ▸ Temp ▸ ps_help ▸

Extras ?

Brennen Neuer Ordner

Name	Änderungsdatum
CimCmdlets_fb6cc51d-c096-4b38-b78d-0fed6277096a_en-US_HelpCon...	19.02.2015 09:14
CimCmdlets_fb6cc51d-c096-4b38-b78d-0fed6277096a_HelpInfo.xml	19.02.2015 09:14
ISE_bae93d8e-782c-4a23-b87f-8699bfc17ee0_en-US_HelpContent.cab	19.02.2015 09:14
ISE_bae93d8e-782c-4a23-b87f-8699bfc17ee0_HelpInfo.xml	19.02.2015 09:14
Microsoft.PowerShell.Core_00000000-0000-0000-0000-000000000000_en...	19.02.2015 09:15
Microsoft.PowerShell.Core_00000000-0000-0000-0000-000000000000_H...	19.02.2015 09:15
Microsoft.PowerShell.Diagnostics_ca046f10-ca64-4740-8ff9-2565dba61...	19.02.2015 09:14
Microsoft.PowerShell.Diagnostics_ca046f10-ca64-4740-8ff9-2565dba61...	19.02.2015 09:14
Microsoft.PowerShell.Host_56d66100-99a0-4ffc-a12d-eee9a6718aef_en...	19.02.2015 09:14
Microsoft.PowerShell.Host_56d66100-99a0-4ffc-a12d-eee9a6718aef_He...	19.02.2015 09:14

Abbildung 0.15: Exportierte PowerShell-Hilfedateien

A.7.3 Import der Hilfe-Dateien

Kopiere nun das komplette Verzeichnis auf einen USB-Stick oder eine Netzwerk-Freigabe und importiere mittels „Update-Help“ die Hilfe-Dateien auf den oder die anderen Rechner. Der Pfad zu den Hilfedateien ist dazu notwendig. Der erforderliche Parameter ist „-Path“: „Update-Help -Path <Pfad zu den Hilfedateien>“. Auch hier dauert es einen kurzen Moment, bis die Hilfedateien alle in das lokale System importiert sind.

A.7.4 Verwendung der Hilfe

Jetzt liegen Dir die aktuellen Hilfe-Dateien vor. Damit kannst Du zu jedem Commandlet die komplette Syntax einsehen und Dir auch Beispiele dazu ansehen. Spielen wir ein Beispiel durch.

Der Befehl um sich die Hilfe-Inhalte zu einem Cmdlet anzusehen lautet „Get-Help <Cmdlet>“. Damit Du Dir den Inhalt eines Ordners anzeigen lassen kannst, gibt es das Cmdlet „Get-ChildItem“. Wenn Du das nun in der PowerShell-Konsole eintippst und mit „Enter“ bestätigst, dann erhältst Du die Ausgabe zu diesem Ordner. Jetzt möchtest Du aber auch die untergeordneten Ordner aufgelistet haben, deshalb brauchst Du die Information, welche Parameter es zu „Get-ChildItem“ gibt. Verwende den Befehl „Get-Help Get-ChildItem“.

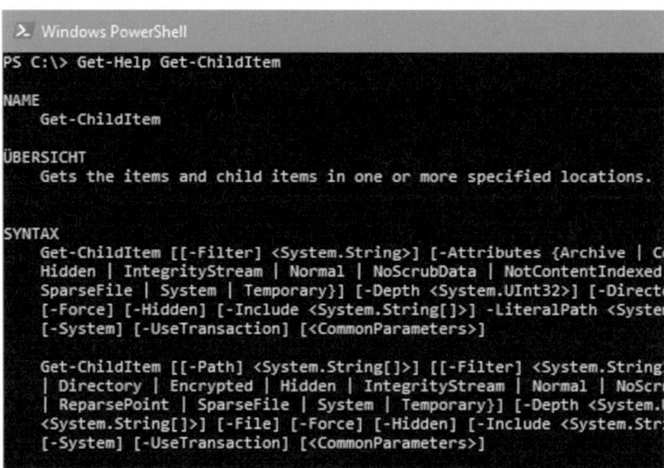

Abbildung 0.16: Get-Help Get-ChildItem (Ausschnitt)

Die Ausgabe am Bildschirm zeigt Dir nun das Ergebnis des Hilfetexts zu „`Get-ChildItem`". Du siehst noch einmal den Namen des Cmdlets und in einer kurzen Beschreibung, was das Cmdlet macht, wenn Du es verwendest.
„`Ruft die Elemente und untergeordneten Elemente an angegebenen Speicherorten ab.`" Damit hast Du das PowerShell-Gegenstück zu „dir" unter der bekannten schwarzen Kommandozeile. „`Get-ChildItem`" zeigt Dir den Inhalt des gegenwärtigen Pfads. Als nächstes siehst Du zwei Parametersätze[47]. Diese sehen auf den ersten Blick identisch aus.

Der erste Parametersatz beginnt mit `Get-ChildItem [[-Path]]` und der Zweite mit `Get-ChildItem [[-Filter]]`. Die weiteren Parameter unterscheiden sich in beiden Sätzen von Get-ChildItem kaum. Grundsätzlich gilt: wenn Du einmal einen Parameter verwendest, der für diesen Parametersatz einzigartig ist, kannst Du ausschließlich nur die für diesen Parametersatz hinterlegten Parameter bis zum Ende dieses Cmdlets verwenden.

Du kannst nicht beide Parametersätze in einem PowerShell-Befehl mischen.

Als konkretes Beispiel: Wenn Du den Parametersatz `Get-ChildItem [[-Path]]` verwendest, dann steht Dir der Parameter „`-LiteralPath`" hier nicht zur Verfügung.[48]

Sehen wir uns einen Parametersatz etwas genauer an:

```
„Get-ChildItem [[-Path] <String[]>] [[-Filter]
<String>] [-Exclude <String[]>] [-Force] [-
Include <String[]>] [-Name] [-Recurse] [-
UseTransaction [<SwitchParameter>]]
[<CommonParameters>]"
```

[47] „Windows PowerShell uses parameter sets to enable you to write a single cmdlet that can perform different actions for different scenarios. Parameter sets enable you to expose different parameters to the user and to return different information based on the parameters specified by the user." Quelle: https://msdn.microsoft.com/en-us/library/dd878348(v=vs.85).aspx

[48] Im Gegensatz dazu hat „Invoke-Command" sieben Syntax-Sätze, die sich mitunter signifikant unterscheiden.

Du siehst um die einzelnen Parameter eine oder mehrere eckige Klammern „[..]”. Diese bedeuten, dass diese Angabe optional ist. In diesem Fall brauchst Du den Parameter „-Path“ nicht anzugeben.

PowerShell interpretiert den ersten Wert nach „Get-ChildItem“ als den Wert zu „-Path“. Gibst Du auch hier nichts an, dann wird automatisch der aktuelle Pfad verwendet, in dem sich die PowerShell-Konsole gerade befindet. Daher funktioniert „Get-ChildItem“ auch ohne explizite Parameter und Werte, genau wie beispielsweise auch „Get-Service“.

Hinter dem Parameter „-Path“ steht als Eingabewerte „<String[]>“. Das bedeutet, dass mehrfache Werte als Eingabe akzeptiert werden, die jeweils durch ein Komma voneinander getrennt werden.

„Get-ChildItem -Path C:\temp, C:\Windows, c:\Windows\system32“

Ein alternativer Weg, sich die Hilfedatei außerhalb der Konsole und/ oder ISE anzeigen zu lassen, ist, neben der bereits erwähnten Methode über den Parameter „-Online“, der Parameter „-ShowWindow“.

Es öffnet sich dadurch ein extra Fenster mit dem Inhalt der lokalen Hilfe. Dies lässt sich bequem auf einen zweiten Monitor oder neben das Konsolenfenster schieben. Du bekommst hier stets die kompletten Inhalte angezeigt, so als würdest Du die Option „-Full“ nutzen (dazu kommen wir in ein paar Momenten in diesem Anhang).

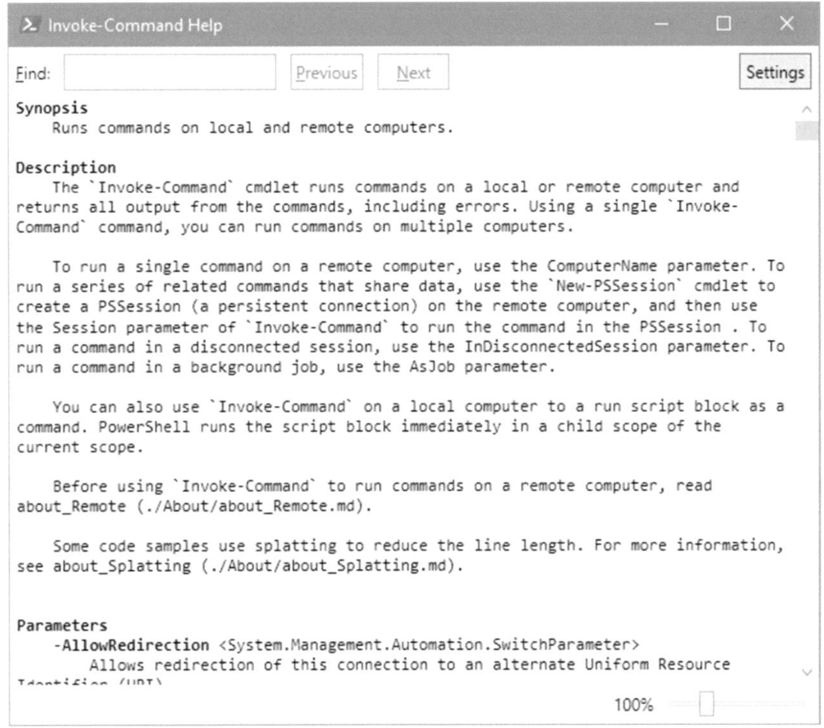

Abbildung 0.17: Get-Help Invoke-Command –ShowWindows

PRAXIS-TIPP:
Gewöhne Dir gleich an, die gewünschte Hilfe zu einem Cmdlet mit dem Parameter „`-Full`" aufzurufen.

Der „`Get-Help`"-Aufruf eines Cmdlets mit dem Parameter „`-Full`" hat mehrere Vorteile. Dadurch erhältst Du die detaillierten Hilfeinhalte mit einer ausführlichen Beschreibung der Parameter und zwischen einem und elf (!) Beispielen. Die Ausführungen zeigen Dir im Einzelnen an, welche Parameter verpflichtend und positional sind. Positionale Parameter müssen an der geforderten Stelle stehen. Manchmal mit dem Parameternamen, manchmal ohne.

Schau Dir dazu gleich „Get-Help `Get-ChildItem -Full`" an.

Im Vergleich zu einem einfachen „`Get-Help Get-ChildItem`"

beginnt der erweiterte Teil der Hilfe mit der ausführlichen Beschreibung der einzelnen Parameter. Schauen wir uns exemplarisch die Option „-Path“ an. „-Path <String[]>“ zeigt Dir durch <String[]> an, dass Du einen oder mehrere Parameterwerte angeben kannst. Diese sind durch Kommata zu trennen. Also z.B. ist „Get-ChildItem -Path c:\, c:\windows“ möglich. Der Parametername „-Path” ist nicht verpflichtend anzugeben. Allerdings müssen die Werte dann dazu an Position 1 stehen. Da der Standardwert der aktuelle Pfad ist, muss nur ein Wert angegeben werden, wenn man einen anderen Pfad abfragen möchte. Befindet sich die PowerShell-Konsole in C:\Windows\system32, dann würdest Du logischerweise eine Auflistung aller Ordner und Dateien von system32 erhalten, wenn Du „Get-ChildItem“ ohne weitere Parameter aufrufst. Du kannst auch Platzhalterzeichen wählen. „Get-ChildItem -Path c:\pro*“ wäre somit eine gültige Eingabe.

Nimm noch den Parameter „-Recurse“ hinzu. „-Recurse“ ist nicht erforderlich, er kann prinzipiell an jeder Stelle in der Syntax stehen, da der Name angegeben werden muss. Das siehst Du am Eintrag „Position?“: named. Es gibt weder einen Standardwert, noch können Inhalte aus der Pipeline übergeben werden oder Platzhalterzeichen verwendet werden.

So kannst Du Deine Syntax Schritt für Schritt erarbeiten. Auch später, wenn Du eine gewisse Erfahrung hast, wirst Du bei neuen Cmdlets keine Probleme haben diese anzuwenden.

PRAXIS-TIPP:
Am Ende jedes Commandlets stehen unter „Verwandte Links“ noch wertvolle Hinweise. Du findest dort beispielsweise den URL zur Online-Version des Commandlets sowie eine kleine Liste von Cmdlets, die für eine Weiterverarbeitung der Daten nützlich sein können.

Bei „Get-ChildItem“ sieht das so aus:

```
VERWANDTE LINKS
Online Version:
https://docs.microsoft.com/powershell/module/microsoft.powershe
ll.management/get-childitem?view=powershell-5.1&WT.mc_id=ps-
gethelp
about_Certificate_Provider
about_Providers
about_Quoting_Rules
about_Registry_Provider
ForEach-Object
Get-Alias
Get-Item
Get-Location
Get-Process
Get-PSProvider
Split-Path
about_Providers
```

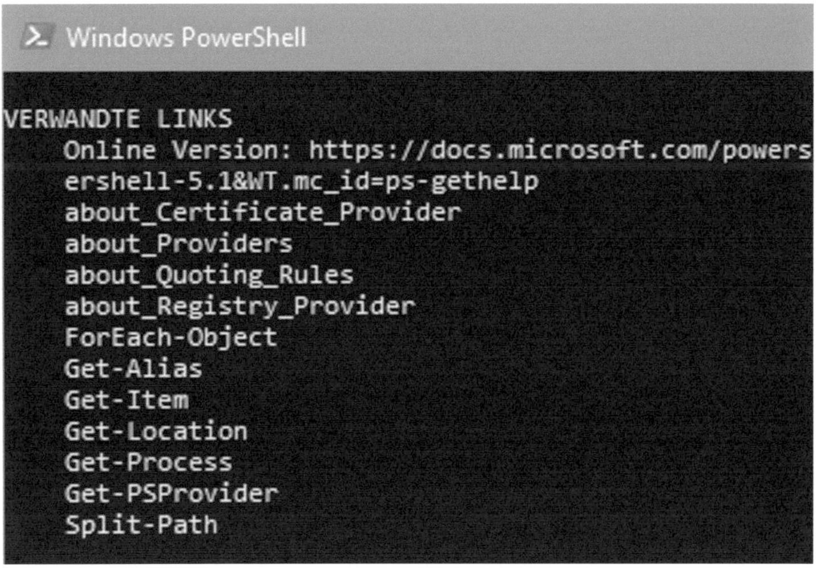

```
Windows PowerShell

VERWANDTE LINKS
    Online Version: https://docs.microsoft.com/powers
    ershell-5.1&WT.mc_id=ps-gethelp
    about_Certificate_Provider
    about_Providers
    about_Quoting_Rules
    about_Registry_Provider
    ForEach-Object
    Get-Alias
    Get-Item
    Get-Location
    Get-Process
    Get-PSProvider
    Split-Path
```

Abbildung 0.18: Verwandte Links von Get-ChildItem

A.8 Cmdlets finden

Mit „`Get-Command`“ kannst Du alle gegenwärtig vorhandenen Module nach einem bestimmten Begriff durchsuchen. Nehmen wir an, Du möchtest eine Active Directory Gruppe per PowerShell anlegen, aber Du kennst das oder die dazugehörigen Cmdlets nicht. Lade zuerst das Active Directory Modul. Das RSAT hast Du ja schon installiert. Verwende dazu den Befehl „`Import-Module ActiveDirectory`“. Das Modul wird nun geladen. Dies dauert einen kurzen Moment. Dann kannst Du mit „Get-Command“ und Wildcards danach suchen. „`Get-Command *group*`“ gibt Dir als Resultat alle vorhandenen Commandlets zurück, die „group“ enthalten und in den geladenen PowerShell-Modulen enthalten sind. Beginnend bei Add-ADGroupMember über New-ADGroup zu Test-SqlAvailabilityGroup. Um eine neue Active Directory Gruppe anzulegen sieht „`New-ADGroup`” doch ganz gut aus? ;-)

```
PS C:\Users\Administrator> Get-Command *group*

CommandType     Name                                   Version    Source
-----------     ----                                   -------    ------
Alias           group -> Group-Object
Function        Add-DhcpServerSecurityGroup            2.0.0.0    Dhcp...
Function        Get-NfsClientgroup                     1.0        NFS
Function        Get-NfsNetgroupStore                   1.0        NFS
Function        New-NfsClientgroup                     1.0        NFS
Function        Remove-NfsClientgroup                  1.0        NFS
Function        Rename-NfsClientgroup                  1.0        NFS
Function        Set-NfsClientgroup                     1.0        NFS
Function        Set-NfsNetgroupStore                   1.0        NFS
Cmdlet          Add-ADGroupMember                      1.0.0.0    Acti...
Cmdlet          Add-ADPrincipalGroupMembership         1.0.0.0    Acti...
Cmdlet          Get-ADAccountAuthorizationGroup        1.0.0.0    Acti...
Cmdlet          Get-ADGroup                            1.0.0.0    Acti...
Cmdlet          Get-ADGroupMember                      1.0.0.0    Acti...
Cmdlet          Get-ADPrincipalGroupMembership         1.0.0.0    Acti...
Cmdlet          Get-NfsNetgroup                        1.0        NFS
Cmdlet          Group-Object                           3.1.0.0    Micr...
Cmdlet          New-ADGroup                            1.0.0.0    Acti...
Cmdlet          New-NfsNetgroup                        1.0        NFS
Cmdlet          Remove-ADGroup                         1.0.0.0    Acti...
Cmdlet          Remove-ADGroupMember                   1.0.0.0    Acti...
Cmdlet          Remove-ADPrincipalGroupMembership      1.0.0.0    Acti...
Cmdlet          Remove-NfsNetgroup                     1.0        NFS
Cmdlet          Set-ADGroup                            1.0.0.0    Acti...
Cmdlet          Set-NfsNetgroup                        1.0        NFS


PS C:\Users\Administrator>
```

*Abbildung 0.19: Ergebnis von „Get-Command *group*“*

Schau Dir jetzt mit „`Get-Help New-ADGroup -Full`” die Syntax des Cmdlets genauer an. Welche Parameter sind erforderlich?

„`Get-Command`“ hat den interessanten Parameter „`-Module`“. Damit kannst Du direkt in einem Modul nach Cmdlets suchen, auch wenn das

Modul nicht geladen ist. Auf das jüngste Beispiel angewandt lautet die Befehlszeile dann „`Get-Command -Module ActiveDirectory *group*`“

```
PS C:\Windows\system32> Get-Command -Module ActiveDirectory *group*

CommandType     Name                                         ModuleName
-----------     ----                                         ----------
Cmdlet          Add-ADGroupMember                            ActiveDirectory
Cmdlet          Add-ADPrincipalGroupMembership               ActiveDirectory
Cmdlet          Get-ADAccountAuthorizationGroup              ActiveDirectory
Cmdlet          Get-ADGroup                                  ActiveDirectory
Cmdlet          Get-ADGroupMember                            ActiveDirectory
Cmdlet          Get-ADPrincipalGroupMembership               ActiveDirectory
Cmdlet          New-ADGroup                                  ActiveDirectory
Cmdlet          Remove-ADGroup                               ActiveDirectory
Cmdlet          Remove-ADGroupMember                         ActiveDirectory
Cmdlet          Remove-ADPrincipalGroupMembership            ActiveDirectory
Cmdlet          Set-ADGroup                                  ActiveDirectory
```

Abbildung 0.20: Suche in einem speziellen Modul

„`Get-Command`“ listet Dir nicht nur alle Commandlets Deines Rechners und von importierten Sitzungen entfernter Systeme auf, sondern auch die Anwendungen auf die der Suchbegriff passt!

„`Get-Command *pin*`“ liefert Dir zu den Cmdlets auch pathping.exe, ping.exe, spinstall.exe etc.

```
Administrator: Windows PowerShell
PS C:\Windows\system32> Get-Command *pin*

CommandType     Name                    Version    Source
-----------     ----                    -------    ------
Cmdlet          Add-PSSnapin            3.0.0.0    Microsoft.PowerShell.Core
Cmdlet          Get-GPInheritance       1.0.0.0    GroupPolicy
Cmdlet          Get-PSSnapin            3.0.0.0    Microsoft.PowerShell.Core
Cmdlet          Remove-PSSnapin         3.0.0.0    Microsoft.PowerShell.Core
Cmdlet          Set-GPInheritance       1.0.0.0    GroupPolicy
Application     PATHPING.EXE            10.0.14... C:\Windows\system32\PATHPING.EXE
Application     PING.EXE                10.0.14... C:\Windows\system32\PING.EXE
Application     rdpinit.exe             10.0.14... C:\Windows\system32\rdpinit.exe
Application     rdpinput.exe            10.0.14... C:\Windows\system32\rdpinput.exe
Application     RpcPing.exe             10.0.14... C:\Windows\system32\RpcPing.exe
Application     SnippingTool.exe        10.0.14... C:\Windows\system32\SnippingTool.exe
```

Abbildung 0.21: Get-Command liefert auch Nicht-Cmdlets zurück

A.9 Wichtige Cmdlets

Wie schon erwähnt kann man sich mit ein paar wenigen Commandlets die meisten anderen herleiten, bzw. Schritt für Schritt annähern.[49]

[49] Eine Übersicht von grundlegenden Commandlets samt Aliasen findest Du hier: http:// http://blogs.technet.com/b/heyscriptingguy/archive/2015/06/11/table-of-basic-powershell-commands.aspx

A.9.1 Get-ChildItem

„`Get-ChildItem`“ hast Du schon im Abschnitt A.5 genauer kennengelernt.

A.9.2 Get-Command

„`Get-Command`“ wurde schon im Abschnitt A.8 näher beschrieben. Dieser Befehl und seine Parameter sind Dreh- und Angelpunkt zur Suche nach Commandlets.

A.9.3 Get-Help

„`Get-Help`“ wurde schon in Abschnitt A.4 ausführlich behandelt. Es ist für Dich DAS Commandlet, mit dem Du an alle Informationen zu jedem anderen Cmdlet kommst. Verwende zu Beginn Deines Lernprozesses immer den Parameter „`-Full`“. Damit hast Du automatisch alle Erklärungen und Beispiele im Blick.

A.9.4 Get-Member

Mit „`Get-Member`“ lässt Du Dir die kompletten Eigenschaften eines Commandlets anzeigen. PowerShell hat die (un-)angenehme Eigenschaft eine voreingestellte Vorauswahl der erzeugten Objekte zu verwenden.

Probiere das an Hand eines Beispiels aus. „`Get-ChildItem`“ ist hierfür ideal. Als Ergebnis erhältst Du eine Auflistung aller Dateien im angegebenen Pfad mit „Mode, LastWriteTime, Length und Name“. Das ist aber nicht alles, was Get-ChildItem an Eigenschaften zu bieten hat. Verkette „`Get-ChildItem`“ mittels der Pipeline mit „`Get-Member`“ (Details zur Pipeline im nächsten Abschnitt A.10).

```
Get-ChildItem | Get-Member
```

Du siehst in der Ergebnisliste eine Aufzählung der MemberTypes. Alles was mit „Property“ gekennzeichnet ist, kannst Du Dir mit „`Get-ChildItem`“ anzeigen lassen. Da ist quasi alles schon dabei. „Creation, Exists, LastAccessTime“ usw.

```
PS C:\Users\Administrator> Get-ChildItem | Get-Member

   TypeName: System.IO.DirectoryInfo

Name                      MemberType     Definition
----                      ----------     ----------
Mode                      CodeProperty   System.String Mode{get=Mode;}
Create                    Method         void Create(), void Create(System.Securit...
CreateObjRef              Method         System.Runtime.Remoting.ObjRef CreateObjR...
CreateSubdirectory        Method         System.IO.DirectoryInfo CreateSubdirector...
Delete                    Method         void Delete(), void Delete(bool recursive)
EnumerateDirectories      Method         System.Collections.Generic.IEnumerable[Sy...
EnumerateFiles            Method         System.Collections.Generic.IEnumerable[Sy...
EnumerateFileSystemInfos  Method         System.Collections.Generic.IEnumerable[Sy...
Equals                    Method         bool Equals(System.Object obj)
GetAccessControl          Method         System.Security.AccessControl.DirectorySe...
GetDirectories            Method         System.IO.DirectoryInfo[] GetDirectories(...
GetFiles                  Method         System.IO.FileInfo[] GetFiles(string sear...
GetFileSystemInfos        Method         System.IO.FileSystemInfo[] GetFileSystemI...
GetHashCode               Method         int GetHashCode()
GetLifetimeService        Method         System.Object GetLifetimeService()
GetObjectData             Method         void GetObjectData(System.Runtime.Seriali...
GetType                   Method         type GetType()
InitializeLifetimeService Method         System.Object InitializeLifetimeService()
MoveTo                    Method         void MoveTo(string destDirName)
Refresh                   Method         void Refresh()
SetAccessControl          Method         void SetAccessControl(System.Security.Acc...
ToString                  Method         string ToString()
PSChildName               NoteProperty   string PSChildName=Contacts
PSDrive                   NoteProperty   PSDriveInfo PSDrive=C
PSIsContainer             NoteProperty   bool PSIsContainer=True
PSParentPath              NoteProperty   string PSParentPath=Microsoft.PowerShell....
PSPath                    NoteProperty   string PSPath=Microsoft.PowerShell.Core\F...
PSProvider                NoteProperty   ProviderInfo PSProvider=Microsoft.PowerSh...
Attributes                Property       System.IO.FileAttributes Attributes {get;...
CreationTime              Property       datetime CreationTime {get;set;}
CreationTimeUtc           Property       datetime CreationTimeUtc {get;set;}
Exists                    Property       bool Exists {get;}
Extension                 Property       string Extension {get;}
FullName                  Property       string FullName {get;}
LastAccessTime            Property       datetime LastAccessTime {get;set;}
LastAccessTimeUtc         Property       datetime LastAccessTimeUtc {get;set;}
LastWriteTime             Property       datetime LastWriteTime {get;set;}
LastWriteTimeUtc          Property       datetime LastWriteTimeUtc {get;set;}
```

Abbildung 0.22: Ergebnis von „Get-ChildItem | Get-member“ (Ausschnitt)

PRAXIS-TIPP:

Eine interessante Variante zu „`Get-Member`“ ist in einigen Fällen die Verwendung von „`Format-List *`“. Der Unterschied liegt darin, dass Du zu den Eigenschaften zusätzlich die tatsächlichen Werte dazu erhältst. Damit hast Du die Möglichkeit zu vergleichen, ob Deine Eingaben auch dem entsprechen, was der Parameter auch verarbeiten kann.

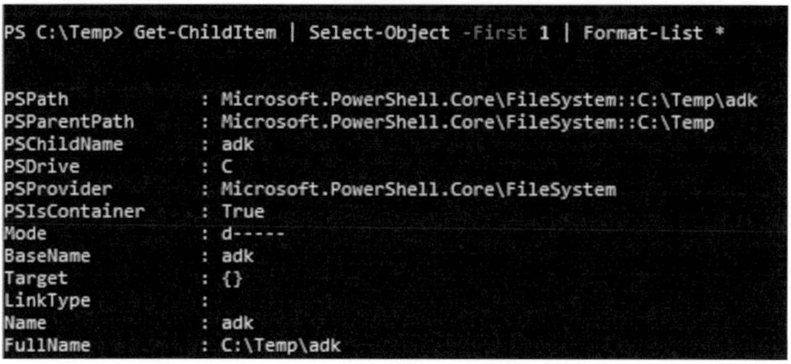

```
PS C:\Temp> Get-ChildItem | Select-Object -First 1 | Format-List *


PSPath            : Microsoft.PowerShell.Core\FileSystem::C:\Temp\adk
PSParentPath      : Microsoft.PowerShell.Core\FileSystem::C:\Temp
PSChildName       : adk
PSDrive           : C
PSProvider        : Microsoft.PowerShell.Core\FileSystem
PSIsContainer     : True
Mode              : d-----
BaseName          : adk
Target            : {}
LinkType          :
Name              : adk
FullName          : C:\Temp\adk
```

*Abbildung 0.23: Get-ChildItem | Format-List * (Ausschnitt)*

A.10 Die Pipeline (vereinfacht)

Die Pipeline ermöglicht es Dir zwei oder mehrere PowerShell-Befehle miteinander und aufeinanderfolgend zu verketten. Du übergibst hiermit das Ergebnis des einen Befehls direkt an den Nächsten, damit dieser weitere Aktionen mit den zuvor erzeugten Objektdaten durchführt. Du hast dadurch eine Art Bausatz des Windows-Skripting zur Verfügung!

Bauen wir ein simples Beispiel schrittweise auf:

„`Get-ChildItem`" gibt bekanntermaßen den Inhalt des gegenwärtigen Verzeichnisses zurück. Die Eigenschaften, die standardmäßig zurückgegeben werden sind „Mode, LastWriteTime, Length und Name"[50].

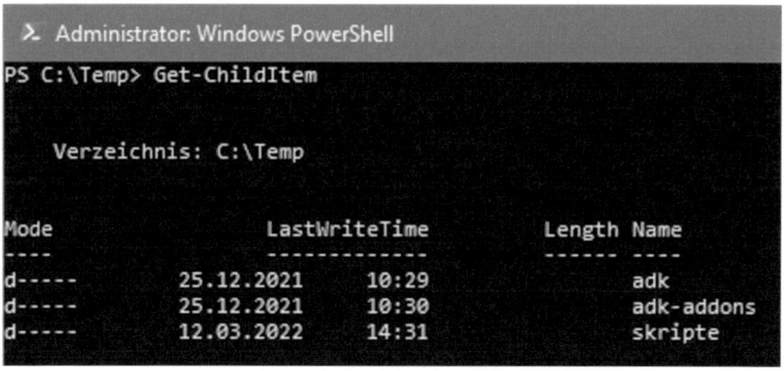

```
Administrator: Windows PowerShell
PS C:\Temp> Get-ChildItem


    Verzeichnis: C:\Temp


Mode                 LastWriteTime         Length Name
----                 -------------         ------ ----
d-----        25.12.2021     10:29                adk
d-----        25.12.2021     10:30                adk-addons
d-----        12.03.2022     14:31                skripte
```

Abbildung 0.24: Ergebnis von Get-ChildItem

[50] Die weiteren Eigenschaften von „`Get-ChildItem`" erhältst Du über „`Get-ChildItem | Get-Member -MemberType Property`".

Du willst jetzt aus dem Inhalt des Verzeichnisses nur alle Dateien angezeigt bekommen, die größer sind als 1 GB (= Datei-Größe = length), weil Du alle ISO-Dateien des Ordners haben möchtest? Dazu benötigst Du das Commandlet „`Where-Object`". Ein kurzer Blick in die Hilfe eröffnet Dir zwei Möglichkeiten. Wenn Du nur eine Filterbedingung angibst, dann genügt Dir der Parameter „`-Property`".

„`Get-ChildItem | Where-Object -Property Length -gt -Value '1000000000'`"

Möchtest Du jedoch mehr als eine Filterbedingung verwenden, dann ist der Parameter „`-Filterscript`" für Dich genau richtig. Die Syntax ist anfangs etwas sperrig, aber Du wirst Dich schnell daran gewöhnen. Die Filterbedingungen werden als Skriptblock komplett in geschweifte Klammern gefasst.[51] Die einzelnen Eigenschaften werden mit vorangestelltem „`$_`" angegeben. Für die Länge also: „`$_.Length`" (für Name dann analog „`$_.Name`" etc.).

„`Get-ChildItem | Where-Object -Filterscript {$_.length -gt '1000000000'}`"[52]

Konkret werden zuerst mit „`Get-ChildItem`" alle Objekte des gegenwärtigen Verzeichnisses eingelesen. Die Daten werden aber gleich nach Abschluss von „`Get-ChildItem`", und bevor Du diese am Bildschirm zu sehen bekommst, nacheinander über die Pipeline an den Befehl „`Where-Object`" übergeben. „`Where-Object`" prüft nun, ob die einzelnen Objekte größer (= „`-gt`") als 1 GB sind. Nur diese werden am Bildschirm angezeigt. Alle Objekte kleiner als 1 GB fallen aus der Pipeline raus.

[51] Das Konstrukt mit den geschweiften Klammern läßt sich noch beliebig erweitern. Beispielsweise mit {$_.Length -gt '1000000000' –and $_.Name –match 'en_windows'}. Damit würden nur alle Dateien angezeigt werden, die sowohl größer als 1 GB sind UND im Namen „en_windows" stehen haben.

[52] Der Parameter „-Filterscript" ist positional an erster Stelle und eine Pflichtangabe. Daher kann er weggelassen werden.

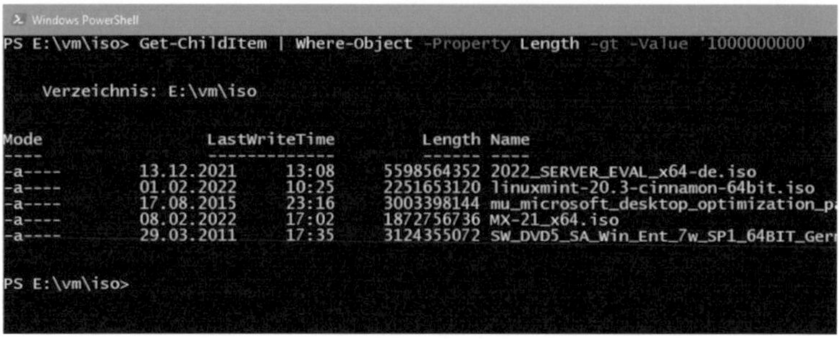

```
Windows PowerShell
PS E:\vm\iso> Get-ChildItem | Where-Object -Property Length -gt -Value '1000000000'

    Verzeichnis: E:\vm\iso

Mode                 LastWriteTime         Length Name
----                 -------------         ------ ----
-a----        13.12.2021     13:08     5598564352 2022_SERVER_EVAL_x64-de.iso
-a----        01.02.2022     10:25     2251653120 linuxmint-20.3-cinnamon-64bit.iso
-a----        17.08.2015     23:16     3003398144 mu_microsoft_desktop_optimization_p
-a----        08.02.2022     17:02     1872756736 MX-21_x64.iso
-a----        29.03.2011     17:35     3124355072 SW_DVD5_SA_Win_Ent_7w_SP1_64BIT_Ger

PS E:\vm\iso>
```

Abbildung 0.25: Ergebnis Get-ChildItem ab bestimmter Größe

Ein weiterer Schritt könnte nun sein, dass Du statt der Standardausgabe von „mode, LastTimeWrite, Length, Name“ nur „Name“ vor „Length“ möchtest. Dies erreichst Du über eine weitere Pipeline und das Cmdlet „`Select-Object`“.

```
Get-ChildItem | Where-Object -Filterscript {$_.length -gt '1000000000'} | Select-Object name, length
```

```
Windows PowerShell
PS E:\vm\iso> Get-ChildItem | Where-Object -Property Length -gt -Value '1000000000'
 | Select-Object name, length

Name                                                              Length
----                                                              ------
2022_SERVER_EVAL_x64-de.iso                                   5598564352
linuxmint-20.3-cinnamon-64bit.iso                             2251653120
mu_microsoft_desktop_optimization_pack_2015_x86_x64_dvd_5975282.iso 3003398144
MX-21_x64.iso                                                 1872756736
SW_DVD5_SA_Win_Ent_7w_SP1_64BIT_German_MLF_X17-27705.ISO      3124355072

PS E:\vm\iso> _
```

Abbildung 0.26: Ergebnis mit Anzeige des Namens und Länge

Als finalen Schritt hättest Du gern noch die umgekehrte Sortierreihenfolge? Kein Problem. Einfach die Objekte der bisherigen Commandlets in ein weiteres schicken. „`Sort-Object`“ ist der richtige Befehl dazu.

```
Get-ChildItem | Where-Object -Filterscript {$_.length -gt '1000000000'} | Select-Object name, length | Sort-Object name -Descending
```

Du benötigst für die einzelnen Schritte keine Zwischenspeicherung in Dateien.

PowerShell ist so simpel konzipiert: Hole mir das, prüfe auf das, verwerfe die folgenden Eigenschaften und sortiere nach Namen in umgekehrter Reihenfolge und zeige mir dann alles am Bildschirm an.

PRAXIS-TIPP:
Wenn Du später einmal die Objekte Deiner Pipelinekette in eine Datei herausschreiben oder über einen der Format-Befehle geordnet am Bildschirm anzeigen oder in eine Datei rausschreiben lässt, dann können danach keine weiteren Commandlets verkettet werden. Die Daten sind dann keine Objekte mehr. Die Ausgabe kann Dir unter Umständen sehr, sehr seltsame Ergebnisse liefern.

Sieh Dir den Unterschied zwischen

```
"Get-ChildItem | Where-Object -Filterscript {$_.length -gt '1000000000'} | Select-Object name, length | Sort-Object name -Descending | Out-Gridview"
```

und

```
"Get-ChildItem | Where-Object -Filterscript {$_.length -gt '1000000000'} | Select-Object name, length | Sort-Object name -Descending | Format-Table –Autosize | Out-Gridview"
```

an.

Im letzten Fall kann „Out-Gridview" nichts mehr mit dem ankommenden Format anfangen.

```
„out-gridview : Das Datenformat wird von "Out-GridView" nicht unterstützt.
In Zeile:1 Zeichen:146
+ ... le -AutoSize | out-gridview
+                    ~~~~~~~~~~~~
  + CategoryInfo             : InvalidType: (:) [Out-GridView], FormatException
  + FullyQualifiedErrorId    : DataNotQualifiedForGridView,Microsoft.PowerShell.Commands.OutGridViewCommand".
```

```
Windows PowerShell
PS E:\vm\iso> Get-ChildItem | Where-Object -Filterscript {$_.length -gt '1000000000'
} | Select-Object name, length | Sort-Object name -Descending | Format-Table -Autosi
ze | Out-Gridview
Out-Gridview : Das Datenformat wird von "Out-GridView" nicht unterstützt.
In Zeile:1 Zeichen:160
+ ...  Sort-Object name -Descending | Format-Table -Autosize | Out-Gridview
+                                                              ~~~~~~~~~~~~
    + CategoryInfo          : InvalidType: (:) [Out-GridView], FormatException
    + FullyQualifiedErrorId : DataNotQualifiedForGridView,Microsoft.PowerShell.Com
   mands.OutGridViewCommand

PS E:\vm\iso> _
```

Abbildung 0.27: Ergebnis nach einem Format-Table (Ausschnitt)

A.11 Alias

PowerShell bietet Dir auch die Verwendung und Erstellung[53] von Aliasen[54] an. Einige sind bereits standardmäßig definiert. Diese sollen dem Anfänger mit Batch- und/ oder bash-Erfahrung dabei helfen einen leichteren Einstieg in PowerShell zu finden. Beispielsweise sind „`Dir`" und „`ls`" Aliase für „`Get-ChildItem`", die alle drei das gleiche Ergebnis liefern.

PRAXIS-TIPP:

Du darfst gern einen Alias nutzen. Allerdings gilt hier ausschließlich die PowerShell-Syntax. „`Dir /s`" für die rekursive Auflistung der Verzeichnisse wird nicht funktionieren. Dementsprechend führt „`Dir -recurse`" zum Erfolg. Lass Dich überraschen, was bei „`Get-Help dir`" als Ergebnis zurückkommt.

NOCH EIN PRAXIS-TIPP:

Verzichte auf die Verwendung von Standard-Aliasen im Allgemeinen und von Eigenen im Besonderen, wenn Du noch Anfänger bist oder später kleinere Skripte erstellen wirst, die evtl. auch Kollegen nutzen. Irgendeine arme Person wird in einem Jahr oder noch später etwas ändern oder erweitern müssen. Diese Person kannst auch Du selbst sein. :-) Und da ist es besser, die volle ungekürzte Syntax vor sich zu haben.

[53] Set-Alias ist hier das Commandlet Ihrer Wahl.

[54] Get-Alias listet Ihnen alle eingebauten Aliase auf.

ANEKDOTE:

Erinnerst Du Dich evtl. an den „Superfish"-Vorfall 2015 eines größeren Rechner-Herstellers? Es gab ziemlich schnell eine Anleitung mit Bildern, um diese falschen Zertifikate zu entfernen. Diese war mehrere Seiten lang. Jeffrey Snover, der geistige Vater von PowerShell, hat innerhalb kurzer Zeit einen PowerShell-Einzeiler über Twitter verbreitet, der komplett aus Aliasen bestand und das Problem gleich für alle Rechner im Netzwerk löste.

```
icm -cn (cat computers.txt) {dir cert:\ -rec |
where subject -match 'superfish' | remove-item}
```

Die komplett ausgeschriebene Version dazu:

```
Invoke-Command -ComputerName (Get-Content
computers.txt) {Get-ChildItem cert:\ -Recurse
| Where-Object {$_.subject -match
'superfish'} | remove-item}
```

Immer noch ein Einzeiler, aber nach längerer Zeit besser und einfacher zu lesen, wenn Skripting und Programmierung nicht das tägliche Brot ist. ;-)

A.12 Fehlermeldungen

Über kurz oder lang wirst Du eine Fehlermeldung erhalten, wenn Du ein Commandlet ausführst. Diese sehen in ihrer roten Farbe auf den ersten Blick anfangs ziemlich angsteinflößend aus.

Sie sind in den allermeisten Fällen ziemlich aufschluss- und hilfreich, wenn man sie aufmerksam liest.

Wenn Du den Bindestrich bei einem Cmdlet vergisst, wirst Du dies als Fehlermeldung bekommen:

„**new: Die Benennung "new" wurde nicht als Name eines Cmdlet, einer Funktion, einer Skriptdatei oder eines ausführbaren Programms erkannt.** Überprüfen Sie die Schreibweise des Namens, oder ob der Pfad korrekt ist (sofern enthalten), und wiederholen Sie den Vorgang.

```
In Zeile:1 Zeichen:1
+ new adgroup
+ ~~~
+ CategoryInfo : ObjectNotFound: (new:String) [],
CommandNotFoundException
+ FullyQualifiedErrorId : CommandNotFoundException"
```

Das ist eindeutig. "New" allein ist keine korrekte Syntax.

Vergisst Du bei „`Get-ChildItem Path C:\Temp`" den Bindestrich vor Path bekommst Du folgende Rückmeldung.

```
Get-ChildItem : Der Pfad "C:\Temp\Path" kann nicht
gefunden werden, da er nicht vorhanden ist.
In Zeile:1 Zeichen:1
+ Get-ChildItem Path C:\Temp
+ ~~~~~~~~~~~~~~~~~~~~~~~~~~
      + CategoryInfo:          ObjectNotFound:
(C:\Temp\Path:String) [Get-ChildItem],
ItemNotFoundException
      + FullyQualifiedErrorId:
PathNotFound,Microsoft.PowerShell.Commands.GetChildIte
mCommand
```

Auch hier ist die Sache eindeutig. „Der Pfad C:\temp\path kann nicht gefunden werden."

Solltest Du eine Fehlermeldung erhalten, dann lies diese zuerst aufmerksam durch. Die Lösung steht, wie schon geschrieben, sehr oft deutlich im Text.

Hast Du einige Commandlets verkettet, dann gehe einen Schritt zurück nach links. Prüfe, ob vor der letzten Verkettung noch Daten ausgegeben werden.

Du hast im Abschnitt A.8 die folgende Kette samt Fehlermeldung schon kennen gelernt.

```
“Get-ChildItem | Where-Object -Filterscript {$_.length -gt '1000000000'} | Select-Object name, length | Sort-Object name -Descending | Format-Table –Autosize | Out-Gridview”
```

Gehe nun zur Fehlersuche einen Schritt “nach links”.

```
“Get-ChildItem | Where-Object -Filterscript {$_.length -gt '1000000000'} | Select-Object name, length | Sort-Object name -Descending | Format-Table –Autosize”
```

Du erhältst wieder eine sinnvolle Ausgabe und keine Fehlermeldung. Also liegt der Fehler bei der Übergabe der bisher erzeugten Daten von „`Format-Table`“ zu „`Out-GridView`“.

A.13 Zum Schluss

PowerShell ist mittlerweile Open Source und auf GitHub in Version 7.x, ebenfalls für Linux und MacOS, verfügbar. Auch mit Windows 11 kommt Windows PowerShell standardmäßig als Version 5.x bei der Installation mit. Diese Version unterscheidet sich allerdings von der Version auf GitHub. Es ist kein Problem beide zeitgleich auf dem Rechner laufen zu lassen.

Es gibt einige Unterschiede. Bei der Standardversion heißt die Exe-Datei powershell.exe, bei der Open Source Variante die pwsh.exe. Für die Kompatibilität sind einige Commandlets weggefallen und PowerShell 7 basiert auf .NET core statt auf .NET Framework. Details findest Du hier.[55]

[55] https://docs.microsoft.com/de-de/powershell/scripting/whats-new/differences-from-windows-powershell?view=powershell-7.2

```
if (Learn-PowerShell -le $Null)
 {
      Get-Fired -recurse -force
 }
 else
 {
      Get-Raise –Path \\YourWallet\account -force
 }
# ;-)
```

Anhang B Eigenschaften-Verzeichnis

Dieser Anhang ist der aufbereitete Inhalt der MDT-Skript-Datei „ZTIGather.xml“. Er soll Dir als einfache Nachschlagemöglichkeit über die vorhandenen und bereitgestellten Eigenschaften des Microsoft Deployment Toolkits dienen. Die Eigenschaften kannst Du in Deine CustomSettings.ini eintragen und mit Werten befüllen.

Eigenschaften	**Erklärung und Werte**
ADDSLogPath	Path to store the AD database logs
ADDSPassword	Password for user chosen to run dcpromo
ADDSUserDomain	Domain for user chosen to run dcpromo
ADDSUserName	Username chosen to run dcpromo
Administrators	List of groups and users to add to the Administrators group
AdminPassword	Specifies the local administrator password to assign (default is to use existing value)
Applications	List of applications (GUIDs) that should be installed
ApplicationSuccessCodes	Space delimited list of error codes allowed by ZTIApplications.wsf (default: 0 3010)
ApplyGPOPack	Causes the GPO Pack to not be applied if the value is set to NO
AreaCode	Area code for the computer's location
AutoConfigDNS	Chooses to auto configure DNS
AutoMode	Sets AutoMode for Server 2003 deployments

AutoUsers	Sets AutoUsers for Server 2003 deployments
BackupDir	Directory on the network share where the computer backup should be stored
BackupDrive	Drive to include in the backup (defaults to the drive with disk 0 partition 1 can be set to ALL)
BackupFile	Sets the name of the backup file used with ztibackup
BackupShare	Network share (UNC) where the computer backup should be stored
BdeDisablePreProvisioning	Disables offline pre-provisioning of BDE. Valid values are YES or NO
BdeAllowAlphaNumericPin	Allows Pin to be Alpha Numeric valid values are YES or NO (Allow enhanced PINs for startup Group Policy must be applied)
BdeDriveLetter	Drive Letter for BDE partition (default S:)
BdeDriveSize	Drive size for BDE partition (default 2048MB)
BdeInstall	(Deprecated) Specifies the type of BDE install. (KEY|TPMKey|TPMPin|TPM)
BdeInstallSuppress	Boolean to indicate whether a BDE Install should be attempted
BdeKeyLocation	(Deprecated) Specifies the location of Key files (Drive)
BdePin	BdePin for TPMPin
BdePinMinLength	Specifies the minimum pin length when using TPM and PIN (must be numeric)
BdeRecoveryKey	(Deprecated) Indicates whether a recovery password should be generated for AD

BdeWaitForEncryption	(Deprecated) Boolean (any value) indicated whether process should be held to wait for drive encryption to complete
BitsPerPel	The Color Depth of the screen in Bits Per Pixel (example: 32 default is OS Default)
BuildID	Build ID used to automate LTI/ZTI build selection (default is blank)
CaptureGroups	Specifies whether to capture the local group membership from the machine (default is YES; ALL can also be specified)
ChildName	Name of child domain
ComputerBackupLocation	Specifies where the computer backup should be stored (AUTO NETWORK NONE specific path default is AUTO)
ComputerName	The new computer name to assign to the computer
ConfigFileName	Filename of config file (example: unattend.xml. Used for OEM Scenario)
ConfigFilePackage	Package ID for the Configuration Package to use for installation (Used for OEM Scenario)
ConfirmGC	Chooses whether to Confirm communication to GC
CountryCode	Country/ region code to use for telephony.
CriticalReplicationOnly	Chooses to only replicate critical information
CustomDriverSelectionProfi le	Custom SelectionProfile XML Blob used during driver installation
CustomPackageSelectionPro file	Custom SelectionProfile XML Blob used during Package installation

CustomWizardSelection Profile	Custom SelectionProfile XML Blob used by the wizard for filtering the display of various items.
DatabasePath	Path to store the AD database
DeployDrive	The drive letter mapped to the deployment share (Lite Touch only)
DeploymentMethod	The method being used for the deployment (NETWORK MEDIA OSD etc.)
DeploymentType	The type of deployment (NEWCOMPUTER REFRESH REPLACE) being performed
DeployRoot	The UNC path to the deployment share
DestinationDisk	Disk Number that the image will be deployed to
DestinationOSInstallType	Mechanism Apply OS step should use to determine where to install the OS (valid values are ByDriveLetter ByVariable ByDiskPartition NextPartition)
DestinationOSVariable	Drive letter to deploy OS to (e.g. G:) when DestinationOSInstallType=ByVariable
DestinationPartition	Disk Partition that the image will be deployed to
DHCPScopes	Number of DHCP Scopes to Configure
DHCPScopes0Description	Description for the first DHCP Scope
DHCPScopes0EndIP	Ending IP for the first DHCP Scope
DHCPScopes0ExcludeEnd IP	End of the excluding IP range for the first DHCP Scope
DHCPScopes0ExcludeStart IP	Start of the excluding IP range for the first DHCP Scope
DHCPScopes0IP	IP Subnet for the first DHCP Scope

DHCPScopes0Name	Name for the first DHCP Scope
DHCPScopes0OptionDNSDomainName	DNS Domain Name for the first DHCP Scope
DHCPScopes0OptionDNSServer	DNS Server for the first DHCP Scope
DHCPScopes0OptionLease	Lease Duration for the first DHCP Scope
DHCPScopes0OptionNBTNodeType	NBT Node Type for the first DHCP Scope
DHCPScopes0OptionPXEClient	PXE Client for the first DHCP Scope
DHCPScopes0OptionRouter	Router of the excluding IP range for the first DHCP Scope
DHCPScopes0OptionWINSServer	WINS Server for the first DHCP Scope
DHCPScopes0StartIP	Starting IP address the first DHCP Scope
DHCPScopes0SubnetMask	Subnet mask for the first DHCP Scope
DHCPServerOptionDNSDomainName	DNS domain for the DHCP Server Option
DHCPServerOptionDNSServer	DNS Server for the DHCP Server Option
DHCPServerOptionNBTNodeType	NBT NodeType for the DHCP Server Option
DHCPServerOptionPXEClient	PXE Client option for the DHCP Server Option
DHCPServerOptionRouter	Routers for the DHCP Server Option
DHCPServerOptionWINSServer	WINS Server for the DHCP Server Option
Dialing	Type of dialing to use for the telephony device in the computer such as 'Tone' or 'Pulse' (XP only)

DisableTaskMgr	Disables Task Manager during deployment if set to YES (Lite Touch only and must be used with HideShell))
DNSServerOptionBINDSecondaries	Allows BIND secondaries
DNSServerOptionDisableRecursion	Disables recursion on the DNS server
DNSServerOptionEnableNetmaskOrdering	Enables netmask ordering
DNSServerOptionEnableRoundRobin	Enables Round Robin
DNSServerOptionEnableSecureCache	Enables cache security
DNSServerOptionFailOnLoad	Toggles fail on load
DNSServerOptionNameCheckFlag	Name Check Flag
DNSZones	Number of DNS Zones to Configure
DNSZones0DirectoryPartition	AD Partition to store the zone
DNSZones0FileName	File Name of the first DNS Zone
DNSZones0MasterIP	Primary IP for the zone
DNSZones0Name	Name of the first DNS Zone
DNSZones0Scavenge	Enables scavenging
DNSZones0Type	Type of Zone
DNSZones0Update	Enables dynamic updates
DoCapture	Flag to indicate that the machine should be sysprepped and captured as a new WIM image

DomainAdmin	Account used to join to Domain (may be in 'Domain\UserName' or 'UserName@Domain.com' format)
DomainAdminDomain	Domain of Account used to join to Domain (Vista Only must be blank if 'DomainAdmin' contains domain)
DomainAdminPassword	Password of Account used to join to Domain
DomainLevel	Domain functional level
DomainNetBiosName	NetBios Name
DomainOUs	Optional list of Domain OUs to be displayed to users
DoNotCreateExtraPartition	Specifies that Windows 7 and Windows Server 2008R2 will not create the 300 MB system partition
DoNotFormatAndPartition	If set to YES skips any formatting and partitioning that would have been performed
DriverGroup	Driver groups that should be used (default is All Drivers)
DriverPaths	Driver path UNCs that should be used (no default)
DriverSelectionProfile	Profile name used during driver installation
EventService	Event web service where scripts should send events
EventShare	Event share UNC where all BDD scripts should write events for MOM management pack
FinishAction	Specifies what action should be taken when a Lite Touch task sequence completes

ForceApplyFallback	Allows imagex.exe/ apply for Windows 6.x captured images (does not use Setup.exe servicing stack)
ForestLevel	Forest Level
FullName	Specifies the full name (default is none)
GPOPackPath	Overides the default path that is used for GPO Packs (.\Templates\GPOPacks)
Groups	List of local security groups to capture and restore (default is 'Administrators' and 'Power Users')
HideShell	Causes Lite Touch task sequence to run before Explorer loads if set to YES (Lite Touch only)
Home_Page	The Internet Explorer home page that should be used on the computer
ImagePackageID	Package ID for the OS image to install (Used for OEM Scenario)
InputLocale	Locale used for Keyboard in WinPE Only example: 0409:00000409 default is OS Default)
InstallPackageID	Package ID for the OS image to install (Used for OEM Scenario)
JoinDomain	The name of the domain that should be joined (do not set if using JoinWorkgroup)
JoinWorkgroup	The name of the Workgroup that should be joined (do not set if using JoinDomain)
KeyboardLocale	Locale used for Keyboard can be either 0409:00000409 or en-US format (default is OS Default)
KeyboardLocalePE	Locale used for Keyboard in WinPE Only example: 0409:00000409 (default is OS Default)

LanguagePacks	List of language packs (GUIDs) to be installed
LoadStateArgs	Command line arguments that should be added to the USMT Loadstate command line
Location	Locations for the computer (typicaly resolved via a database lookup based on the default gateway)
LongDistanceAccess	Number to dial to gain access to an outside line such as 9
MachineObjectOU	The OU that should be used when the computer is joined to the domain (only if the computer account does not already exist)
MandatoryApplications	List of applications (GUIDs) that will be installed
NewDomain	Choice between a new forest or new domain in an existing tree or a new domain in a new tree
NewDomainDNSName	DNS domain name of new domain
OptionalOSFeatures	Comma-delimited list of optional features to be installed (typically selected in the wizard)
OptionalOSRoles	Comma-delimited list of optional role IDs to be installed (typically selected in the wizard)
OptionalOSRoleServices	Comma-delimited list of optional role service IDs to be installed (typically selected in the wizard)
OrgName	Specifies the organization name (default is none)
OSArchitecture	OS CPU Architecture Type (example: x86 or x64) (Used for OEM Scenario)

OSDAdapter0DNSServerList	Comma delimited list of DNS Servers
OSDAdapter0DNSSuffix	DNS Suffix example Fabrikam.com
OSDAdapter0EnableDHCP	If false will disable DHCP otherwise True (true if blank).
OSDAdapter0EnableDNSRegistration	True/False to enable DNS registration.
OSDAdapter0EnableFullDNSRegistration	True/False to enable Full DNS Registration
OSDAdapter0EnableLMHOSTS	True/False to enable LMHosts
OSDAdapter0EnableTCPIPFiltering	True/False to enable TCP/IP Filtering.
OSDAdapter0EnableWINS	True/False to enable WINS
OSDAdapter0GatewayCostMetric	Comma delimited list of Gateway Cost Metrics as either integers or the string 'Automatic' (if empty uses automatic)
OSDAdapter0Gateways	Comma delimited list of Gateway cost metrics
OSDAdapter0IPAddressList	Comma delimited list of IPAddress Lists
OSDAdapter0IPProtocolFilterList	Comma delimited list of IP Protocol FIlters
OSDAdapter0MacAddress	If present match all settings to the adapter with this MAC address.
OSDAdapter0Name	If present match all settings to the adapter with this MAC address.
OSDAdapter0SubnetMask	Comma delimited list of Subnet masks
OSDAdapter0TCPFilterPortList	Comma delimited list of TCP Filters
OSDAdapter0TcpipNetbiosOptions	NetBIOS Options 0/DHCP/False 1/True or 2/Disable

OSDAdapter0UDPFilterPort List	Comma delimited list of IDP Filters
OSDAdapter0WINSServerL ist	Comma delimited list of WINS Servers
OSDAdapterCount	Number of Adapters defined here(either blank 0 or 1)
OSDAddAdmin	Specifies which domain accounts separated by semicolons should be added to the administrators group.
OSDAnswerFilePath	path for answer file (example: c:\unattend.xml) (Used for OEM Scenario).
OSDApplicationList	Specifies which applications should be selected by default from the application page of the OSD Setup Wizard.
OSDArchitecture	Specifies the architecture (x86 or amd64) of the OS that will be applied. Additionally this variable can be used to determine which applications and language packs to apply
OSDBitLockerCreateRecov eryPassword	Indicates whether a recovery password should be generated for AD.
OSDBitLockerMode	Specifies the type of BDE install. (KEY|TPMKey|TPMPin|TPM)
OSDBitLockerRecoveryPas sword	Specifies the password to use for BDE Password scenarios
OSDBitLockerStartupKey	Specifies the value to use for startup key.
OSDBitLockerStartupKeyD rive	Specifies the location of Key files (Drive)
OSDBitLockerTargetDrive	Specifies the drive to be encrypted (default OS Drive)

OSDBitLockerWaitForEncryption	Boolean (any value) indicated whether process should be held to wait for drive encryption to complete.
OSDComputerName	The new computer name to assign to the computer (used with ConfigMgr)
OSDDiskAlign	Diskpart partition alignment
OSDDiskIndex	Disk index used for Partitioning (Default is 0)
OSDDiskPart	Specifies whether a OSDTargetDrive should be formatted or not.
OSDDiskpartBiosCompatibilityMode	Implementing Diskpart BIOS compatibility fix (see KB 931760 and KB 931761)
OSDDomainName	Specifies which domain to join
OSDDomainOUName	Specifies which OU to use when joining the specified domain
OSDImageCreator	User ID of installation account (Used for OEM Scenario).
OSDImageIndex	Index of installation image within WIM (Used for OEM Scenario).
OSDImageIndex	Specifies the index of the image that should be applied from the WIM file.
OSDImagePackageID	Package ID for the OS image to install (Used for OEM Scenario).
OSDInstallEditionIndex	Index of installation image within WIM (Used for OEM Scenario).
OSDINSTALLPACKAGE	OSD variable to indicate which SMS OSD package should be installed (only used for new computer)
OSDINSTALLPROGRAM	OSD variable to indicate which program should be used for the specified OSD package (only used for new computer)

OSDINSTALLSILENT	OSD flag to indicate that no OSD new computer wizard should be displayed
OSDInstallType	Installation Type (example: sysprep) (Used for OEM Scenario).
OSDisk	Disk drive used to install OS typically written by ZTIDiskPart.wsf (Used for OEM Scenario).
OSDJoinAccount	Specifies the account to be used for joining a domain
OSDJoinPassword	Specifies the password to use with the OSDJoinAccount when joining a domain.
OSDLocalAdminPassword	Specifies what the password for the local administrator account should be set to once the server has been imaged
OSDMigrateAdditionalCaptureOptions	Command line arguments that should be added to the USMT Scanstate command line
OSDMigrateAdditionalRestoreOptions	Command line arguments that should be added to the USMT Scanstate command line
OSDMP	OSD variable to indicate which SMS management point should be used (only needed for new computer)
OSDNEWMACHINENAME	OSD variable that specifies the computer name that should be assigned (only used for new computer)
OSDPartitions	Number of Partitions listed here (Default is None max of 2 use Default configuration)
OSDPartitions0BOOTABLE	True/False - Is the partition bootable (default: True if 1st partition)
OSDPartitions0FILESYSTEM	Type of File System (Default: NTFS can be FAT32)

OSDPartitions0QUICKFORMAT	True/False - Shall the format be quick (default: True)
OSDPartitions0SIZE	Size of partition
OSDPartitions0SIZEUNITS	Size units of partition (default: MB can be GB or %)
OSDPartitions0TYPE	Type of partition (Default: Primary can be Logical or extended)
OSDPartitions0VOLUMELETTERVARIABLE	Variable Name to receive DriveLetter
OSDPartitions0VOLUMENAME	Volume name
OSDPartitions1BOOTABLE	True/False - Is the partition bootable (default: True if 1st partition)
OSDPartitions1FILESYSTEM	Type of File System (Default: NTFS can be FAT32)
OSDPartitions1QUICKFORMAT	True/False - Shall the format be quick (default: True)
OSDPartitions1SIZE	Size of partition
OSDPartitions1SIZEUNITS	Size units of partition (default: MB can be GB or %)
OSDPartitions1TYPE	Type of partition (Default: Primary can be Logical or extended)
OSDPartitions1VOLUMELETTERVARIABLE	Variable Name to receive DriveLetter
OSDPartitions1VOLUMENAME	Volume name
OSDSITECODE	OSD variable to indicate which SMS site code should be used (only needed for new computer)
OSDStateStorePath	Full path to be used for state capture and state restore

OSDTargetDrive	Specifies volume that the specified image should be applied to.
OSDTargetSystemDrive	Disk Drive used to install OS (Used for OEM Scenario).
OSDTargetSystemRoot	Install path for OS (Used for OEM Scenario).
OSDTimeZone	Specifies which time zone the machine should be set to.
OSDWinPEWinDir	Specifies the windows directory used for backing up user state
OSDWorkgroupName	Specifies which workgroup to join
OSFeatures	Comma-delimited list of features to be installed
OSInstall	Flag to indicate whether this machine is authorized for an OS deployment (if set it must be YES or Y to proceed)
OSRoles	Comma-delimited list of role IDs to be installed
OSRoleServices	Comma-delimited list of role service IDs to be installed
OSVersionNumber	OS Major and Minor version number (example: 6.0) (Used for OEM Scenario).
OverrideProductKey	Multiple activation key (MAK) that should be applied after Windows Vista is deployed
PackageGroup	Package groups that should be used (default is All Drivers)
Packages	List of SMS packages that should be installed
PackageSelectionProfile	Profile name used during Package installation.

ParentDomainDNSName	Parent DNS domain
Phase	The current phase of the deployment (NEWCOMPUTER STATECAPTURE PREINSTALL INSTALL POSTINSTALL STATERESTORE)
PowerUsers	List of groups and users to add to the Power Users group
PrepareWinRE	Install Windows Recovery Environment into Active System partition.
ProductKey	Product key string that should be inserted into unattend.xml sysprep.inf or unattend.txt
ReplicaDomainDNSName	Replica DNS domain
ReplicaOrNewDomain	Chooses whether the domain controller will be a replica or part of a new domain
ReplicationSourceDC	DC used to replicate content
ResourceDrive	The drive letter mapped to resources (drivers packages) kept separate from the deployment share (Lite Touch only)
ResourceRoot	The UNC path to resources (drivers packages) kept separate from the deployment share
Role	Specifies roles that should be assigned to the computer
SafeModeAdminPassword	Password used for safemode recovery
ScanStateArgs	Command line arguments that should be added to the USMT Scanstate command line
ServerA	Server name to be used during the deployment process
ServerB	Server name to be used during the deployment process

ServerC	Server name to be used during the deployment process
SiteName	AD SiteName
SkipAdminAccounts	Flag to skip the Administrator Users screen (if *NOT* set to NO default is blank You must set to NO to display the page)
SkipAdminPassword	Flag to skip the Administrator User Account Password wizard page(if set to YES default is blank)
SkipApplications	Flag to skip the wizard pane that asks for applications to be installed (if set to YES default is blank)
SkipBDDWelcome	Flag to skip the BDD Welcome screen (if set to YES default is blank)
SkipBitLocker	Flag to skip the BitLocker (if set to YES default is blank)
SkipBitLockerDetails	Flag to skip BitLocker details screen (if set to YES default is blank)
SkipBuild	Flag to skip the Build (OS Selection) screen (if set to YES default is blank)
SkipCapture	Flag to skip the capture of an image (if set to YES default is YES)
SkipComputerBackup	Flag to skip the computer backup wizard pane (if set to YES default is blank)
SkipComputerName	Flag to skip the Computer Name wizard pane (if set to YES default is blank)
SkipDeploymentType	Flag to skip the initial deployment type wizard pane (if set to YES default is blank)

SkipDomainMembership	Flag to skip the domain membership wizard pane (if set to YES default is blank)
SkipFinalSummary	Flag to skip the Summary_Definition_XXX.xml screen (if set to YES default is blank)
SkipGroupSubFolders	Do not include sub-folders when matching against Groups (example: DriverGroups Default: Include Sub-Folders).
SkipLocaleSelection	Flag to skip the locale selection wizard pane (if set to YES default is blank)
SkipPackageDisplay	Flag to skip the packages (language packs) wizard pane (if set to YES default is blank)
SkipProductKey	Flag to skip the product key wizard pane (if set to YES default is blank)
SkipRearm	Skips the rearming of Office if set to YES
SkipRoles	Flag to skip the Roles and Features wizard pane (if set to YES default is blank)
SkipSummary	Flag to skip the final wizard summary screen (if set to YES default is blank)
SkipTaskSequence	Flag to skip the Task Sequence (OS Selection) screen (if set to YES default is blank)
SkipTimeZone	Flag to skip the TimeZone screen (if set to YES default is blank)
SkipUserData	Flag to skip the user data wizard pane (if set to YES default is blank)
SkipWizard	Flag to skip the deployment wizard altogether (if set to YES default is blank)

SLShare	Script log share where all BDD scripts should be copied at the end of the deployment process
SLShareDynamicLogging	Script log share where all BDD events should be written during execution (advanced debugging only)
SMSTSAssignUsersMode	Specifies if users can change the primary users for the computer (AUTO PENDING DISABLED)
SMSTSPreferredAdvertID	Specifies the preferred task sequence advertisement ID
SMSTSRunCommandLineUserName	Specifies the username (e.g. DOM\USER) that should be used with a Run Command Line action that is configure to run as user
SMSTSRunCommandLine UserPassword	Specifies the password that should be used with a Run Command Line action that is configure to run as user
SMSTSUDAUsers	Specifies a comma-delimeted list of primary users for the computer
StorageDriverGroup	Storage Driver groups that should be used for XP/2003 (default is All Drivers)
StorageDriverSysprepGroup	Storage Driver groups that should be used XP/2003 during Sysprep (default is All Drivers)
SysprepDriverSelection Profile	Profile name used to pre-load storage drivers before sysprep on XP/2003 (default is All Drivers)
SystemLocale	Default System Locale used for the OS (XP only example: 0409:00000409)
SysVolPath	Path to store the SYSVOL
TaskSequenceID	TaskSequence ID used to automate LTI/ZTI build selection (default is blank)

TimeZone	TimeZone Identifier for Windows XP Builds (example: PST = 004)
TimeZoneName	TimeZone Identifier for Windows Vista Builds (example: PST = 'Pacific Standard Time')
TpmOwnerPassword	Specifies the TPM Password for setting Ownership
UDDir	Directory on the user data share where user state should be placed
UDILocale	Specifies the locale that should be used for the UDI wizard (e.g. 0x407 1031)
UDProfiles	List of profiles that should be captured by USMT as part of the user state
UDShare	User data share used for capturing user state to a network path
UILanguage	Default Locale used for OS before user is logged in en-US format (default is OS Default)
UninstallOSFeatures	Comma-delimited list of features to be removed
UninstallOSRoles	Comma-delimited list of role IDs to be removed
UninstallOSRoleServices	Comma-delimited list of role service IDs to be removed
UserDataLocation	Full path to the USMT user state store that should be restored onto a particular machine
UserDomain	Domain for the user ID used to connect to network paths
UserID	User ID used for connecting to network paths

UserLocale	Locale used for user when logged in en-US format (default is OS Default)
UserPassword	Password for the user ID used to connect to network paths
USMT3	Designates to always use USMT 3 Valid values are YES or NO
USMT4	Designates to always use USMT 4 Valid values are YES or NO
USMTConfigFile	USMT configuration XML file that should be used when running Scanstate and Loadstate
USMTMigFiles	USMT XML files that should be used when running Scanstate and Loadstate
USMTOfflineMigration	If set to TRUE user state will be captured offline in Windows PE instead of from the current OS
ValidateDomainCredentials UNC	Specifies a path to Validate the JoinDomain Credentials against. This UNC share must *not* be used by any other MDT component.
Vrefresh	The vertical Refresh rate of the monitor in Hz (example: 60 default is OS Default)
VSSMaxSize	Sets the max storage space available for system restore. Can be specified in bytes or as a percentage(%) of the volume. Acceptable suffixes are KB MB GB TB PB EB or %
WDSServer	Name of the WDS server that should be used when installing WDS images (default is the server that contains the original image)

WindowsSource	Windows installation files (sxs) needed to install Windows 8 features that are not in the image
WINSPartners	Number of WINS Partners to Configure
WINSPartners0IP	IP address of the first WINS partner
WINSPartners0Name	Name of the first WINS partner
WINSPartners0Type	Type of the WINS partner
WipeDisk	Specifies whether the disk should be wiped.
WizardSelectionProfile	Profile name used by the wizard for filtering the display of various items.
WsusServer	The URL of the WSUS server that should be used (optional will use Windows Update or policy settings by default)
WUMU_ExcludeID	List of Windows Update/Microsoft Update patches to ignore (by associated Update ID)
WUMU_ExcludeKB	List of Windows Update/Microsoft Update patches to ignore (by associated KB Articles)
Xresolution	The Horizontal Resolution of the screen (example: 1024 default is OS Default)
Yresolution	The Vertical Resolution of the screen (example: 768 default is OS Default)
_SMSTSORGNAME	Customizes the Task Sequencer engine's display banner.
_SMSTSPackageName	Task sequence package name displayed in the progress dialog (Lite Touch only).

Index